패시브하우스 콘서트

패시브하우스 콘서트

초판 1쇄 발행 2014년 11월 30일
초판 3쇄 발행 2018년 11월 27일

지은이 배성호
발행인 이 심   **편집인** 임병기   **편집·교정** 이세정
디자인 최치영   **총판·관리** 장성진, 이미경   **마케팅** 서병찬
출력 삼보프로세스   **용지** 영은페이퍼(주)   **인쇄** 북스
발행처 (주)주택문화사   **출판등록번호** 제13-177호   **주소** 서울시 강서구 강서로 466 우리벤처타운 6층
전화 02-2664-7114(代)   **팩스** 02-2662-0847   **홈페이지** www.uujj.co.kr

이 도서의 국립중앙도서관 출판예정도서목록(CIP)은 서지정보유통지원시스템 홈페이지(http://seoji.nl.go.kr)와
국가자료공동목록시스템(http://www.nl.go.kr/kolisnet)에서 이용하실 수 있습니다.
(CIP제어번호 : CIP2014033047)

정가 18,000원   **ISBN** 978-89-6603-020-0

패시브하우스 콘서트

| 배성호 지음 |

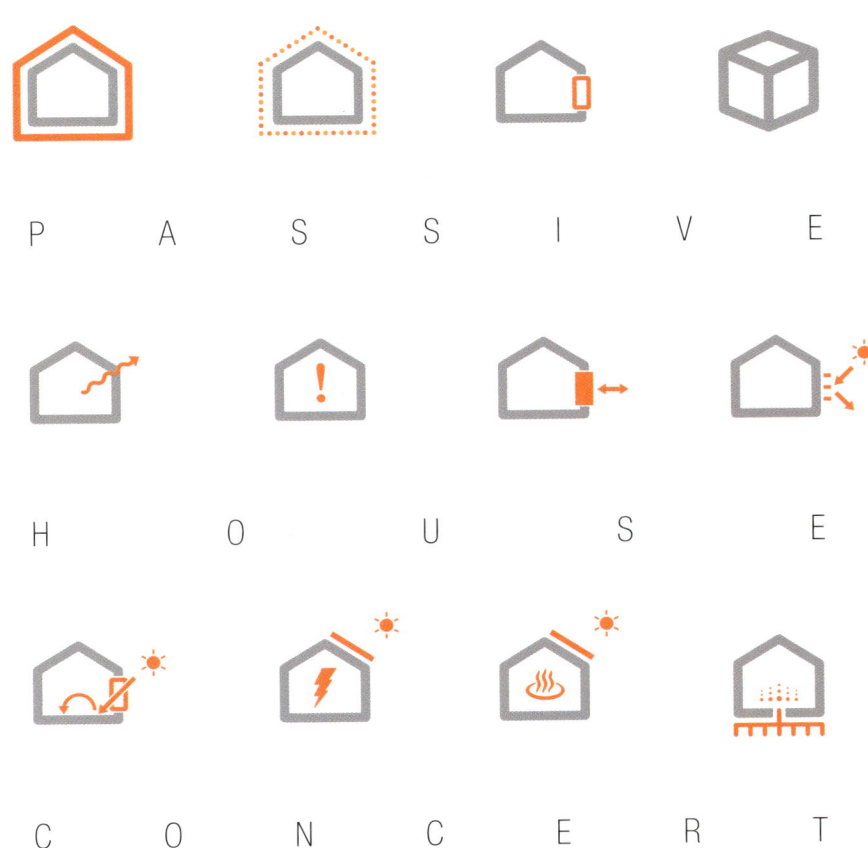

주식
회사 주택문화사

들 어 가 는 글

들어가는
글

"마당이 있는 집에 살고 싶어요."

이 한마디의 울림이 아파트에 지친 우리들의 마음을 조금씩 흔든다. 영원할 것만 같았던 아파트에 대한 굳건한 믿음에 조금씩 균열이 가는 사이, 불가능한 것으로만 보였던 나만의 집짓기에 대한 실현 가능성은 어느새 손에 잡힐 만큼 가까이 다가왔다. 특히 최근 몇 년 사이 기반시설이 잘 갖추어진 단독주택용 택지지구가 전국적으로 조성되면서, 도시적 삶을 포기하지 않으면서도 나만의 개성 있는 집을 갖고자 하는 시도가 눈에 띄게 늘고 있다. 그저 천덕꾸러기 취급만 받던 단독주택이 다시 아파트라는 주거형태의 대안으로 새롭게 조명받기 시작한 것이다.

하지만 아파트라는 잘 차려진 밥상을 받는 데 익숙해진 우리에게, 집을 손수 짓는다는 것은 그리 쉬운 일이 아니다. 우선 도처에 넘쳐 나는 수많은 정보와 그럴듯한 미사여구들은 끊임없이 우리를 현혹한다. 특히 '그림 같은 집'에 대한 사람들의 열광은 상상 이상이어서 다른 모든 것을 압도하고도 남을 정도다. 그렇지만 예쁜 집에만 모든 것을 걸기에는 살아가면서 후회하고 고통스러워할 것들이 너무도 많다. 실제로 단독주택을 짓고 사는 사람들의 가장 큰 하소연 중 하나가 바로 겨울이 너무도 춥다는 것이다. 수억 원을 들여 번듯한 집을 지어놓고도 겨울만 되면 감당할 수 없는 난방비에 온 가족이 방 한 칸에 모여 산다는 웃지 못할 이야기도 들려온다. 행복하자고 지은 집이 전혀 행복하지 못하다. 도대체 무엇이 문제일까?

핵심은 우리가 꿈꾸어야 할 것이 '그림 같은 집'이 아니라 '좋은 집'이어야 한다는 데 있다. 그리고 그 좋은 집의 기준으로 누구나 수긍할 수 있는 것이 바로 그곳에서 살아갈 나와 우리 가족의 '쾌적함'이다. 난방비 걱정 없이도 따뜻한 겨울을 날 수 있고 전기세 부담 없이도 시원한 여름을 보낼 수만 있다면 행복한 단독주택 살이의 가장 기본적인 조건은 갖춰진 셈이다. 여기에 더해 언제나 신선한 공기를 마실 수 있고, 우리의 건강을 위협하던 결로와 곰팡이로부터도 자유로울 수 있다면 그야말로 금상첨화다.

그런데 신기하게도 이 모든 조건에 완벽하게 부합하는 집이 있으니, 그것은 바로 '패시브하우스'다. 패시브하우스란 건물의 보온성을 크게 높여서 약간의 열기만으로도 난방이 가능하게끔 만든 주택을 뜻한다. 그저 '단열'과 '기밀'이라는 건축의 기본원리에 충실했을 뿐인데, 그로 인해 우리가 얻게 될 혜택은 너무도 크다. 가장 큰 소득은 역시 유지비 절감이다. 따뜻한 겨울과 시원한 여름을 보내는 대가로 지불해야 할 냉난방비는 과거의 1/10 수준에 불과하다. 건물의 생애주기로 환산해보면 초기투자비를 가볍게 뛰어넘어 살면 살수록 크게 이득이 되는 구조다. 물론 패시브의 필수품인 환기장치가 선사하는 실내공기의 청정함도 빼놓을 수 없다. 게다가 그토록 우리를 괴롭히던 결로와 곰팡이는 그 흔적조차 찾아보기 힘들다.

사실, 정부도 이와 같은 점을 인식하고 2017년까지는 패시브하우스, 2025년까지는 제로에너지 하우스 수준을 목표로 단열기준 등을 계속해서 강화해 나가고 있다. 이제는 패시브하우스가 더 이상 선택이 아닌 필수인 시대로 접어들고 있는 것이다. 그러나 우리의 현실은 아직도 열악하기만 하다. 우선 패시브에 대한 설계나 시공경험이 부족하고 이와 관련된 자재시장도 아직 성숙되지 못했다. 정부의 계획에도 목표치만 있을 뿐 시장을 활성화할 만한 이렇다 할 대책은 찾아보기 힘들다. 무엇보다, 패시브하우스를 그저 먼 나라의 값비싼 고단열 주택 정도로만 치부한 채 집의 외양에만 관심을 쏟는 건축주의 편향된 시각은 더더욱 안타깝다.

이 책은 이러한 현실과 이상의 간격을 메우는 데 조금이나마 보탬이 되고자 하는 바람에서 쓰여졌다. 왜 패시브하우스가 필요한지에서부터 시작해서 패시브의 근간을 이루는 원리와 기술요소, 건축과정에서의 노하우와 주의

사항, 그리고 생생한 실제사례에 이르기까지, 되도록 많은 이야기들을 담고
자 했다. 서점에 넘쳐나는 수많은 집짓기 서적에 굳이 또 하나를 보태는 이유
는, 좋은 집이 기본적으로 갖추어야만 할 가치가 생각보다 소홀히 다루어지고
있기 때문이다. 예쁜 집도 좋지만 결국 그 안에 사는 사람들의 삶이 더 중요한
것 아닌지. 눈에 보이는 아름다움만을 쫓는 사람과 내면이 건강한 자연미인
중 당신이 원하는 사람은 누구인가? 선택은 여러분의 몫이다. 그리고 후자를
택하고자 하는 이들에게, 조심스럽게 이 책을 권해본다.

Stanford에서

2014년 11월

배성호

"어떤 집에 살고
싶으세요?"

01

왜 패시브하우스인가

사실 패시브하우스는 세상을 깜짝 놀라게 할 발명이나 새로운 기술적 진보가 아니다. 거주자의 쾌적한 생활을 위해 단열이나 기밀과 같은 건축물리의 가장 기본적인 요소들을 최적화해서 조합한, 어찌 보면 지극히 상식적인 접근일 뿐이다. 이 장에서는 우리가 꿈꾸는 '좋은 집'은 왜 반드시 패시브하우스여야 하는지, 그리고 패시브하우스를 통해 우리가 얻을 수 있는 것은 무엇인지 살펴본다.

단독주택,
정말 괜찮을까?

'저녁이 있는 삶', 지난 대선과정에서 많은 이들에게 큰 울림을 주었던 선거구호다. 이 애잔한 표현 속에는, 단출하게 저녁식사를 마치고 배우자와 오붓하게 차를 나누거나 아이의 손을 잡고 동네 어귀로 산책을 나가는 일처럼, 소소하지만 행복한 일상을 제대로 누리지 못해온 우리 삶의 고단함이 녹아 있다. 그러기에 이 간단한 카피 하나가 정치라면 신물을 내는 보통 사람들의 마음을 단번에 적실 수 있었던 것이다.

집을 짓는 이유도 이와 크게 다르지 않다. 꼭 철학적이거나 거창할 필요는 없다. 단지 마당이 있는 집에서 아이들이 마음껏 뛰어놀고 가족과 함께 행복하고 평화로운 일상을 누리고 싶은 마음, 그저 그뿐이다. '취미생활을 즐길 수 있는 나만의 공간도 갖고 싶어. 거실은 아이와 함께 공부도 하고 책도 볼 수 있는 작은 도서관으로 꾸며야지. 마당에는 감나무도 한 그루 심고 조그만 텃밭도 가꿀 거야...' 생각만으로도 흐뭇하고 행복하다.

그러나 모든 일이 그렇듯 새로운 시도에는 늘 어려움이 따르기 마련이다. 단독주택이 살기 힘들어 모두들 아파트로 옮겨 왔는데, 다시 그곳으로 돌아가는 것을 도저히 이해하지 못하는 이들의 충고도 쏟아진다. 그렇지만 이런 걱정과 시선은 상당 부분 오해 내지 편견에서 비롯되었거나, 설혹 문제가 있더라도 충분히 해결할 수 있는 것들이 대부분이다. 이와 관련하여 대표적인 몇 가지를 정리해보면 다음과 같다.

🏠 [자금] 집 짓는 데 돈이 한두 푼 드는 것도 아닌데...

단독주택을 짓는 데 들어가는 비용은 크게 택지비와 건축비로 나눌 수 있다. 여기서 택지비는 입지와 조건에 따라 크게 달라지므로 자신의 예산과 여건을 고려하여 적절한 곳을 선택하면 된다. 문제는 건축비인데, 이게 잘못하면 밑도 끝도 없는 블랙홀이 될 수 있으니 반드시 적절한 가이드라인이 필요하다.

건축비를 제한하는 방법으로 가장 손쉬운 것은 집의 규모를 줄이는 것이다. 막상 집을 설계하다 보면 이것저것 넣고 갖추고 싶어 금세 50평, 80평이 되고, 건축비 또한 그에 비례해서 눈덩이처럼 불어나기 일쑤다. 실제로 초보 건축주의 경우, 필요 이상으로 큰 집을 지어놓고 나중에 가서 후회하는 경우도 의외로 많다. 일본의 경우만 보더라도 도시형 단독주택은 작은 집, 이른바 협소주택이 대세다. 1~2억 원의 비용으로 10~20평대의 집을 짓는데도 디자인의 품격과 공간의 쓰임새가 매우 뛰어나다. 시중에 이에 관한 좋은 사례집이 여럿 나와 있으니, 본인의 계획이 방만해졌다면 이를 참고해보는 것도 도움이 되겠다.

물론 '단열성능을 크게 높여 에너지소비를 최소화'한 패시브하우스는 기존 주택에 비해 몇 가지 자재와 설비가 추가되면서 약간의 비용 상승이 뒤

따른다. 그렇다고 보통의 건축주가 감당할 수 없는 수준은 전혀 아니다. 뒤에서 다시 다루겠지만, 패시브하우스의 개략적인 건축비는 2014년 기준으로 평당 550~650만 원 정도로 어림잡을 수 있다. 그렇지만 형태가 복잡해지거나 내외장이 화려해지기 시작하면 평당 700~800만 원을 넘는 것도 순식간이니 주의할 필요는 있다.

이렇게 놓고 보면 건축비 자체는 30평, 즉 100㎡를 기준으로 2억 원을 넘지 않는다. 사실 단독주택으로 30평이면 그리 작은 면적이 아니다. 면적을 계산할 때 복도나 계단과 같은 공용면적을 포함하는 아파트와 비교하면 단독주택 30평은 아파트 40평과 비슷한 수준이기 때문이다. 그럼에도 비용이 문제가 된다면 땅콩주택_Duplex House처럼 한 필지를 두 세대가 공유하거나 주택의 일부를 임대공간으로 계획하는 방법도 생각해볼 만하다. 어떠한 경우에도 설계의 기본방향을 명확히 하고 큰 집에 대한 욕심을 조금만 줄인다면 분명 현실적인 자금계획을 짤 수 있을 것이다.

🏠 [편의성] 불편한 게 한두 가지가 아닐 텐데...

편의성만 놓고 보자면 단독주택은 단지를 중심으로 규모의 경제를 이룬 아파트를 도저히 따라갈 수 없다. 게다가, 보통 '단독주택' 하면 경관은 좋더라도 현실적으로 도심에서 떨어진 곳에 있을 테니 교통은 불편하고 편의시설도 태부족인 경우가 많다. 출퇴근이야 나 혼자 고생하면 된다 해도 아이들 교육은? 학군은? 따지자면 끝이 없다. 이 모든 것을 단번에 포기하고 단독주택을 선택하기란 결코 쉬운 일이 아니다.

이처럼 도시생활의 편리함은 포기하지 않으면서도 마당이 있는 나만의 집을 갖고자 하는 이중적인 욕구는 '택지개발지구 내 단독주택지'라는 기막힌 상품을 만들어 냈다. 한국토지주택공사 등에서 신도시나 택지를 개발할 때 단독주택용 택지도 함께 조성해서 수요자에게 분양하는 것이다. 도로, 공원, 학교, 상하수도와 같은 기반시설은 물론 쇼핑, 문화, 의료 등의 편의시설도 함께 제공하여 도시의 삶에 익숙한 이들이 둥지를 틀기에 부족함이 없다. 물론 전원주택처럼 저렴한 땅값에 수려한 풍광을 즐길 수는 없겠지만 입지와 편의성을 중시하는 이들에게는 훌륭한 대안이 될 수 있다.

⌂ [보안] 도둑이 들면 어쩌죠?

일반주택이 아파트보다 범죄에 취약하다는 생각은 이제 거의 신념에 가까운 수준이 되었다. 실제로도 관련 연구_박경래, 2012에 따르면 일반주택의 거주자가 범죄에 노출될 위험도는 2.12로 아파트의 1.69에 비해 25% 이상 높은 것으로 조사된 바 있다. 가장 큰 이유는 곳곳에 CCTV와 경비원을 배치하는 등 체계적으로 안전을 관리하는 아파트에 비해 일반주택의 보안과 관리는 아무래도 그에 미치지 못하기 때문이다. 아울러 주택의 공간구조가 폐쇄적이거나 유흥업소나 상업시설과 인접한 경우 범죄가 일어날 확률은 더욱 높아진다.

원인을 파악하면 문제를 해결하는 것도 어렵지 않다. 우선 어떻게 하면 '범죄유발요인'이라는 것을 최소화할 수 있는지부터 생각해보자. 먼저 단독주택의 입지를 정할 때에는 외부인의 출입이 빈번한 곳이나 상업지역과 지나치게 가까운 곳은 피하는 것이 좋다. 특히 기성시가지라면 주거전용지구에 집터를 잡는 것을 우선적으로 고려한다. 이 때 집터로 점찍어 둔 지역의 사정을 잘 아는 분께 미리 조언을 구해보는 것이 도움이 된다.

폐쇄적인 공간구조를 피하는 것도 중요하다. 일반주택 중에서도 가장 범죄에 취약한 유형은 원룸이나 다가구처럼 폐쇄적이고 밀집된 구조를 가진 건물이다. 단독주택도 후미진 곳이 많거나 으슥한 골목을 끼고 있으면 범죄의 위험도는 올라갈 수 밖에 없다. 이는 외부의 시선을 피해 범행이 쉬운 곳을 찾는 범죄심리학적인 측면에서 그렇다. 그런 면에서 외부 시선에 고스란히 노출된 최근의 단독주택들은 오히려 침입자를 불안하게 만들기에 충분하다. 특히 가로구조부터가 개방적인 택지개발지구의 주택들은 더욱 그러하다.

그래도 불안하다면 이번에는 '범죄억제요인'을 강화해보는 건 어떨까? 가장 손쉬운 방법은 외부인의 침입이 예상되는 경로에 CCTV를 설치하는 것이다. 100만 원 안쪽의 비용으로도 녹화가 가능한 카메라 서너 대 정도는 충분히 설치가 가능하다. 비용은 다소 부담이 되겠지만 사설경비업체의 보안서비스를 이용하는 것도 생각해볼 만하다. 듬직한 경호원들이 언제든 달려와줄 거라는 믿음은 아파트 이상의 심리적 안정감을 제공해줄 수도 있다.

🏠 [유지관리] 손봐야 할 일이 너무 많다면서요?

전원주택으로 탈출을 감행한 사람들을 보면 몇 년을 넘기지 못하고 다시 아파트로 도망치듯 돌아가는 경우가 의외로 많다. 가장 큰 이유 중 하나는 생각보다 집에 잔손이 많이 간다는 것이다. 가을엔 낙엽을, 겨울엔 눈을 쓰는 정도는 전원생활의 낭만쯤으로 넘어가줄 수도 있다. 하지만 늘어난 면적만큼 힘들어진 청소는 물론이고 작은 마당이라도 텃밭이며 잔디며 가꿔야 할 것이 한둘이 아니다. 때가 되면 정화조도 비워줘야 하고 재활용품도 직접 처리해야 하며 옥상방수도 주기적으로 점검하고 보수해야 한다. 집 안의 설비가 고장이라도 나게 되면 도대체 어디부터 손을 대야 할지 머리가 지끈지끈 아파온다. 하다못해 택배 하나 받는 것까지 여간 불편한 게 아니다.

그러나 세상사 모든 일에는 반드시 반대급부가 있기 마련이다. 나만의 공간을 만들고 즐기는 데 그만한 대가가 따르는 것은 너무도 당연하다. 하다 못해 강아지 한 마리를 키워도 매일같이 밥 주고 산책시키고 목욕까지 시켜 줘야 한다. 때가 되면 털도 깎아주고 예방접종을 해주는 것도 빼놓을 수 없다. 반려견을 통해서 정서적 친밀감을 얻는 만큼 우리도 애정과 보살핌을 주어야 만 하는 것이다. 주택생활도 마찬가지다. 전에는 우리가 쏟아야 할 관심과 정 성을 관리비를 이체하는 것으로 대신했을 뿐이다. 집과 사랑에 빠지자. 그리 고 그에 따르는 책임과 의무도 피하지 말자. 만약 그것이 힘들다면 단독주택 은 그저 상상 속의 집짓기 정도로 끝내고 마는 편이 나을지도 모르겠다.

그래도 이왕 편한 것이 좋다면? 방법이 아예 없는 것은 아니다. 계획단 계부터 건축가와 상의해서 최대한 유지관리가 쉬운 집으로 설계하면 된다. 평 지붕의 누수가 걱정이라면 경사지붕을 선택하고, 주기적인 외벽관리가 귀찮 다면 오염에 강한 외장재를 고르면 될 일이다. 큰 집의 청소가 힘들면 바닥의 단차를 없애고 로봇청소기를 둘 수도 있고, 마당의 잔디 관리가 자신 없다면 잘게 부순 쇄석을 깔아주는 것도 가능하다. 현관 앞에 택배보관함을 설치해두 면 부재중 택배도 전혀 걱정할 필요가 없다. 무엇보다 집의 규모를 적절한 수 준으로 줄일 수 있다면 유지관리의 부담 자체를 크게 덜어낼 수도 있다.

[난방비] 단독주택은 정말 춥지 않나요?

'단독주택' 하면 사람들에게 가장 먼저 떠오르는 단어는 역시 '추위'다. 한겨울의 어마어마한 웃풍과 외풍, 그 괴로운 느낌은 겪어본 사람만이 안다. 별로 따뜻한 것 같지도 않은데 난방비는 또 왜 그리 많이 나오는지. 보일러를 돌리면서도 난방비 걱정에 마음 한구석은 늘 불편하다. 이쯤 되면 겨울은 그 저 빨리 지나가기만을 바라는 고통스러운 시간일 뿐이다. 물론 집짓기를 통해 꿈꾸었던 행복한 삶에는 치명적이다.

그나마 다행인 것은 정부의 강화된 단열기준에 따라 최근에 지어지는 주택들의 에너지효율이 조금씩 좋아지고 있다는 점이다. 특히 목조주택의 경우에는 벽체의 목재 기둥 사이에 적당한 단열재를 채우는 것만으로도 상당한 단열성능을 확보할 수 있다. 물론 에너지효율을 극단적인 수준까지 높인 패시브하우스라면 더 말할 것도 없다. 조금만 신경을 쓰면 적은 비용으로도 따뜻한 겨울을 보내는 것이 전혀 어렵지 않으니, 이제 추운 집에 대한 걱정은 그만 접어 두어도 좋을 것 같다.

좋은 집의
조건

인터넷에 아름답고 화려한 주택을 소개하는 기사가 뜨면 예외 없이 많은 댓글들이 따라붙는다. 각자의 입장에서 갑론을박을 펼치는 것도 재미있지만, 무엇보다 집의 본질을 꿰뚫는 촌철살인의 댓글을 보면서 무릎을 칠 때가 많다. 그 중 몇 가지만 골라서 소개해본다.

"춥겠다... 덥겠다..."

"외국 잡지에서 많이 보던 집이군. 겨울에 얼어 죽는 거 보장한다."

"건축가들은 철학적이고 예술적인 디자인을 위해서 현실적인 부분은 충분히 감내할 수 있다고 생각하겠지만, 수십 년을 그 집에서 살아야 할 집주인들은 절대 그럴 수 없다는 것이 함정."

"원래 초보 건축주나 이렇게 짓지 고수들은 최대한 심플하게 설계함."

"결국 돈이 문제지."

단순히 부러움 섞인 질시이거나 빈정거림이 아니겠냐고 웃어넘기기에는 내용이 사뭇 진지하다. 게다가 하나같이 이런 식의 댓글 일색이니 그저 소수의 생각이라고만 치부할 수도 없다. 그런데 이들을 가만히 보고 있으면 그동안 건축과 대중의 사이가 참 많이도 벌어져 있었다는 생각이 든다. 작품으로서의 건축과 평범한 이들이 소망하는 건축 사이에는 벌써 건너기 힘든 강이 놓인 듯하다. 과연 무엇이 문제일까?

사실 '집'에 대해서는 모든 사람이 건축가라고 해도 과언이 아니다. 모두가 자신이 살아온 집이 있고, 또 언제나 새로운 보금자리를 꿈꾸고 있기 때문이다. 특히 한 번 단독주택을 지어서 살아본 사람들은 도면만 그리지 못할 뿐 거의 전문가에 필적하는 수준이다. 그만큼 보통 사람들의 집에 대한 생각에는 절대로 그냥 지나칠 수 없는 무언가가 있다. 물론 그중에는 좋은 집이 갖추어야 할 다음과 같은 조건들도 당연히 포함된다.

🏠 첫째, 겨울엔 따뜻하게! 여름엔 시원하게!

집을 지었으면 무엇보다 그 안에 사는 사람이 쾌적해야 한다. 거주자의 쾌적함에 영향을 미치는 요소에는 밝은 빛, 맑은 공기, 적당한 온도와 습도 등 여러 가지가 있겠지만, 이 중 우리에게 가장 큰 영향을 주는 인자는 단연 '온도'다. 우리의 신체는 신진대사에 의해 늘 일정한 체열을 방출한다. 그런데 주변의 온도가 너무 높거나 낮으면 이 균형이 깨지면서 우리 몸은 큰 스트레스를 받게 되고, 이는 곧 심각한 면역력 저하로까지 이어진다. 때문에 쾌적하고 건강한 삶을 위해 적절한 실내온도를 유지하는 것은 너무도 중요하다.

적정온도를 유지하는 데 많은 에너지가 필요하다면 그 또한 비용적인 면에서 큰 스트레스가 될 수밖에 없다. 다행히 패시브하우스는 집의 에너지효율을 크게 높인 덕에 기존 에너지의 10%만으로도 따뜻한 겨울을 보낼 수 있다. 에너지효율이 기존 주택의 열배가 넘는다니 과연 이게 실제로도 가능할까 싶지만, 이미 오랜 기간 유럽의 수많은 사례를 통해 검증된 바 있다.

물론 패시브하우스의 뛰어난 단열성능은 여름철 더위에도 매우 효과적이다. 열의 이동을 최대한 막아주는 단열의 원리는 겨울뿐 아니라 여름에도 방향만 바뀔 뿐 동일하게 적용된다. 여기에 외부차양과 같은 몇 가지 장치만 더해 준다면 에어컨의 사용시간을 크게 줄이면서도 쾌적한 여름을 보내는 데 전혀 문제가 없다.

🏠 둘째, 기능과 조화를 이루는 간결한 디자인으로!

복잡한 형태와 화려한 외관은 집의 존재감을 드러낼 수 있는 가장 손쉬운 방법이다. 문제는 때로 그것이 너무도 지나쳐서 일상공간으로서의 본연의 기능에 큰 손상을 입히기도 한다는 점이다. 미술관이나 카페와 같은 화려하고 멋진 집에 살면서도 추위와 더위, 결로와 곰팡이로 고생하는 모습이 그 일례다. 물론 기능만을 위해 단순한 디자인을 강요하는 것도 좋지 않지만, 그렇다고 기능적인 면은 도외시한 채 디자인에만 매몰되는 것은 더욱 바람직하지 못하다.

한 가지 다행스러운 점은 패시브하우스라면 적어도 이런 걱정에서는 자유로울 수 있다는 것이다. 에너지효율이라는 궁극의 목표를 위해 디자인은 반드시 기능적인 부분과 접점을 찾을 수밖에 없기 때문이다. 기능과 조화를 이루는 간결한 디자인 속에서도 건축적인 미를 추구하는 것은 얼마든지 가능하다. 바로 그것이 건축가의 안목이요 실력이다. 정작 중요한 것은 기능과 협력하면서 차분하게 디자인의 방향성을 찾아가는 균형감각이다.

🔵 셋째, 비용은 과하지도 부족하지도 않게!

패시브하우스는 향상된 성능만큼 자재와 시공이 추가되므로 다소간의 비용 상승은 불가피하다. 하지만 고효율 주택이라고 해서 지나치게 많은 공사비가 들어간다면 그 또한 진정한 의미의 '고효율'이라 부를 수 없다. 그렇다면 패시브하우스의 적정공사비는 어느 정도 수준이 되어야 할까?

'아파트와 바꾼 집'_박철수·박인석, 동녘, 2011이라는 책을 보면, 건축학과의 두 교수가 도시의 아파트를 처분한 돈으로 교외에 단독주택을 지어가는 과정을 흥미롭게 살펴볼 수 있다. 여기서 저자들의 가장 큰 관심사는 바로 '보통 수준의 공사비'였는데, 그 적정선을 평당 300만 원 안팎의 집장사 집과 평당 700만 원 안팎의 작가주택의 중간쯤에서 찾고자 했다. 결국, 많은 검토와 시행착오 끝에 최소한의 기능과 품격을 갖춘 집의 적정공사비는 평당 500만 원 선이라는 결론에 도달하게 된다.

그렇다면 패시브하우스의 경우는 어떨까? 패시브는 시공과정에서 고단열, 고기밀, 시스템창호, 열회수형 환기장치 등이 추가되면서 기존 대비 20~30% 정도의 비용 상승 요인이 발생한다. 이를 위의 적정공사비에 대입해보면 평당 600~650만 원이 소요된다는 계산이 나온다. 물론 조금 더 욕심을 내서 여기저기 신경을 쓰다 보면 평당 700만 원을 넘는 것도 순식간이다. 그런데 이 정도면 거의 작가주택에 육박하는 수준이 아닌가.

앞서, 좋은 집의 디자인은 기능과 조화를 이루는 간결한 디자인이어야 한다고 했다. 이를 뒤집어 보면 인테리어나 외관에 필요 이상의 돈을 쓰지 않는다는 말이기도 하다. 그렇다면 패시브하우스의 '목표 건축비'를 '평당 600만 원 이하' 정도로 잡아보는 것은 어떨까? 실제로 국내의 패시브하우스 시공 사례들을 보아도 대략 550~650만 원 사이에서 평당 공사비가 형성되고 있어 충분히 타당한 목표치라고 할 수 있다. 20%의 비용 상승이 과도해 보이는가? 전혀 그렇지 않다. 뒤에서 다시 다루겠지만, 이를 생애주기비용으로 환산하면 패시브하우스의 경제성은 오히려 일반주택을 크게 압도하기 때문이다.

이렇게 보면 따뜻하고 시원한 집이라는 '기능'과 거기에 수반되는 간결하고 실용적인 '디자인', 그리고 합리적인 수준의 '비용'에 이르기까지, 좋은 집의 조건은 모두 하나의 키워드, '패시브하우스'로 수렴된다. 이 정도면 패시브하우스를 좋은 집이라 부를 만한 이유로 충분하지 않을까?

패시브
하우스란?

어떤 집이 한겨울에도 충분히 따뜻하다면, 우리는 단열이 잘 되어서 그럴 것이라고 짐작한다. 단열_斷熱, Insulation, 말 그대로 열의 이동을 차단하여 내부의 온기나 한기를 오래도록 유지한다는 뜻이다. 보온병을 예로 들면 이해가 쉽다. 차가운 얼음물도 뜨거운 커피도 처음의 온도를 오랫동안 유지할 수 있는 이유는 바로 보온병의 뛰어난 단열성능 덕분이다. 그런데, 만약 이 보온병을 사람이 살 정도의 큰 공간으로 확장한다면 그 속에서는 어떤 일이 일어날까?

오른쪽과 같이 단열이 아주 잘 된 방이 하나 있다고 가정해보자. 남쪽으로는 창문이 나 있고 방 안에서는 한 사람이 조명을 밝힌 채 컴퓨터를 사용하고 있다. 현재의 실내온도는 20℃이지만 바깥은 영하 10℃의 매서운 한파가 몰아치고 있다. 이때 이 방의 온도는 어떻게 변하게 될까?

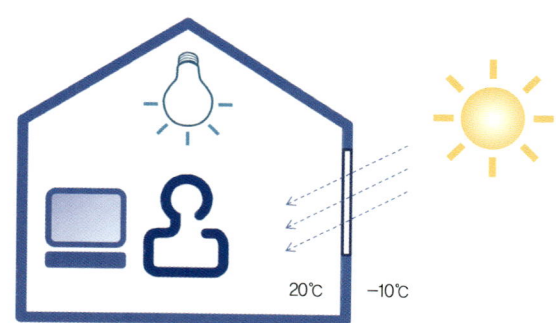

20℃   −10℃

먼저, 바깥으로 빠져나가는 에너지에 대해 생각해보자. 이 방의 단열이 아무리 잘 되었더라도 내부의 열은 벽과 창문 등을 통해서 조금씩 빠져나갈 수밖에 없다. 단열이라 함은 열을 100% 가두는 것이 아니라 '열이 전달되는 속도'를 늦추는 개념이기 때문이다. 여기서 '일정한 시간' 동안 밖으로 빠져나가는 열량을 A, 같은 시간 동안 햇빛 등을 통해 집 안으로 공급되는 열량을 B라 하자.

보통의 집이라면 공급되는 열량 B보다 빠져나가는 열량 A가 훨씬 많아 방 안은 금세 냉골로 변하게 된다. 그런데, 만약 열량 A = 열량 B가 될 때까지 보온병에 가까운 수준으로 단열을 끌어올린다면 어떻게 될까? 창문으로 들어오는 따뜻한 햇빛과 하찮게만 보였던 나의 체온, 그리고 백열전구와 PC에서 나오는 소량의 온기만으로도 방 안의 온도를 유지할 수 있지 않을까? 이처럼 난방설비를 통한 인위적인 에너지공급_Active 없이 건물 그 자체만으로도_Passive 쾌적한 실내온도를 유지했으면 하는 바람에서 탄생한 것이 바로 '패시브' 하우스다. 뜨거운 물을 얻기 위해 주전자의 물을 계속 끓여주어야 하는 것이 액티브하우스라면, 패시브하우스는 보온병에 그저 뜨거운 물을 담아 두기만 하면 되는 것과 같은 이치다.

물론 사람이 사는 주택에서는 주기적인 환기가 필요하다는 현실적인 문제가 있다. 이 과정에서 밖으로 버려지는 에너지의 양도 상당하다. 이를 해결하기 위해서 도입한 것이 바로 열회수형 환기장치이다. 밖으로 배출되는 따뜻한 공기로 실내로 들어오는 차가운 공기를 덥혀 환기로 인한 에너지손실을 최소화한다. 한 톨의 에너지도 낭비할 수 없는 패시브하우스에서는 절대로 빼놓을 수 없는 아이템이다.

한편, 아무리 패시브하우스라고 해도 실제로는 단열재의 두께를 한없이 키울 수도 없을 뿐더러, 날이 흐려 햇빛이 들지 않거나 감당하기 힘든 한파가

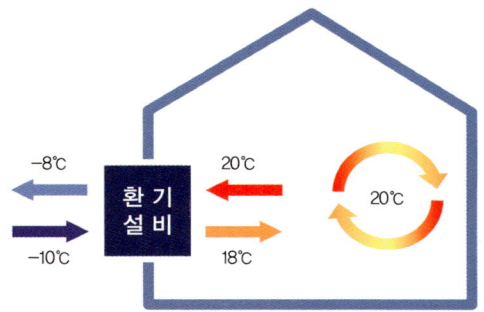

열회수형 환기장치의 개념
외부로 배출되는 오염된 실내공기와 내부로 유입되는 신선한 외기를 서로 섞이지 않도록 접촉시켜 버려지는 열을 회수한다.

몰아치는 경우도 많다. 따라서 약간의 난방에너지 공급은 불가피하다. 이를 알기 쉽게 정리한 것이 에너지성능의 평가지표로도 널리 사용되는 '바닥면적 1m^2당 연간 난방에너지 요구량'이다.

예를 들면 2001~2010년 사이 국내에 지어진 단독주택의 에너지효율은 약 17리터 수준이다. 이는 겨울철 실내온도를 20℃로 유지하기 위해서는 바닥면적 1m^2당 연간 17리터의 등유를 태워야 한다는 것을 의미한다. 만약 이 주택의 규모를 30평, 즉 100m^2라 가정하고 보일러의 효율을 85%로 잡으면, 1년 동안 이 집에 필요한 실내등유의 총량은 2,000리터 =17L/㎡×100㎡/85%다. 이를 금액으로 환산하면 290만 원 =2,000L×1,450원/L에 이른다. 즉, 난방비로만 매달 60만 원이 넘게 들어가는 셈이니, 왜 보통의 단독주택이 한 달에도 기름을 몇 드럼_1드럼=200리터씩 때야만 추운 겨울을 버틸 수 있는지가 수치로 증명되는 순간이다.

1988년 패시브를 최초로 주창했던 독일의 패시브하우스연구소_PHI, Passive House Institute에 따르면, 패시브하우스라는 칭호를 얻기 위해서는 적어도 1.5리터 주택은 되어야 한다. 이는 비교적 최근에 지어진 17리터 주택의 1/10에도 못 미치는 수준이다. 연간 난방비로 따져보아도 290만 원과 26만 원이라는 큰 차이가 난다. 가격대비 열량이 등유보다 1.6배 가량 높은 도시가스를 기준으로 해도 여전히 181만 원과 16만 원으로 큰 차이를 보인다. 30평 단독주택의 한 달 난방비가 기름값으로는 6만 원, 가스비로는 4만 원 정도라니, 패시브하우스의 엄청난 효율이 그저 놀라울 뿐이다.

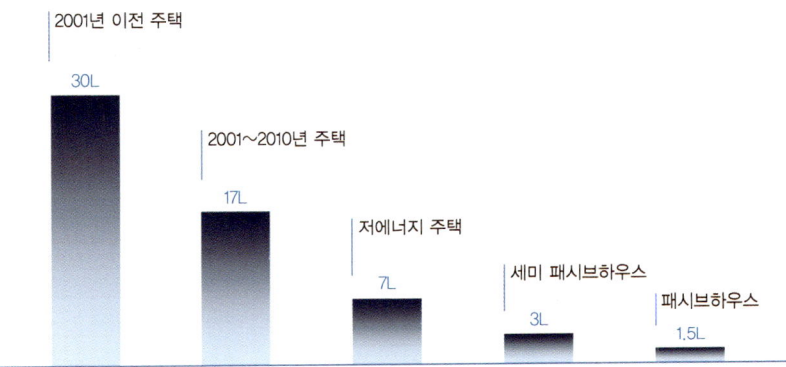

건물의 유형별 에너지효율

패시브하우스로부터
우리가 얻을 수 있는 것들

자! 이제 좋은 집을 짓고자 하는 우리의 선택은 패시브하우스다. 그렇다면 패시브로부터 우리가 얻을 수 있는 혜택에는 어떤 것들이 있을까?

🏠 첫째, 결로 방지 _ 지긋지긋한 결로와 곰팡이는 이제 그만!

공기는 온도에 따라 품을 수 있는 수증기의 양이 달라진다. 예를 들어 온도가 20℃인 어떤 공기가 최대 100g의 수증기를 품을 수 있다고 하자. 이때 그 공기 속에 실제로 포함된 수증기가 50g이라면 현재의 습도는 50%가 된다. 만약 온도가 10℃로 내려가서 40g의 수증기만을 품을 수 있다면, 이때의 습도는 100%가 되고, 남은 10g의 수증기는 물방울이 되어 우리 앞에 모습을 드러낸다. 이렇게 공기가 품을 수 있는 한도 이상의 수증기가 이슬로 맺히는 현상을 결로_結露, Dew Condensation라 한다. 냉장고에서 방금 꺼낸 차가운 물병에 송골송골 물방울이 맺히는 모습을 생각하면 이해가 쉽다.

이슬 맺힌 물병이야 타월로 한 번 닦아내면 그만이지만 건물에서의 결로는 그리 간단한 문제로 끝나지 않는다. 우선, 결로로 인해 축축해진 벽과 천장, 창틀 주변을 가장 먼저 찾는 불청객은 곰팡이다. 공기 중을 떠도는 곰팡이 포자는 적당한 온도와 습도만 만나면 그곳에서 바로 둥지를 튼다. 그리고는 다시 퀴퀴한 냄새와 엄청난 포자를 뿌려대며 우리의 건강을 위협한다. 물론 시꺼먼 얼룩을 바라보는 건축주의 마음도 편치는 않겠지만, 건물 자체가 입는 피해도 결코 만만치 않다. 결로수가 내부로 침투하여 내장재를 썩게 하거나 단열재와 구조체에 심각한 손상을 입힐 수도 있기 때문이다. 비록 하찮아 보여도 건물로서는 가장 피하고 싶은 존재가 바로 이 작은 이슬방울, '결로'인 것이다.

결로와 곰팡이 ©이명래

결국, 집이 갖춰야 할 가장 기본적이면서도 중요한 덕목이야말로 '결로 없는 주택'일 수밖에 없다. 결로와 그 단짝인 곰팡이가 사람과 건물의 건강에 끼치는 해악이 너무도 크고 집요해서다. 실제로 저에너지 건축의 선구자 격인 독일에서조차 결로나 곰팡이와 같은 건물의 하자로 인한 분쟁이 전체 소송의 30% 가까이를 차지할 정도다. 우리 정부 역시 문제의 심각성을 깨닫고 최근 '공동주택의 결로방지를 위한 설계기준'을 제정하여 고시한 바 있다.

결로를 없애는 가장 확실한 방법은 온도를 높이거나 습도를 낮추는 것이다. 하지만 겨울철이면 호흡기 건강을 위해 가습기까지 동원하는 마당에 습도를 마냥 낮추기란 쉬운 일이 아니다. 더구나 창호나 벽체의 표면이 단열 부족으로 차가워진 상태라면 환기로 습도를 낮추거나 보일러만으로 온도를 높이는 데에도 한계가 있다. 결국 가장 확실한 방법은 단열을 강화해서 실내의 표면온도를 이슬점 이상으로 유지하는 것이다. 즉, 완벽한 단열성능을 자랑하는 패시브하우스야말로 결로와 곰팡이로부터 근본적으로 자유로울 수 있다는 이야기니, 이를 패시브의 첫 번째 혜택으로 꼽기에 전혀 부족함이 없다.

⬢ 둘째, 열적 쾌적감 _ 웃풍 없는 따뜻한 겨울

몇 년 전, 필자는 다용도실 쪽에 있는 방을 얼마간 사용해야 할 일이 있었다. 때마침 유례없는 혹한기에 접어들다 보니, 보일러를 아무리 돌려도 뼛속까지 파고드는 한기를 떨쳐내기 힘들었다. 웃풍이 너무도 심해 이불을 두 개씩 덮어야 겨우 잠을 이룰 정도였다. 오래된 아파트도 아니고 다용도실이라는 완충공간까지 있었는데 도저히 이해할 수 없었다. 게다가 다용도실 한쪽에서는 고드름까지 버젓이 자라고 있으니 참으로 기가 막힐 노릇이었다. 결국 문제는 단열에 있다고 결론을 내리고 곧바로 보수공사에 돌입했다. 먼저 곰팡이와 습기를 깨끗이 제거한 후 다용도실 안쪽으로 얇은 단열재를 부착했다. 허술한 이중창호에는 페어 글라스로 된 PVC창호를 하나 더 덧댔다. 결과는 대만족이었다. 웃풍은 거짓말처럼 사라졌고 편하게 잠들고 기분 좋게 깨어나는 쾌적한 일상을 되찾을 수 있었다. 그런데, 내가 왜 이런 일까지 해야만 하는지... 지금도 그때의 소동을 생각하면 헛웃음만 나온다.

웃풍이란 온도가 내려간 벽체나 창호 주변의 차가운 공기가 다른 곳의 따뜻한 공기와 맞물려 순환하는 일종의 대류현상이다. 차가워진 표면으로 체

삼중 창호와 단열공사 DIY

다용도실 쪽으로 단열재를 두르고 PVC 단창을 하나 더 추가했다. 큰 효과에 무척 만족스러웠지만 괜한 일 벌인 다고 구박도 많이 받았다. 그만큼 그때의 웃풍은 너무도 괴롭고 견디기 힘들었다.

열을 빼앗기는 냉복사_Cold Radiation와 함께 거주자에게 열적으로 불쾌감을 주는 가장 대표적인 원인 중 하나다. 심할 경우에는 마치 벽을 뚫고 바람이 불어오는 듯한 착각마저 들 정도다. 이유는 역시 벽체와 창호의 취약한 단열성능에서 비롯된다. 그러나 단열과 기밀을 생명으로 하는 패시브하우스의 사전에 웃풍이라 는 단어는 존재하지 않는다. 영하 10℃의 기온에도 창호의 실내 표면온도는 한 결같이 17℃ 이상을 유지하니, 웃풍으로 인한 불쾌감은 전혀 찾아 볼 수 없다.

🏠 셋째, 실내공기질 확보 _ 언제나 코끝이 상쾌하다!

우리가 하루 동안 들이키는 공기의 양은 모두 얼마나 될까? 보통 1분에 16회 숨을 쉬고 한 번에 0.5리터의 공기를 마신다고 하면, 하루에 마시는 공 기의 양은 11,520리터나 된다. 이를 무게로 환산하면 무려 13.9kg에 이른다. 우리가 하루에 섭취하는 음식이 1.5kg 정도임을 생각하면 실로 대단한 양이 아닐 수 없다. 그러나 대부분의 사람들은 바른 먹거리에 대해서는 그토록 많은 관심을 가지면서도, 정작 우리가 들이키는 이 엄청난 양의 공기에 대해서는 거의 무감각하다.

이 중에서도 가장 주의를 기울여야 할 대상은 실내공기다. 사람들은 대부분의 일과시간을 실내에서 보내고 있지만, 점점 기밀해지는 건물과 화학물질로 범벅이 된 건축자재는 실내공기의 질을 크게 떨어뜨리고 있어서다. 세계보건기구도 실내공기의 오염에 의한 사망자 수가 2012년 한 해에만 약 430만 명에 이르는 것으로 추산하고 있을 정도다.

실내공기를 오염시키는 물질은 수없이 많다. 가장 대표적인 것이 벤젠, 톨루엔 등의 휘발성 유기화합물과 포름알데히드다. 주로 가구나 내장재로 많이 사용되는 MDF, 합판, 시트지 등에서 서서히 기화되는 물질로, 초기 몇 년간 고농도로 방출되는 특징이 있다. 낮은 농도에서도 알레르기, 두통, 비염, 천식, 아토피 등의 원인이 되며, 심할 경우 신경질환과 암까지도 유발하는 것으로 알려졌다. 이 외에도 이산화탄소, 미세먼지, 부유세균, 라돈 등 우리의 호흡기 건강을 위협하는 물질은 일일이 열거하기 힘들 정도다.

실내공기의 질을 유지할 수 있는 가장 확실한 방법은 이와 같은 오염물질을 지속적으로 외부로 배출하는 것이다. 오염된 공기를 신선한 공기로 계속해서 교체해주어야만 실내공기의 오염도를 기준치 이하로 낮추는 것이 가능하다. 그렇지만 패시브하우스라면 일단 안심이다. 에너지효율을 높이기 위해 설치한 열회수형 환기장치가 고스란히 사계절 환기설비의 역할까지 수행해주기 때문이다. 더구나 여기에 필터를 설치하면 외부공기와 함께 유입되는 미세먼지와 꽃가루까지 걸러낼 수 있어 공기청정기가 따로 필요 없다. 이쯤 되면 실내공기질을 착실하게 관리해주는 패시브하우스야말로 건강주택이요 웰

빙주택이라 해도 틀린 말은 아닐 것이다.

🏠 넷째, 비용 절감 _ 패시브는 무조건 경제적이다!

패시브하우스는 냉난방비를 기존 주택의 1/10 수준으로 낮출 수 있다는 큰 장점이 있지만, 건축비가 높은 만큼 수지를 맞추기 힘들다는 반론도 있다. 평당 400~500만 원이면 꽤 괜찮게 지을 수도 있는데, 평당 600만 원은 너무 비싼 것 아니냐는 말이다. 결론부터 말하면 전혀 그렇지 않다. 유지비 절감액이 누적될수록 초기투자비를 만회하는 것은 물론, 장기적으로는 더 큰 이득을 볼 수도 있기 때문이다. 사실, 세입자가 유지비를 내야 하는 상업건물에서는 건축주가 굳이 추가공사비를 부담해야 할 이유가 없긴하다. 그렇지만 건축주가 직접 유지비를 부담해야 하는 단독주택이라면 얘기가 달라진다.

백문이 불여일견! 왜 그런지를 패시브하우스와 일반주택의 난방비용을 통해 한번 따져보자. 건축면적 30평, 즉 $100\,m^2$를 기준으로 에너지성능이 17리터인 일반주택과 1.5리터인 패시브하우스의 평당 건축비를 각각 500, 600만 원으로 가정하면 패시브에 소요되는 추가공사비는 3,000만 원이다. 그런데 패시브하우스는 단위 면적당 15.5리터의 등유를 아낄 수 있으므로 연간 265만 원 $=100\,m^2 \times 15.5L/m^2 \times 1,450원/L/85\%$의 난방비가 절감된다. 따라서 이자율은 0, 에너지가격은 불변으로 가정하면 11년 4개월 만에 3,000만 원의 초기투자비를 모두 회수할 수 있게 된다. 주택의 수명을 30년으로 잡으면 4,930만 원의 추가 이득도 가능하다. 만약 등유보다 저렴한 도시가스를 사용한다 해도 회수기간은 18년 정도면 충분하다.

물론 20%의 추가공사비 역시 패시브의 보급 속도에 따라 지속적으로 떨어질 것으로 예상된다. 실제로 도입 초기단계를 이제 막 벗어난 유럽의 경

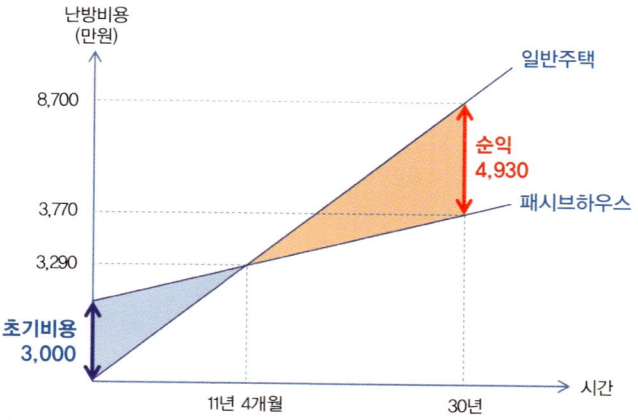

패시브하우스의 경제성 분석

난방등유를 사용하는 30평 1.5리터 주택을 기준으로 11년 4개월이면 초기투자비 3,000만 원을 회수할 수 있고,
그 이후부터는 매년 265만 원의 이익금이 적립된다.

우에는 추가비용이 전체공사비의 5~10% 수준까지 내려갔다. 여기에 냉방비
절감, 쾌적도 증대와 같은 유무형의 효과는 물론 가파르게 오를 미래의 에너
지가격까지 고려하면 패시브의 경제성은 더욱 확실해지는 셈이다.

🔷 마지막, 탄소 발자국 지우기 _ 우리 모두가 행복해지는 길

우리는 언제나 자신의 발자국을 남긴다. 그것은 내 존재의 흔적이자 우
리 삶의 발자취다. 그런데 비록 보이지는 않지만 인간이 지구에 남기는 또 하
나의 흔적이 있으니, 그것은 바로 탄소 발자국이다. 탄소 발자국이란 사람의
활동이나 제품의 생산과 소비 과정에서 발생하는 이산화탄소의 총량을 의미
한다. 인간이 남긴 엄청난 양의 탄소 발자국은 불과 100년도 안 되는 시간 만
에 45억 년을 살아온 지구를 고통 속에서 신음하게 만들었고, 지구온난화와
이상기후라는 부메랑으로 다시 우리의 삶을 위협하고 있다.

결국, 사태의 심각성을 인식한 세계 각국은 화석연료의 사용을 제한하자는 기본원칙을 정하고 이산화탄소의 감축을 위한 교토의정서를 채택하기에 이른다. 물론 각국의 이해관계가 맞물리면서 시행과정에서의 진통은 아직도 계속되고 있다. 그러나 지구온난화를 막기 위한 지구촌 가족의 협력이 이제는 더 이상 선택이 아닌 필수라는 공감대만큼은 널리 확산되고 있다.

우리나라도 2002년 교토의정서를 비준한 이후로 이산화탄소의 배출을 줄이기 위해 많은 노력을 기울여왔다. 특히 전체 에너지소비의 24%를 차지하고 있는 건물 부문은, 이미 많은 효율화가 이루어진 산업과 교통 부문에 비해 온실가스의 감축 여지가 훨씬 더 많은 편이다. 그만큼 건물의 에너지 과소비가 만연해 있다는 뜻이고, 바로 이 대목에서 패시브하우스의 큰 역할이 기대되고 있다.

도요타 프리우스. 1997년 출시된 이래 15년 동안 300만대나 팔려나간 고효율 하이브리드카의 대명사. 제원상 연비는 리터당 21km이지만 그것을 훌쩍 뛰어넘는 실연비는 가히 양산차 중 최고라 할 만하다. 그런데 이 프리우스 오너들에게는, 적은 기름으로 오래 달리는 것 자체를 즐긴다는 공통점이 하나 있다. 결국 그들에게 '프리우스를 탄다'는 것은 다른 의미에서 일종의 즐거운 놀이가 된다. 패시브도 마찬가지다. 이 집이 제공하는 놀라운 효율은 거주자에게 단순한 유지비 절감 이상의 만족감을 선사한다. 내가 꿈꾸던 집을 지어 살아가는 것 자체가 나의 탄소 발자국을 하나씩 지워가는 기분 좋은 실천이 된다. 지구도 사람도 모두 행복해지는 방법, 바로 패시브하우스다.

국내의 패시브하우스 사례

위의 주택은 4장에서 다루게 될 1.5리터 이하의 패시브하우스 또는 그에 근접한 저에너지 주택의 주요사례들로, 모두 기존 주택의 열 배에 가까운 에너지효율을 자랑한다.

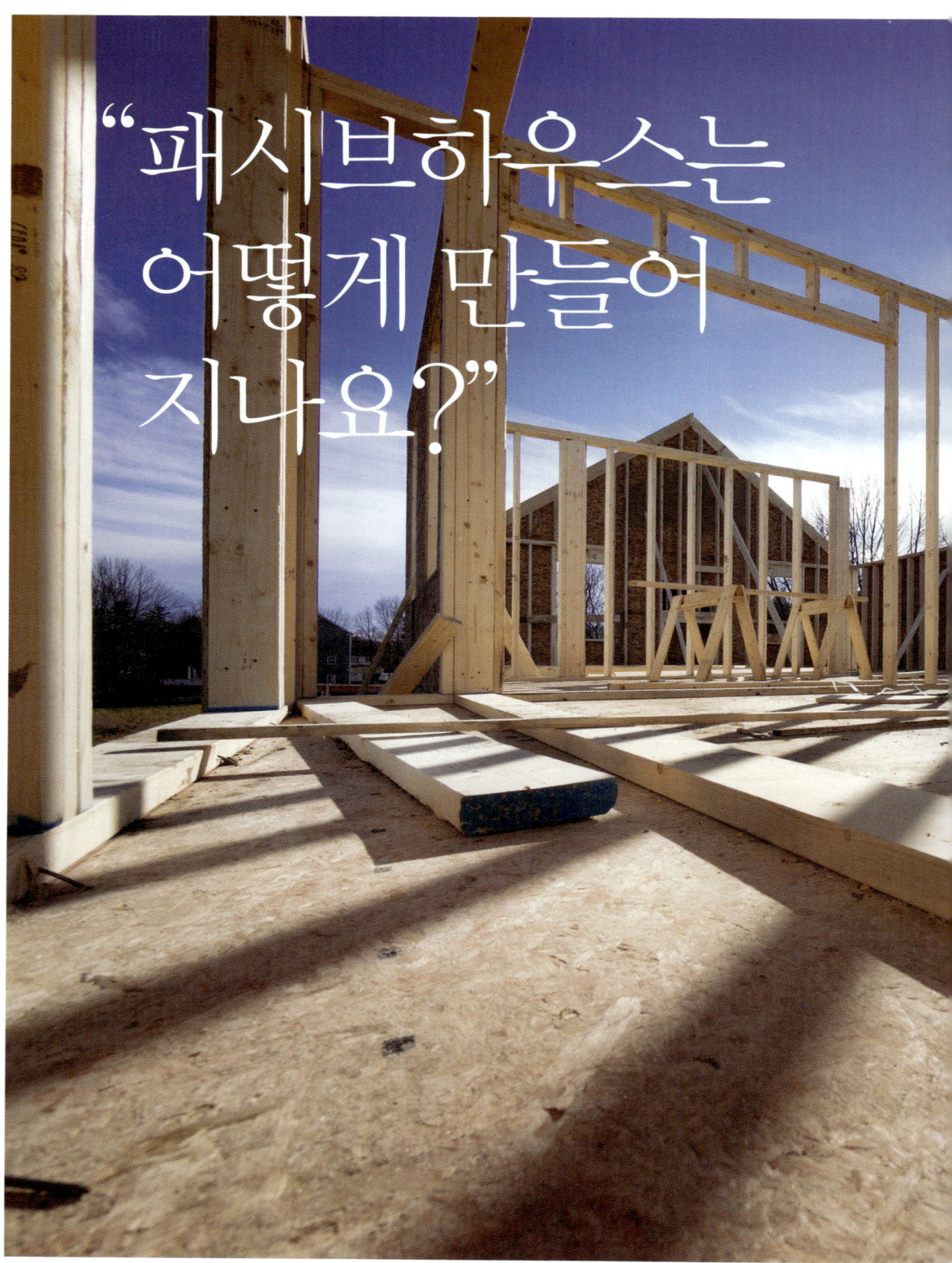

"패시브하우스는
어떻게 만들어
지나요?"

PASSIVE
HOUSE
CONCERT
PART 02

패시브하우스에 대한 이해

이번 장에서는 패시브하우스를 구현하는 데 필요한 다양한 기술요소들을 살펴본다. 서로 이질적인 요소들이 '거주자의 쾌적함'이라는 하나의 목표를 향해 어떻게 조화를 이루어 가는지를 지켜보는 것도 매우 흥미로울 것이다.

그런데 이들을 가만히 보고 있으면 한 편의 기막힌 하모니를 만들어 가는 훌륭한 오케스트라와도 같다는 생각이 든다. 지휘자는 말할 것도 없고 단원 한 명 한 명의 실력도 상당한 수준급이다.

자! 이제 기다리던 공연 시간이다.
유쾌한 패시브하우스 콘서트에 당신을 초대한다.

이번 장의 단열, 기밀, 창호, 열교 등과 관련된 주요 내용은 한국패시브건축협회(www.pniko.kr), 독일 패시브하우스연구소 (www.passive.de), 국제 패시브하우스협회(www.passipedia.org) 의 기술자료 등을 참고하여 작성된 것임을 밝혀둡니다.

HOW 1
새는 열을
잡아라! ▪

보온병이야말로 패시브하우스의 원리가 가장 이상
적으로 구현된 제품이다. 내부의 온기를 오래도록
보존하기 위해 보온병이 채택한 전략은 철저한 '단
열'과 '기밀'이다. 진공으로 만든 용기로 열의 이동을
최소화하고 열이 새나갈 위험이 높은 뚜껑 부위의
밀폐력 또한 극대화했다. 그렇다면 패시브하우스에
서는 보온병의 이 두 원리가 어떻게 적용되었을까?

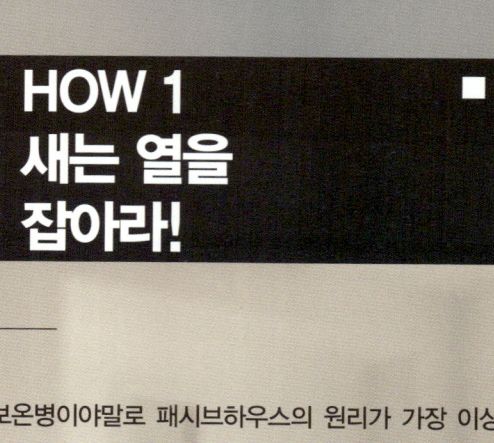

단열의 기본원리를 공부해보자

패시브하우스를 구성하는 가장 중요한 키워드는 단연코 '단열'이다. 그런데 이를 제대로 이해하려면 '열전도율'과 '열관류율', 이 두 가지 개념만큼은 반드시 이해하고 넘어가야 한다. 이들은 모든 대상을 수치로 설명하기를 즐기는 패시브하우스에서 가장 빈번하게 사용되는 지표이기 때문이다. 물론 단위나 개념이 낯설 수도 있지만 그렇다고 머리 아픈 산식이 있는 것은 아니니, 크게 부담을 가질 필요는 없다.

🏠 열은 이동한다

단열의 사전적 의미는 '물체 사이에 존재하는 열의 이동을 차단하는 것'이다. 하지만 이론적으로 열의 이동을 완전히 막는 것은 불가능하다. 예를 들어 높은 온도의 물체 A와 낮은 온도의 물체 B가 있다고 가정해보자. 열역학 법칙에 따르면 이 두 물체를 접촉시킬 경우 A의 온도는 낮아지고 B의 온도는 높아지면서 결국 두 물체의 온도가 같아지는 '열적 평형상태'에 이르게 된다.[열역학 제0법칙] 이때 열에너지는 반드시 온도가 높은 쪽에서 낮은 쪽으로 이동한다.[열역학 제2법칙] 그리고 이 두 법칙은 어떠한 경우에도 예외 없이 적용된다.

열평형의 개념
뜨거운 물체와 차가운 물체를 접촉시키면 온도가 낮은 쪽으로 열에너지가 이동하여 서로 온도가 같아지는 열적 평형상태에 이른다.

🏠 열이 이동하는 속도, 열전도율

이를 건물에 적용해보면, 아무리 좋은 단열재를 썼더라도 외기와 접촉하는 이상 결국 내부의 열기는 외부로 빠져나가게 된다는 것을 뜻한다. 다만 단열이 잘 되어 있으면 그 열기가 빠져나가는 데 좀 더 '오랜 시간'이 걸릴 뿐이다. 그렇다면 단열재의 성능이라는 것도 '어떤 시간 동안 얼마나 많은 열량이 빠져나가느냐' 정도로 정의해볼 수 있지 않을까?

그래서 나온 개념이 열이 전달되는 정도, 즉 '열전도율_Thermal Conductivity'이다. 프라이팬의 손잡이를 플라스틱으로 만드는 이유는 뜨겁게 달궈진 프라이팬의 열기가 손으로 전달되는 것을 최대한 늦추기 위해서다. 즉, 플라스틱의 열전도율이 금속보다 훨씬 낮다는 사실을 실생활에 적절히 응용한 것이다. 그러면 이 열전도율을 다음과 같이 좀 더 자세하게 풀어써보자.

☑ **재료의 열전도율이 높다.**

= 동일조건에서 같은 시간에 더 많은 열을 이동시킨다.

여기서 '동일조건'은 '재료의 두께 1m, 양측의 온도차 1℃'일 때로 약속하자. 그리고 '같은 시간을 기준으로 이동하는 열량'은 단위시간 동안 한 일의 양을 의미하는 와트, 즉 W를 사용키로 한다. 참고로 W는 60W 전구, 800W 드라이기와 같이 가전기기의 시간당 에너지사용량, 즉 에너지효율을 나타내는 단위로 우리에게 이미 친숙하다. 이와 같은 단위들을 사용해서 열전도율을 다시 한 번 정리하면 다음과 같다.

$$\text{열전도율} = \frac{W}{m℃} = \frac{W}{mK}$$

여기서 K는 절대온도를 나타내는 단위로 켈빈이라 읽는데, ℃와 같은 의미로 이해하면 된다. 참고로 철근콘크리트의 열전도율은 2.3W/mK로, 단열재로 사용되는 스티로폼의 0.034에 비해 68배나 높다. 이를 풀어 말하면 스티로폼이 철근콘크리트에 비해 단열성능이 68배나 좋다는 뜻이기도 하다. 복잡한 단위가 어렵다면, 열전도율은 '자재의 단열성능을 나타내는 지표'로 빈번하게 사용된다는 사실 정도만 기억해도 좋다.

열량

1m

열전도율의 개념
두께가 1m인 물체의 온도차를 1℃로 유지했을 때, 이를 통해 이동하는 시간당 열량(W)을 측정한 것을 열전도율이라 한다.

🏠 건물의 부위별 단열성능을 나타내는 핵심지표, 열관류율

열전도율은 건축자재의 두께를 1m로 가정하고 측정한 수치다. 그렇다면 두께가 다른 자재의 열전도율은 어떻게 될까? 두께가 1m인 철판의 한 쪽을 불에 달구면 곧 다른 한 쪽도 뜨거워지게 된다. 그런데 그 두께가 1/10로 줄어든다면 다른 쪽이 뜨거워지는 시간도 1/10로 단축될 것이다. 즉, 두께가 1/10이 되면 열이 전달되는 속도도 열 배로 증가하게 되는 것이다. 따라서 실제 두께에 따른 자재의 열전도율은 자재의 두께와 반비례 관계에 있음을 알 수 있다. 이 내용을 단위를 사용해 정리하면 다음과 같다.

패시브
하우스
콘서트

실제 두께에 따른 **열전도율** = 1m 기준의 **열전도율** / 두께

$$= \frac{W}{m°C} \times \frac{1}{m} = \frac{W}{m^2°C} = \frac{W}{m^2K}$$

그런데 이 단위를 자세히 뜯어보면, 분모에 m^2이라는 면적에 해당하는 단위가 보인다. 이를 앞서 열전도율을 설명할 때 사용했던 표현을 이용해 다시 한 번 정리해보자.

☑ 실제 두께에 따른 **열전도율이 높다.**

= **동일조건에서 같은 시간에 더 많은 열을 이동시킨다.**

여기서 '동일조건'이라 함은 위의 식에서 분모에 해당하는 '재료의 면적 1m^2, 온도차 1℃'를 뜻한다. 이를 바탕으로 '실제 두께에 따른 열전도율'을 풀어쓰면, 안팎의 온도차가 1℃일 때 면적 1m×1m를 뚫고 지나가는 시간당 열량을 의미한다고 볼 수 있다. 이것이 말 그대로 '열이 관통해서 흐르는 정도', 이른바 '열관류율_熱貫流率'이 되는 것이다.

열관류율은 u-value라고도 불리며 '건물의 부위별 단열성능을 나타내는 지표'로 널리 사용된다. 열관류율이 높다는 것은, 더 많은 에너지가 그 곳을 관통해서 흘러나가므로 단열성능은 그만큼 떨어진다는 것을 의미한다. 실제로 패시브하우스에서 요구하는 단열조건도 '벽체의 열관류율은 $0.15W/m^2$ K 이하'와 같은 식으로 표현하는 경우가 대부분이다. 패시브에 관심이 있는 사람이라면 반드시 알아야만 하는 지표로, 밑줄 쫙! 별표 다섯 개다!

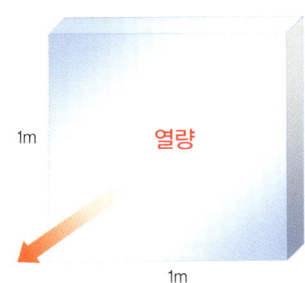

열관류율의 개념

안팎의 온도차를 1℃로 유지했을 때 면적 1㎡의 판재를 통해 전달되는 시간당 열량(W)을 측정한 것으로, 재료의 열전도율을 실제 두께로 나누어도 같은 값을 얻을 수 있다.

🏠 벽체의 열손실을 따져보자

이와 같은 개념들을 활용해 단열재가 부착된 벽체의 실제 열손실을 구해보자. 우선 실내외 온도는 각각 20℃, -10℃라 하고, $10cm$ 두께의 콘크리트벽 안쪽으로 $5cm$ 두께의 스티로폼을 붙였다고 가정하자. 철근콘크리트의 열전도율은 2.3, 두께는 $10cm$이므로 열관류율은 23=2.3/0.1m이다. 마찬가지로 스티로폼의 열전도율은 0.034, 두께는 $5cm$이므로 열관류율은 0.68=0.034/0.05m이다. 여기서 벽체 전체의 열관류율은 어떻게 구할 수 있을까?

그리 어렵지는 않지만 계산과정에서 '열저항'이라는 새로운 개념이 등장하므로, 독자들은 그냥 '어떤 산식에 의해 구해진다' 정도로만 알고 넘어가도 좋다. 실무에서도 엑셀이나 프로그램을 사용하니 부담을 가질 필요는 전혀 없다. 아무튼, 이렇게 구한 벽체의 전체 열관류율은 0.6W/㎡K다. 여기에 안팎의 기온차 30℃를 곱해주면 이 벽체의 면적 1㎡를 통해 빠져나가는 열손실은 18W=0.6W/㎡℃×1㎡×30℃가 된다. 참고로 열손실이 18W라는 것은 1초에 18J_ 줄 또는 4.32cal=18J×0.24cal(칼로리)/J 만큼의 열량이 밖으로 빠져나간다는 것을 의미한다.

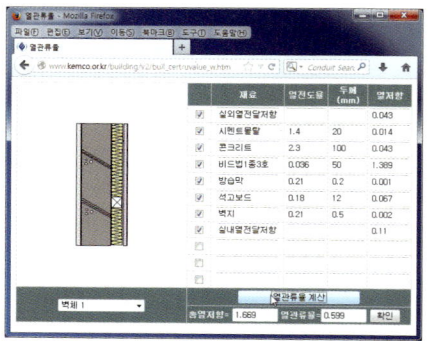

열관류율 계산 프로그램 (출처 : 에너지관리공단)
벽체를 구성하는 건축자재의 열전도율과 두께를 입력하면 벽체 전체의 열관류율이 계산된다.

여기서, 만약 단열재의 두께를 5cm에서 패시브 수준인 25cm로 늘린다면 어떻게 될까? 프로그램을 통해 계산해본 벽체의 열관류율은 0.132로 낮아지고, 단위면적당 열손실 또한 3.96W=0.132W/㎡℃×1㎡×30℃로 크게 떨어진다. 즉, 단열재의 두께를 5cm에서 25cm로 증가시킴으로써 열손실을 4.5배=18W/3.96W 만큼 줄일 수 있게 된 것이다. 이는 훨씬 적은 에너지로도 동일한 실내온도를 유지할 수 있다는 의미로, 패시브하우스의 근간을 이루는 가장 기본이 되는 원리이기도 하다.

단열재에는
어떤 것들이 있을까?

시중에는 수많은 단열재가 출시되어 있지만 현장에서 실제로 사용되는 종류는 이미 공법별로 어느 정도 정해져 있다. 그러므로 전에 없던 새로운 단열재를 놓고 고민하기보다는 확실하게 검증된 자재를 용도와 규격에 맞게 선택해서 하자 없이 시공하는 것이 훨씬 합리적인 접근이다. 다음은 가장 보편적으로 사용되는 단열재의 종류별 특징과 주의사항을 함께 정리한 것이다.

🏠 단열재의 대명사, 스티로폴 _ 비드법 단열재(EPS)

우리에게 스티로폴로 익숙한 이 단열재의 원래 이름은 발포 폴리스티렌_Expanded Poly Styrene이며 영문 머리글자를 따서 EPS라고도 불린다. 스티로폴_Styropor은 독일 바스프사, 스티로폼_Styrofoam은 미국 다우케미컬사의 상표명이고, 공식적으로는 '비드법 단열재'라는 명칭을 사용한다. 여기서 비드_Bead란 구슬 모양의 폴리스티렌 알갱이로, 이를 어떻게 발포시키는지에 따라 단열재의 성능이 결정된다. 앞으로 수도 없이 등장하게 될 용어이므로 '비드법 단열재 = EPS = 스티로폼'이라고 몇 번씩 되뇌어 익숙하게 해 두자.

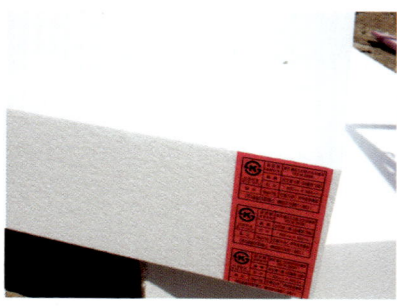

비드법 단열재 = EPS

왼쪽은 흔히 스티로폼이라 불리는 비드법 1종 단열재이고, 오른쪽은 네오폴로 통용되는 비드법 2종 단열재이다.

EPS는 시공성이 좋고 가격이 저렴하며 시간의 경과에도 단열성능의 변화가 거의 없어 가장 널리 사용되는 단열재 중 하나다. 하지만 물을 흡수하는 성질이 있어 지하나 기초 부위에 시공하는 것은 피해야 한다. 아울러 시공 전에 단열재가 충분히 안정화될 수 있도록 7주 이상의 숙성과정도 필요하다. 만약 이 과정을 생략한 채 미장마감을 했을 경우 단열재가 휘어 보기 싫은 자국이 생길 수도 있으니 각별한 주의가 필요하다.

미숙성 단열재로 인한 하자

©한국패시브건축협회

숙성되지 않은 단열재를 사용해 외단열 미장마감을 한다면 이와 같은 단열재 자국을 피하기 힘들다.

참고로 다음은 단열재의 규격과 성능, 그리고 한국패시브건축협회에서 조사한 단가정보_2014년 1월, 이하 동일를 정리한 것이다. 단열재 위에 바로 습식 마감을 하는 외단열미장마감 공법의 경우에는 시멘트와의 부착성이 좋고 기술적으로도 안정적인 3호 규격이 가장 많이 사용된다.

비드법 단열재의 특성

(*EPS 1종 3호의 가격대 성능비를 1로 가정, 이하 동일)

구 분	규 격	밀 도 (kg/㎥)	열전도율 (W/mK)	압축강도 (N/㎠)	단 가 (원/mm·㎡)	가격대 성능비*
비드법 1종	1호	30	0.034	16	195	0.71
	2호	25	0.035	12	163	0.82
	3호	20	0.036	8	130	1.00
	4호	15	0.038	5	98	1.26

한편, EPS에는 앞서 설명한 1종 외에 네오폴이라는 상표명으로 널리 알려진 회색계통의 2종 규격도 있다. 흑연을 첨가함으로써 열복사에 의한 축열능력을 개선하여 단열성능을 20% 이상 보강했다. 비슷한 정도의 가격상승에도 단열재의 두께를 조금이라도 줄이고 싶을 때 많이 사용된다. 다만 1종 제품에 비해 온도 상승에 의한 휨 정도가 더 크므로 반드시 7주 이상의 숙성과정이 필요하다. 또한 외벽이 과도하게 태양에너지를 흡수하지 않도록 마감재료의 선택에도 주의를 기울여야 한다.

🏠 물이 닿는 곳엔 아이소핑크 _ 압출법 단열재(XPS)

아이소핑크라는 상표명으로 잘 알려져 있는 이 단열재의 공식 명칭은 '압출법 단열재'다. 원료를 녹여 연속으로 압축·발포시켜 만든 제품으로 XPS_eXtruded Poly Styrene라는 약어로 많이 불린다. EPS와는 달리 물을 흡수하는 성질이 거의 없어 건물의 기초나 지하층의 시공에 매우 적합하다.

압출법 단열재 = XPS

아이소핑크라는 이름으로 알려져 있으며 습기에 강해 기초나 지하실의 외벽에 많이 사용된다. 현장에서 EPS와 혼동되는 것을 피하기 위해 분홍색이나 노란색 등의 색상이 주로 사용된다.

아래 표를 보면 XPS는 가격을 제외한 거의 모든 부분에서 EPS를 앞서고 있다. 게다가 습기에도 강해 EPS의 대안으로 충분해 보이기까지 한다. 그렇지만 XPS의 초기 열전도율은 시간의 경과에 따라 20~30% 가량 떨어진다는 문제가 있다. 단열재의 표면이 너무 미끄러워 미장마감을 적용하기 힘든 것도 단점 중에 하나로 지적된다. 따라서 XPS는 가급적 물과 직접 접촉하는 부위에 한해서 사용하는 것이 바람직하다. 벽체에 사용하는 경우에도 건식공법과 같은 적절한 마감방식을 검토할 필요가 있다.

압출법 단열재의 특성

구 분	규 격	밀 도 (kg/㎡)	열전도율 (W/mK)	압축강도 (N/㎠)	단 가 (원/mm·㎡)	가격대 성능비
압출법	특호	35	0.029	25	247	0.65
	1호	30	0.030	18	227	0.69
	2호	25	0.031	14	214	0.71
	3호	20	0.033	10	208	0.68

한편, XPS를 기초에 사용할 경우에는 특호, 지하층의 외벽에 사용할 경우에는 1호 이상의 규격을 선택하는 것이 좋다. 그런데 어떤 독자는 무르디무른 단열재가 어떻게 건물의 엄청난 하중을 견딜 수 있는지 궁금해 할 수도 있겠다. 이는 '하중'이 아닌 하중과 면적의 비, 즉 '압력'이라는 관점에서 바라보면 쉽게 이해할 수 있다. 단열재를 손톱으로 누르면 자국이 남지만 손바닥으로 누르면 멀쩡한 것은, 같은 힘이라도 그것이 작용하는 면적에 따라 결과가 달라지기 때문이다. 실제로 압축강도가 25N/cm^2인 XPS가 견딜 수 있는 하중은 1m^2당 25.5톤=1㎡ × 25N/㎠ × 10000㎠/㎡ × 1ton/9800N에 이른다. 이 정도면 건물의 하중이 특정 부위로 집중되지 않는 한, 2층 정도의 콘크리트 건물을 지탱하는 데에는 전혀 문제가 없는 수준이다.

🏠 목조에 가장 많이 사용되는 단열재, 글라스울

목조주택은 샛기둥을 일정한 간격으로 세우고 그 사이에 단열재를 채우는 방식으로 벽체를 완성한다. 여기에 주로 사용되는 단열재가 바로 유리를 녹여 섬유 형태로 뽑아낸 글라스울이다. 글라스울은 가격대비 성능이 뛰어날 뿐 아니라 재료의 규격이 목조의 시공에 최적화되어 있어 목조주택의 단열재로 가장 널리 사용된다.

그렇다면 글라스울의 단열성능은 어느 정도일까? 단면이 가로 2″, 세로 6″인 목재기둥을 사용하는 2×6_Two by Six 공법에 적용되는 글라스울의 단열성능은 110mm 두께의 EPS와 동일하다. 콘크리트였으면 단열성능이 거의 없었을 벽체를 110mm의 스티로폴로 채우는 셈이니 더없이 효율적인 구조로 보인다. 여기에 패시브를 기준으로 부족한 만큼의 단열재만 바깥쪽으로 추가하면 되므로 벽체의 전체 두께가 줄어드는 효과도 있다.

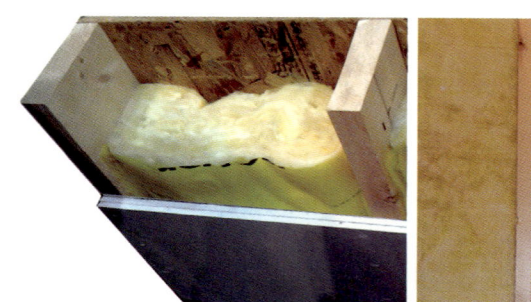

글라스울 단열재 ©풍산우드홈(오른쪽)

글라스울은 목조주택의 구조체 내부를 채우는 단열재로 널리 사용된다. 왼쪽은 저밀도, 오른쪽은 24kg/㎥ 밀도의 제품을 적용한 모습이다.

그러나 안타깝게도 이 벽체의 실제 단열성능은 EPS 110㎜에 미치지 못한다. 글라스울을 빈틈없이 채우기도 힘들 뿐 아니라 글라스울의 1/4밖에 안 되는 나무의 열전도율이 전체 평균을 깎아 먹기 때문이다. 더 큰 문제는 많은 현장이 단가 절감을 위해 24kg/㎥를 밑도는 저밀도 자재를 사용한다는 데 있다. 저밀도 글라스울은 시간이 지날수록 아래로 처지거나 수축 후에도 복원이 되지 않아 벽체의 일부가 텅 빈 상태가 되기 쉽다. 이 경우 단열성능의 저하는 물론 결로수의 유입으로 단열재와 나무가 크게 상하는 2차 피해를 피할 수 없다. 저가 자재를 사용한 목조주택이 처음에는 따뜻한 것 같다가도 시간이 흐를수록 추워지는 이유도 바로 여기에서 찾을 수 있다.

글라스울 단열재의 특성

구 분	규 격	밀 도 (kg/㎥)	열전도율 (W/mK)	단 가 (원/㎜·㎡)	가격대 성능비
글라스울	48k	48	0.035	125	1.07
	24k	24	0.037	62	2.04
	규격 외	9	0.046	낮음	낮음

글라스울은 공식적으로 건강에 무해한 것으로 발표된 바 있으나 시공과정에서 눈이나 피부에 닿으면 많이 따끔거려 거부감이 드는 것도 사실이다. 그래서 좀 더 시공성이 좋은 대체재를 찾곤 한다. 이때 많이 검토되는 것이 이불에 사용되는 천연 양모나 재생 종이를 갈아서 만든 셀룰로오스다. 특히 셀룰로오스는 최근 유럽의 목조주택에서 많이 채택되고 있는 단열재다. 벽체의 내부를 빈틈없이 채워 단열의 사각지대를 없앴을 뿐 아니라 투습성능도 매우 뛰어나 글라스울의 대안으로 많은 주목을 받고있다.

천연 양모와 셀룰로오스
글라스울에 비해 단가는 높지만 소재의 친환경성은 물론 단열재로서의 성능도 매우 뛰어나다.

🏠 기타 단열재 검토

▶ 폴리우레탄 단열재

요즘 많은 관심을 받고 있는 단열재다. 제작공정의 편의상 경질의 폴리우레탄 표면에 부직포 등을 붙인 2종 제품이 주로 유통된다. 열전도율이 상당히 낮은 편이어서 가격적인 부담에도 불구하고 높은 단열성능이 필요할 때 검토해볼 수 있다. 하지만 폴리우레탄 단열재 역시 XPS처럼 시간의 경과에 따라 단열성능이 최대 20%까지 떨어진다는 단점이 있다. 즉, 열전도율이 시험성적서 상으로는 0.019라 해도 몇 년이 지나면 0.023이 되기 때문에, 에너지효율을 계산할 때는 후자의 값을 사용해야 한다. 참고로 KS에서는 시간의 경과를 감안한 장기 열전도율을 기준으로 단열재의 규격을 나누고 있다.

경질 폴리우레탄 단열재의 특성

구 분	규 격	밀 도 (kg/㎥)	열전도율 (W/mK)	압축강도 (N/㎠)	단 가 (원/mm·㎡)	가격대 성능비
폴리우레탄 2종	1호	45	0.023	30	406	0.50
	2호	35	0.024	20	406	0.48

▶ 진공 단열재

'진공'이야말로 현존하는 최고의 단열재다. 진공상태에서는 열을 전달할 물질 자체가 존재하지 않아 열전도율 또한 0이 되어서다. 실제로 패널 형태로 출시된 진공 단열재의 열전도율은 0.0045로 EPS의 1/8 수준에 불과하다. 즉, 두께 30mm의 진공 단열재로 240mm의 비드법 단열재를 대체할 수도 있는 것이다. 하지만 EPS 대비 세 배 이상의 가격은 차치하더라도, 단열재를 이어 붙일 때 발생하는 선형열교와 현장가공의 어려움, 그리고 시공 중 파손의 위험 등으로 아직까지 많이 사용되는 편은 아니다. 두께에 극도로 민감한 경우가 아니라면 보편적인 단열재로 자리 잡기까지는 좀 더 시간이 필요할 것으로 보인다.

▶ 열반사 단열재

주변에 신축되는 크고 작은 건물들을 유심히 살펴보면, 외장마감재를 붙이기 전에 번쩍번쩍한 은박지나 금박지 같은 것으로 건물 전체를 둘러싼 모습을 자주 볼 수 있다. 이 얇은 은박 피복의 폴리에틸렌폼이 바로 수많은 논란을 몰고 다니는 열반사 단열재다. 값도 싸고 작업성도 좋을 뿐 아니라 얇은 두께로도 뛰어난 단열성능을 얻을 수 있다고 해서 많은 현장에서 사용되고 있다.

특히 인터넷의 현란한 광고 문구를 보면 이보다 더 좋은 단열재는 없을 정도다. 물론 복사차단이라는 명확한 열역학의 원리를 이용하고 있고 공인기관의 시험성적서도 훌륭하다. 그러나 실제 현장에서는 이 단열재의 가장 중요한 성립조건인 '밀폐된 공기층'을 확보하기 어렵다는 치명적인 문제가 있다. 더구나 연결철물로 인해 단열재가 손상되거나 단열재의 표면이 먼지 등으로 오염될 경우 기대했던 성능을 얻기는 더욱 힘들어진다. 학계에서도 이 단열재의 실제 성능이 과장되었는지에 대한 갑론을박이 한창이다.

이런 논란을 떠나서 적어도 패시브하우스는 열반사 단열재와 어울려 보이지 않는다. 우선 시험성적서대로 열반사 단열재의 성능이 100% 발휘되더라도 그것만으로 패시브하우스의 단열요건을 만족하기는 쉽지 않다. 더구나 우리보다 고성능 자재에 훨씬 민감한 유럽에서조차 이를 사용한 패시브하우스의 시공사례를 찾아보기 힘들다. 오랜 기간 검증된 자재와 확실한 공법이 존재한다면, 굳이 위험부담을 감수하면서까지 새로운 모험을 시도할 필요는 없다고 보여진다.

폴리우레탄 단열재   진공 단열재   열반사 단열재

내단열로는 죽었다 깨어나도 패시브하우스를 만들 수 없는 이유

🏠 노출콘크리트 주택 유감

집은 복잡하다. 벽체만 해도 그렇다. '철근 조립 → 거푸집 설치 → 콘크리트 타설 → 연결철물 설치 → 외장마감 → 실내 측 각재 설치 → 단열재 부착 → 석고보드 설치 → 내장마감'처럼 수많은 과정을 거쳐야 비로소 하나의 벽체가 완성된다. 그런데 예민한 건축가의 눈에는 이것이 못내 아쉬웠나 보다. 예쁘게 보이기 위해 무언가를 덕지덕지 붙여나가는 것이 왠지 자연스럽지 못하다고 생각한 것이다. 그렇다면 애써 마감을 하지 않고 콘크리트라는 구조체를 그대로 드러내보는 것은 어떨까? 그래서 탄생한 것이 바로 노출콘크리트다. 솔직하고 고급스러운 마감면, 콘크리트라는 재료가 전하는 무게감, 그리고 마치 하나의 조각 작품을 보는 듯한 강한 조소성은 많은 이들을 매료시키기에 충분했다.

작품과도 같은 집을 소유하고 싶어서였을까? 멋진 집에 대한 열망은 자연스레 노출콘크리트로 만들어진 주택에 대한 관심으로 이어졌다. 그런데 '작

빛의 교회, 안도 다다오(1989)

품'에만 머물던 노출콘크리트가 '삶'의 영역으로 넘어오면서 전에 없던 문제가 하나 생긴다. 말 그대로 외기에 노출되어 차가워질 대로 차가워진 콘크리트가 고온다습한 실내환경과 만나게 되면서, 다시 결로와 곰팡이를 불러들이기 시작한 것이다.

적정한 실내온도를 유지하기 위해서 주택은 반드시 단열이라는 장치가 필요하다. 그렇다면 노출콘크리트 주택의 단열은 어떻게 해야 할까? 미려한 노출면을 건물의 안팎에서 동시에 즐기려면 단열재를 콘크리트 속에 묻어 두는 중단열 방식이 가장 좋겠지만, 국내에서는 아직까지 보편화된 시공법은 아니다. 그렇다면 단열재를 건물의 안쪽이나 바깥쪽으로 붙일 수밖에 없는데, 어느 쪽이 더 나을까? 당연히 안쪽이다. 어차피 남에게 보여주고 싶은 노출콘크리트가 아니었던가. 문제는 이 같은 내단열 방식에는 치명적인 오류가 한 가지 있다는 점이다. 내부의 벽체나 슬래브로 인해 단열재가 끊어지는 곳에서 많은 열기가 빠져나가는, 이른바 '열교현상'을 도저히 피할 길이 없는 것이다.

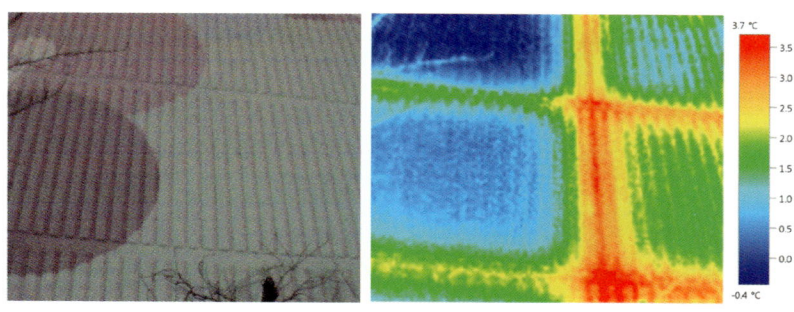

아파트 외벽의 열교 ⓒ한국기밀협회

겉으로는 멀쩡해 보여도 내부의 단열재가 끊어지는 곳에서 상당한 열교가 발생하고 있음을 알 수 있다.

　물론 문제는 여기서 끝나지 않는다. 다음은 내외부 온도를 각각 20℃와 -5℃로 가정하고 EPS 100㎜를 외벽의 안쪽으로 설치해 내부온도분포를 시뮬레이션한 결과이다. 여기서 표면의 상대습도가 80%에 도달하는 12.6℃의 황색 라인이 바로 곰팡이가 예상되는 지점이다. 즉, 벽면의 모서리나 단열재의 연결 부위에서 결로와 곰팡이를 피해가기 힘든 상황인 것이다. 이를 막기 위해서는 모서리 부분의 단열을 보강하고 단열재로 습기가 침투하지 못하도록 방습층도 빈틈없이 설치해야 한다. 하지만 열악하기만 한 단독주택의 공사현장에서, 이는 결코 쉽지 않은 주문사항이다.

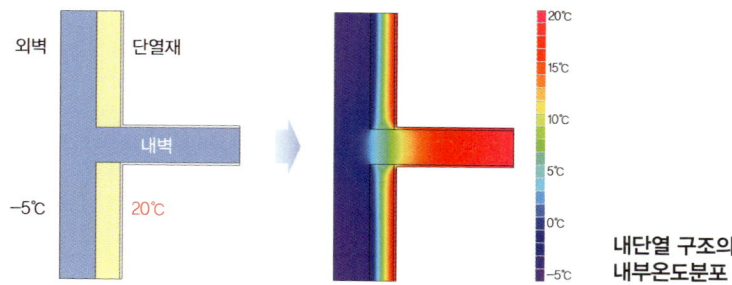

**내단열 구조의
내부온도분포**

　사실 내단열 구조는 그동안 우리나라 주택의 대다수가 채택해왔던 방식이다. 만약 우리가 사는 집에 결로와 곰팡이가 없다면 그것은 단열재와 방습층이 제대로 시공되었거나 실내의 온습도가 낮은 경우, 또는 내부에 숨어 있는 곰팡이와 결로수가 아직 우리 눈에 띄지 않은 경우 중 하나일 것이다. 물론 이웃집과 온기를 나누어 쓰는 아파트의 경우에는 외부로 노출된 벽면 자체가 적어 결로의 위험이 상대적으로 줄어들기도 한다.

그렇지만 홀로 추위와 맞서야만 하는 단독주택, 그것도 구조체라는 속살을 고스란히 드러낼 수밖에 없는 노출콘크리트 주택이라면 얘기가 달라진다. 설계와 시공을 웬만큼 정밀하게 하지 않고서는 열교와 결로라는 두 가지 태생적인 문제로부터 좀처럼 벗어나기 힘들다. 실제로도 상당수의 노출콘크리트 주택 거주자들은 아직도 추위와 더위, 그리고 결로와 곰팡이 속에서 신음하고 있다. '노출콘크리트'가 아닌 단열이 허술한 '노출콘크리트 주택'이 유감인 이유다.

🏠 외단열이어야만 하는 이유

2010년 기준의 건축법규에 따르면 중부지방에서 외기에 면하는 벽체에 사용해야 할 비드법 단열재의 두께는 75mm이다. 그렇다면 패시브하우스에서 주로 사용되는 단열재의 두께가 250mm 정도임을 감안할 때, 에너지효율도 딱 그 만큼만 떨어져야 하지 않을까? 즉, 패시브주택이 1.5리터니까 그 세 배쯤인 5리터 정도의 에너지성능은 되어야 한다는 말이다. 하지만 실제로 에너지효율을 측정해보면 겨우 17리터 수준에 그친다. 무엇이 문제일까?

원인은 바로 열교와 기밀에 있다. 단열이 부족한 부분과 외부로 통하는 미세한 틈새를 타고 주택이 품고 있어야 할 에너지의 70%가 빠져나가고 있는 것이다. 이 중 열교의 가장 큰 원인을 제공하는 것이 바로 내단열 구조다. 내단열 구조로 인해 단열재가 끊어진 곳으로 빠져나가는 에너지의 양은 상상하기 힘들 정도다. 이는 내부에서 단열재의 두께를 아무리 키운다 해도 결코 극복할 수 없는 구조적인 문제다.

결국 정답은 외단열이다. 동일한 조건에서 단지 단열재의 위치를 바꾸어주는 것만으로도 에너지효율을 배 이상 향상시키는 것이 가능하다. 물론 외단열이 가져다주는 이점은 여기서 그치지 않는다. 다음은 앞의 사례와 같은 조건으로 시뮬레이션한 외단열 구조의 내부온도분포다. 단열재가 외부에 위치함으로써 실내 측의 콘크리트와 마감재는 늘 따뜻한 상태로 보호된다. 무엇보다 황색의 곰팡이 온도선은 구조체 바깥으로 완전히 넘어가 있다. 드디어 그토록 지긋지긋하던 곰팡이와 결로에서 완벽하게 해방되는 순간이다!

**외단열 구조의
내부온도분포**

그렇다면 왜 모든 집들은 하나같이 약속이나 한 것처럼 이토록 좋은 외단열을 외면하는 것일까? 이유는 언제나 그렇듯 '돈'이다. 외부에서 공사를 해야 하므로 공사 일정이 날씨에 크게 좌우될 뿐 아니라, 단열재를 외부에 부착하고 그에 적합한 외장마감을 하는 데 추가비용이 소요되기 때문이다. 물론 여기에는 수십 년간 적응해온 작업방식을 바꾸기 싫어하는 시공자들의 관성도 한몫한다. 하지만 어떤 이유를 댄다 한들 외단열로 얻을 수 있는 이점에는 결코 비할 수 없다.

🏠 단열방식과 실내면적

한 가지 다행인 것은 정부의 단열기준이 지속적으로 강화되고 있다는 점이다. 예를 들어 중부지방에서 외기에 면하는 벽체의 단열재 두께는 EPS 1종을 기준으로 2001년 $75mm$ → 2011년 $100mm$ → 2013년 $140mm$로 변해왔다. 이는 정부의 녹색건축 로드맵에 따른 것으로, 앞으로도 패시브 수준을 목표로 지속적으로 강화될 예정이다. 그런데 이렇게 단열재가 두꺼워지게 되면, 아무리 내단열의 시공비가 싸게 먹힌다 해도 자연스럽게 외단열이 부각될 수밖에 없다. 그 이유는 바로 건축면적을 계산하는 기준에 있다.

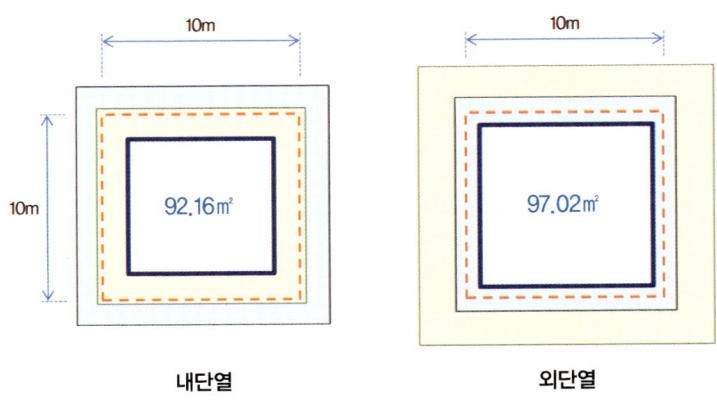

내단열   외단열

기존의 건축법에 의하면 건축면적의 계산은 '벽체 전체'의 중심선을 기준으로 한다. 예를 들어 건축면적이 $100m^2$이고 단열재와 구조체의 두께가 각각 $25cm$와 $15cm$라면, 실내면적은 $92.16\,m^2{}_{=(10-2\times(0.25+0.15)/2)^2}$가 되는 식이다. 하지만 새로이 개정된 법규에 따르면 외단열 방식일 경우에는 '구조체'의 중심선을 기준으로 면적을 계산한다. 즉, 건축면적은 똑같이 $100m^2$이지만 단열재의 두께는 고려하지 않아도 되므로 실제 실내면적은 $97.02\,m^2{}_{=(10-2\times0.15/2)^2}$가 된다. 쉽게 말해서 과세와 거래의 기준이 되는 법적인 면적은 30평으로 똑같지만, 실제 사용면적에서는 단지 내단열이라는 이유만으로 1.5평만

큼의 손해를 보게 되는 것이다. 단열기준이 강화될수록 외단열이 호응을 얻을 수밖에 없는 매우 바람직한 구조라 하겠다.

🏠 외단열의 외장마감은 어떻게 해야 할까?

단열재를 바깥으로 붙이는 외단열 구조에서는 외장마감을 하는 데 상당한 제약이 따른다. 다음은 전과 동일한 조건에서 외벽을 대리석으로 마감한 것을 시뮬레이션한 결과이다. 외단열임에도 벽체 내부의 온도분포는 매우 불안정한 모습을 보이고 있다. 석재를 벽에 고정하기 위해 설치한 금속 브라켓, 즉 연결철물에서 엄청난 열교가 발생하고 있기 때문이다. 황색의 곰팡이 온도선은 이미 구조체 내부까지 침투했으며 열의 이동을 차단하는 단열재 본연의 기능은 아예 무장해제된 지경이다.

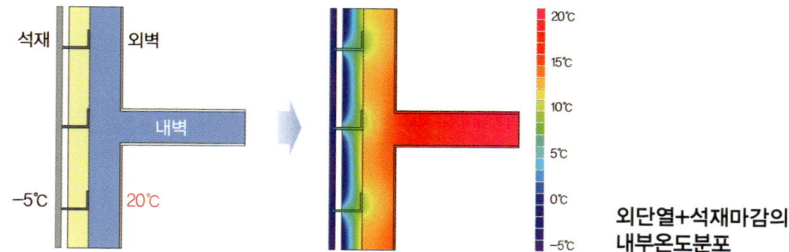

외단열+석재마감의
내부온도분포

이와 같은 열교를 최소화하기 위해서는, 브라켓을 사용하지 않고 단열재를 그대로 외장마감의 바탕면으로 활용하는 방식이 가장 유리하다. 즉, 단열재 위에 바탕용 시멘트 모르타르를 바르고 보강을 위한 그물망_Mesh을 부착한 후 단계별로 코팅을 해나가는 외단열미장마감 공법_EIFS, Exterior Insulation Finishing System을 사용하는 것이다. 국내에서는 드라이비트_Dryvit라는 제품명으로 많이 알려진 이 공법은 그동안 저가시공, 부실시공 등으로 많은 불신을 받

아왔다. 하지만 선진국에서는 오
랜 기간 기술발전을 거듭하면서
외단열에 최적화된 방식으로 높
은 신뢰를 얻어온 공법이다.

현재, 단열재 설치까지 포
함한 외단열미장마감 시공의 시
장 최저가는 벽체면적 1m^2당
5~6만 원 수준이다. 물론 자재
비나 시공에 소요되는 품을 생
각할 때 이 가격만으로는 결코
좋은 품질을 기대할 수 없다. 패
시브에 적용되는 단열재의 만만
치 않은 두께를 생각하면 더욱

외단열미장마감 시스템
단열재 위에 바탕면을 만들고 단계적으로 코팅을 해나
가는 방식으로, 하자방지를 위해서는 단열재의 충분한
숙성과 함께 매뉴얼에 따른 꼼꼼한 시공이 필수적이다.

그렇다. 하지만 그 배에 가까운 비용을 투입해서 믿을만한 전문 업체에 맡긴
다면 충분히 만족할만한 결과물을 얻을 수 있다. 예를 들어 30평 단층주택의
외벽면적을 120m^2라 한다면 천만 원이 조금 넘는 금액인데, 이것만큼은 절대
로 아껴서는 안 된다. 그만큼 외단열은 패시브주택의 핵심 중의 핵심이요, 어
떠한 경우에도 하자가 있어서는 안 되는 부분이기 때문이다.

외단열미장마감의 최종 코팅재로는 스타코플렉스와 같은 아크릴, 혹은
실리콘 계열의 합성수지 제품을 주로 사용하는데 내구성, 내오염성 등을 종합
적으로 검토하여 선택한다. 최근에는 자재와 시공기술이 좋아져서 높은 수준
의 색상과 질감도 어렵지 않게 구현할 수 있다. 만약 내구성과 중후한 느낌을
더하고 싶다면 외부마감용 벽돌 타일이나 외단열용 석재 패널을 사용하는 것
도 가능하다. 접착력이 보장된 단열재 혹은 튼실한 바탕미장 위에 전용 접착
제나 타일 접착용 모르타르를 사용하여 부착한다면 마감재 탈락의 우려는 없

다. 단, 타일이나 패널의 무게가 상당하므로 많은 양의 본드와 패스너로 단열재를 벽면에 더욱 확실하게 고정시켜줄 필요는 있다.

외단열 마감용 타일과 패널 ©Roeben(왼쪽), Sto
내구성과 함께 색다른 느낌을 얻을 수 있는 방법으로, 외단열 마감용으로 출시된 제품을 사용하는 것이 좋다. 물론 수입자재일 경우에는 다소간의 비용 상승을 감수해야 한다.

🏠 그 밖에 다양한 외장마감 방법들

사실 건축가나 건축주의 취향과 패시브주택이 가장 크게 부딪히는 부분 중 하나도 바로 이 외장마감이다. 그만큼 다양한 외장마감에 대한 욕구는 어찌 보면 매우 자연스러운 부분이기도 하다. 패시브에 적용할 수 있는 여타의 외장마감재로 가장 먼저 생각해볼 수 있는 것은 벽돌이다. 물론 벽체의 전체 두께가 증가하는 단점은 있지만, 시간의 흔적이 묻어나는 자연스러운 느낌과 100년을 넘게 버티는 내구성은 벽돌만이 가진 큰 장점이다.

패시브에 벽돌마감을 적용할 경우에는 몇 가지 주의해야 할 점이 있다. 우선 가장 신경써야 할 부분은 벽돌을 지지하는 브라켓의 열교를 줄여주는 것이다. 이를 위해서는 보통 열전도율이 철의 1/3인 스테인리스 소재의 브라켓을 많이 사용한다. 최근에는 열손실을 더욱 낮추기 위해 열전도율이 철의

1/50에 불과한 복합유리섬유로 만든 제품까지 출시되고 있다. 창호의 주변부 역시 벽돌로 인해 단열재가 끊어질 경우 심각한 열교가 발생할 수 있으므로, 이를 고려한 세심한 디테일과 오차 없는 시공이 요구된다.

외단열 + 벽돌마감 ©Bever(왼쪽), 이명래(오른쪽)
왼쪽은 벽돌마감에 사용되는 외단열 전용 브라켓. 오른쪽은 외단열 방식임에도 창호 주변의 열교 예상 부위에 아무런 조치를 취하지 않은 모습

물론 건식공법도 불가능한 것은 아니다. 다만 마감재를 지지하는 과정에서 발생하는 열교를 줄일 수 있는 대책이 필요할 뿐이다. 보통은 고단열 소재의 브라켓이나 트러스 형태의 구조물을 많이 사용하는데, 외단열미장마감 공법에 비해 자재와 시공에 비용이 추가될 수 있음을 감안해야 한다. 최근의 목조 패시브에서는 구조체의 두께를 대폭 키워 외부에 부착되는 단열재를 없애거나 그 두께를 최소화함으로써 외장재 부착을 쉽게 하는 방법도 많이 사용되고 있다.

패시브하우스의 건식마감 ©Cal Rice(왼쪽위), 자림/탑 건축사사무소(아래)

왼쪽부터 시계방향으로 BioHaus(美 Intep LLC), 방배동주택, 도로공사 수원영업소, 삼평동 우체국으로, 모두 패시브 수준의 외단열을 한 후 나무, 석재, 알루미늄 패널 등으로 건식마감을 했다.

기밀하게,
또 기밀하게

다시 보온병으로 돌아가 보자. 만약 보온병의 마개를 꼭 닫지 않고 그냥 살포시 걸쳐 놓기만 한다면 어떻게 될까? 아마도 병 속의 뜨거운 물은 빠른 속도로 식어갈 것이다. 아무리 좋은 단열재로 열의 '전도'를 막는다 해도 작은 틈새로 공기가 드나드는 '대류'를 막지 못한다면, '보온'이라는 궁극의 목적을 이루는 길은 요원해질 수밖에 없다.

🏠 집이 반드시 기밀해야만 하는 이유

옛 속담에 '바늘구멍으로 황소바람 들어온다'는 말이 있다. 얼마나 추웠으면 황소바람이라는 표현까지 생각해냈을까. 사실 필자도 이를 여실히 경험한 적이 있다. 지은 지 얼마 안 된 아파트에서 살 때였는데, 이상하게도 거실에만 나가면 미세한 한기가 느껴지곤 했다. 정확한 이유는 잘 모르겠고 그저 발코니 확장 때문일 거라고 막연히 짐작만 할 뿐이었다. 그러던 중 하루는 거실에서 잠을 자야 할 일이 생겼다. 창문 쪽으로 머리를 두고 잠을 청하려는 순간 머리맡으로 엄청난 바람이 쏟아지고 있는 것이 아닌가! 창문은 분명히 닫혀 있었는데 귀신이 곡할 노릇이었다. 혹시나 해서 창문 여기저기에 손을 대봤는데 아니나 다를까, 보이지 않는 작은 틈 몇 군데에서 차가운 바람이 맹렬하게 불어오고 있었다. 그렇다. 바로 황소바람이었다.

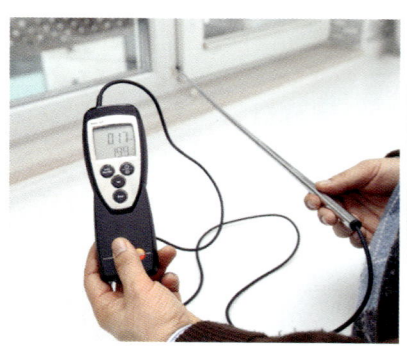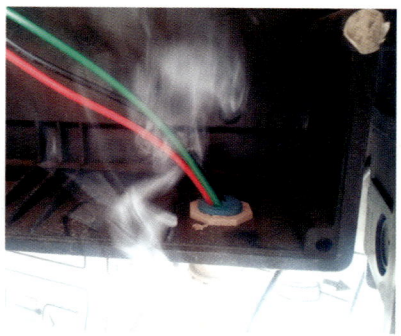

틈새바람 점검 ⓒ한국기밀협회(왼쪽), 프로클리마(오른쪽)
인위적으로 내외부에 강한 압력차를 만들어 창틀과 콘센트 등의 취약 부위를 점검한다.

그까짓 틈새바람이 뭐 그리 대수냐 할지도 모르겠다. 그렇지만 반드시 문제가 되는 것이 또한 틈새바람이다. 무엇이 문제인지 살펴보기에 앞서 틈새바람의 정도를 나타내는 '기밀도'에 대해 먼저 알아볼 필요가 있다. 독일의 패시브하우스연구소에 따르면 패시브주택의 기밀도는 '50Pa 조건에서 시간당 0.6회 이하'를 만족해야 한다. 아! 또 단위에 숫자다. 하지만 그리 어렵지는 않으니 하나씩 차근차근 따져보자. 먼저 '50Pa 조건'이란 건물 내외부의 압력차를 50파스칼_Pa=N/㎡로 만들어 초속 9m, 즉 우산을 들고 서있기 힘든 정도의 강한 바람이 불게끔 만든 인위적인 테스트 환경을 뜻한다. 그리고 '시간당 0.6회'는 이와 같은 환경에서 출입문과 창문을 모두 닫았음에도 한 시간 동안 실내체적의 0.6배 만큼의 틈새바람이 실내로 들어온다는 것을 의미한다.

그러면 패시브하우스가 아닌 일반주택의 기밀도는 어느 정도일까? 정확한 통계치는 없지만 최근에 지어진 주택은 50Pa 기준으로 시간당 3~5회, 기밀에 대해 거의 무신경한 옛날 주택은 시간당 10~20회에 이르는 것으로 파악된다. 만약 패시브하우스에 문제가 생겨서 기밀도가 시간당 0.6회에서 일반주택 수준인 시간당 4회로 떨어진다면 어떻게 될까? 시뮬레이션에 따르면 1.5리터였던 에너지성능은 3리터 수준으로 크게 떨어진다. 여기서 기밀도를 다시 시간당 10회까지 떨어뜨리면 에너지성능은 5.5리터 수준까지 추락한다. 보잘것없게만 보였던 틈새바람의 정체가, 실제로는 에너지효율을 사정없이 반 토막 내버리는 성난 황소와도 같은 존재임이 드러나는 순간이다.

🏠 집은 숨을 쉬어야 한다?

패시브하우스는 이토록 엄청난 위력을 지닌 틈새바람을 막아내기 위해서 가능한 모든 조치를 다한다. 예상할 수 있는 틈새를 모조리 봉쇄하고 나서도 전용장비로 테스트까지 해가며 확인에 확인을 거듭한다. 이건 거의 랩으로 집을 꽁꽁 싸매서 완전히 밀봉해버리는 수준이다. 그런데 대부분의 사람들은 이렇게 완벽할 정도로 '기밀한 집'은 곧 공기가 통하지 않는 '답답한 집'이라는 선입견을 갖곤 한다. 그리고는 사람도 숨을 쉬는데 당연히 집도 숨을 쉬어야 하지 않느냐는 반문으로까지 이어진다. 그렇다면 집은 정말 숨을 쉬어야만 하는 것일까?

집이 숨을 쉬어야 한다면 그 이유는 두 가지 정도일 것이다. 집에 도움이 되거나, 사람에게 도움이 되거나. 집에 도움이 된다는 것은 결로와 곰팡이를 막아 구조체와 내장재를 보호하는 것이고, 사람에게 도움이 된다는 것은 우리가 숨을 쉬는 데 필요한 신선한 공기를 공급해주는 것을 뜻한다. 그런데 이 두 가지가 반드시 틈새바람으로 해결해야만 하는 것일까?

봄이나 가을이면 또 모르겠지만 한겨울의 틈새바람은 엄청난 에너지손실로 이어질 수밖에 없다. 물론 그와 함께 수반되는 웃풍과 외풍, 결로와 곰팡이로 인한 피해도 만만치 않다. 더구나 이렇게 큰 대가를 치르고 들여온 틈새바람도 우리가 필요로 하는 환기량에는 크게 부족하다. 일례로 일반주택의 기밀도인 50Pa 기준 시간당 4회를 일상조건에서의 환기량으로 환산해보면 시간당 0.28회 정도다. 이는 법규에서 정하는 기준치인 시간당 0.5회는 물론 패시브하우스의 최소 기준치인 시간당 0.3회에도 미치지 못하는 수준이다. 설혹 기준치에 도달했다 하더라도, 오염된 실내공기 전체를 교체할 만큼의 강한 기류를 만들어내기도 쉽지 않다. 결국 '숨을 쉰다고 하는 보통의 집'도 실제로는 사람과 건물 모두에게 큰 도움이 안 되는 구조다.

따라서 득보다 실이 훨씬 많은 틈새바람으로 문제를 해결하려는 시도는 애초부터 포기하는 편이 좋다. 그렇다면 집은 전혀 숨을 쉴 필요가 없는 것일까? 꼭 그렇지는 않다. 숨을 쉰다는 것을 건물이 외기와 호흡하는 것이 아닌 내부와 소통하는 것으로 한정했을 때 그렇다. 예를 들어 내부공간을 석회시멘트나 규조토, 황토와 같은 다공질의 재료로 습식마감을 해준다면 공기정화는 물론 습도조절의 효과까지 거둘 수 있다. 숨 쉬는 집의 대표적인 사례로 꼽는 한옥이나 흙집도, 실은 틈새바람보다는 실내공간과 호흡하는 건축자재의 친환경성에서 호응을 얻는 것이다.

그러면 집이 기밀해지는만큼 부족해진 환기량은 어떻게 해야 할까? 다행히도 우리에게는 열회수형 환기장치가 있다. 이 고마운 친구는 추위 때문에 환기가 힘든 겨울에도, 황사가 심한 봄날에도, 그리고 자다가 일어나서 창문을 열 수 없는 새벽시간에도, 늘 우리에게 신선한 공기를 공급해준다. 그것도 버려지는 공기의 열을 살뜰하게 회수하면서. 더 이상 애꿎은 집더러 숨을 쉬라고, 아니 틈새바람을 내놓으라고 요구하지 말자. 집과 사람 모두의 건강을 위해 집은 기밀, 또 기밀해야만 하니까.

🏠 기밀을 위한 조치들

높은 수준의 기밀성을 확보하기 위해서는 어디부터 신경을 써야 할까? 우선 제일 문제가 되는 것은 창호다. 열고 닫기를 수없이 반복해야 하는 특성상 틈새가 있을 가능성이 다른 어느 곳보다 높아서다. 뒤에서 다시 자세히 다루겠지만, 이를 해결하기 위해서는 시스템창호가 거의 유일한 대안이다. 일반 슬라이딩 창호로는 보온병의 뚜껑과 같은 강력한 밀폐력을 기대하기 힘들기 때문이다.

기밀도가 높은 창호를 선택하고 나면 오히려 문제는 창호 주변으로 옮겨 간다. 창호를 설치하고 나면 보통 창틀 주위로 약간의 빈 공간이 남기 마련인데, 대부분은 우레탄폼을 주입하고 실리콘을 쏘는 정도로 마무리한다. 하지만 실리콘 코킹의 내구성은 생각보다 낮은 편이고 우레탄폼의 기밀성 또한 그다지 만족스러운 수준은 아니다. 특히 현장에서 많이 사용되는 저가의 우레탄폼은 시간이 지날수록 딱딱하게 굳어지면서 부피가 줄어들고 표면이 갈라지는 경우가 많다. 정작 무서운 것은 이 와중에 생기는 작은 틈들이다. 오죽하면 바늘구멍으로 황소바람 들어온다는 말까지 생겼겠는가.

이러한 문제를 근본적으로 해결하기 위해 나온 자재가 바로 완벽한 부

창호의 기밀테이프 처리 ©세린레하우, 프로클리마, 해강인터내셔널

착력을 자랑하는 기밀테이프다. 창호용 기밀테이프는 보통 안팎으로 다른 종류를 사용하는데, 외부용에는 혹시 있을지도 모를 내부의 습기를 배출해주는 투습기능이 추가된다. 이렇게 되면 외부의 비바람은 막아주되 내부의 땀은 배출해주는 고어텍스와 같은 역할을 수행할 수 있다. 아울러 기밀테이프 사이의 빈 공간은 경화되지 않는 연질의 우레탄폼이나 팽창밴드를 사용하여 빈틈없이 메워주는 것이 좋다.

설비배관 역시 각별한 주의가 필요하다. 전기, 통신, 상하수도, 냉난방, 가스, 공조 등의 다양한 배관은 반드시 벽체나 슬래브를 관통하게 되는데, 이 과정에서 크고 작은 틈새들은 피할 수 없다. 물론 이 경우에도 창호와 마찬가지로 배관의 종류와 크기별로 출시된 전용 기밀테이프를 사용하면 된다. 참 별짓 다 한다고 생각할 수도 있지만 기밀만큼은 이렇게 편집증적일 정도로 신경을 써주어야만 한다. 기밀테이프의 자재 값이라고 해봤자 30m 한 롤당 몇 만 원에 불과하지만, 눈에 보이지 않는 곳에 대한 이 작은 투자로 인해 우리가 돌려받게 될 혜택은 너무도 크다.

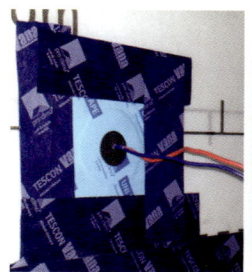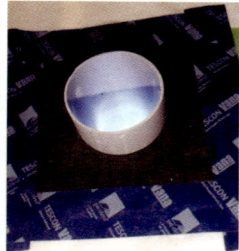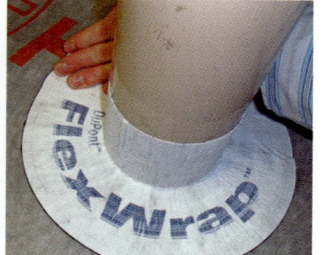

배관류의 기밀테이프 처리 ©프로클리마, 듀폰코리아(오른쪽)

목조주택일 경우에는 좀 더 주의를 기울일 필요가 있다. 재료 자체가 밀실한 콘크리트 구조와는 달리 건식공법을 기본으로 하는 목조는 자재와 자재 사이가 모두 틈새가 될 수 있기 때문이다. 따라서 실내에는 계절에 따라 방습과 투습의 역할을 겸하는 가변형 방습지를, 외부에는 투습성능이 있는 방수지를 빠짐없이 둘러주되, 모든 연결 부위는 기밀테이프로 꼼꼼하게 마무리해준다. 아울러 콘크리트와 목조 모두, 마감공정으로 넘어가기 전에 기밀테스트를 시행해서 틈새 부위를 점검하고 보완하는 것도 잊지 말아야 한다.

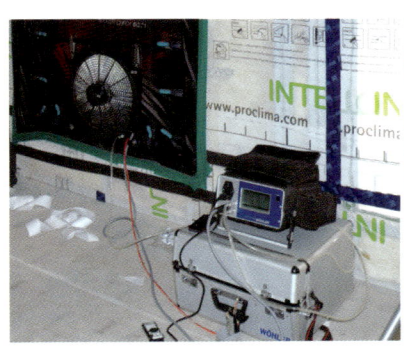 

목조주택의 기밀테스트 ©프로클리마
기밀 시공을 완료한 후 전용장비로 50Pa에 달하는 강한 기압차를 만들어 기밀도와 틈새 부위를 파악한다.

패시브 창호의
조건

겨울철이면 난방비를 아낄 수 있는 방법으로 어김없이 뉴스에 등장하는 아이템이 있으니 바로 포장재로도 많이 사용되는 비닐 에어캡, 일명 '뽁뽁이'다. 비닐로 된 공기방울을 하나씩 터뜨려가며 재밌어했던 경험이 모두들 한 번쯤은 있을 정도로 우리에겐 상당히 친숙한 제품이다. 그런데 이 보잘것없어 보이는 작은 공기방울의 단열성능은 생각보다 뛰어났다. 전문시험기관에 따르면 설치 전과 비교했을 때 실내온도가 3℃까지 상승하는 것으로 나타났다. 방송에서는 문풍지로 틈새바람까지 차단하면 더욱 효과적이라는 설명까지 곁들여진다. 이 정도면

유리에 비닐 에어캡을 설치한 모습

겨울철 난방비를 절감할 수 있는 방법으로는 가히 최고의 가격대비 성능이라 할 만하다. 그러나 뒷맛은 왠지 씁쓸하다. 수억 원씩 하는 아파트에 살면서 우리는 왜 몇 천 원짜리 뽁뽁이에 의지해서 추위와 싸워야만 하는 것일까? 무언가 잘못돼도 한참 잘못된 것임에 틀림없다.

🏠 성능 좋은 이중창호 정도면 충분할까요?

어쨌든 이 사례는 창호의 성능 역시 단열_뽁뽁이과 기밀_문풍지에 의해 결정된다는 사실을 단적으로 보여준다. 창호에도 보온병의 두 가지 기본원리가 충실히 적용되어야 하는 것이다. 그렇다면 패시브하우스에 적합한 창호의 수준은 어느 정도여야 할까? 그저 견고하고 믿음직스러워 보이는 대기업의 이중창호 정도면 충분할까?

독일 패시브하우스연구소에 따르면, 패시브에 요구되는 창호의 열관류율은 $0.8W/m^2K$ 이하여야 한다. 벽체의 요구조건이 0.15인 것에 비하면 단열성능이 1/5에 불과하지만 유리라는 재료의 한계를 생각하면 결코 작은 수치가 아니다. 과거 국산 창호의 열관류율이 잘해야 2~3 정도였음을 생각해 보면 더욱 그렇다. 그런데 기밀성능에 대해서는 별도의 기준이 없다. 틈새가 거의 없어야 함은 당연한 것으로 본 것이다. 그렇다면 이와 같은 '완벽에 가까운 기밀'은 어떻게 실현될 수 있을까?

우리가 가정에서 애용하는 락앤락이라는 밀폐용기를 예로 들어 보자. 이 제품은 완벽한 밀폐력을 위해서 그릇과 뚜껑이 맞물리는 부분에 고무패킹을 대고 강한 힘으로 밀착시켜 틈새를 없애는 방식을 사용한다. 실제로 물을 넣고 뒤집어 보아도 물 한 방울 새어나오지 않을 정도로 기밀하다. 이러한 원리를 창문으로 그대로 가져온 것이 바로 시스템창호다. 창문을 닫을 때 고무패킹을 강하게 압착하는 고유의 메커니즘을 사용함으로써 완벽에 가까운 기밀도를 실현했다.

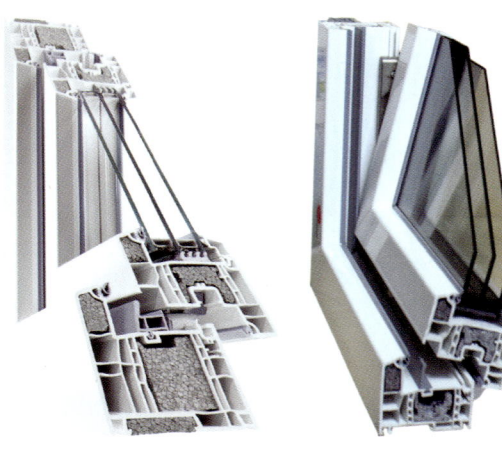

시스템창호의 구조
©Rehau, 세린레하우

여닫이 형식의 Turn 방식과 15도 가량 안쪽으로 기울어지는 Tilt 방식을 조합한 시스템창호. Tilt & Turn 외에도 Tilt & Sliding, Lift & Sliding 등과 같은 다양한 개폐방식이 존재한다.

결국 높은 기밀도가 요구되는 패시브하우스의 선택은 당연히 시스템창호일 수밖에 없다. 대부분의 이중창호는 기밀에 취약한 슬라이딩 방식이라는 태생적인 한계를 가지고 있어서다. 게다가 이중으로 복층유리를 사용하고 창문 사이에 공기층을 여유 있게 두는 것도 단열 면에서 큰 이점은 못 된다. 유리 자체의 단열성능은 EPS의 1/20에 불과할 뿐 아니라, 두터워진 공기층도 내부의 대류현상으로 인해 단열성능 향상에는 큰 도움이 안 되기 때문이다.

그렇다고 이중창호가 무조건 나쁘다는 것은 아니다. 상대적으로 저렴한 비용과 넓은 선택의 폭을 생각하면 더욱 그렇다. 오히려 만듦새가 좋은 이중창호는 저가의 조악한 시스템창호에 비해 내구성이 훨씬 뛰어나기도 하다. 최근에는 열관류율 1.0 이하의 1등급 제품도 다수 출시되는 등, 이중창호의 성능도 과거에 비해 상당히 좋아졌다. 만약 저에너지 주택 정도가 목표라면 가격대 성능비가 뛰어난 이중창호도 나쁘지 않은 선택이 될 수 있다.

등 급	열관류율 (W/㎡K)	기밀성 (㎥/㎡h)	제품수	열관류율 평균 (W/㎡k)	통기량 평균 (㎥/㎡h)
1	1.0 이하	1 이하	(시스템단창) 9	0.82	0.26
			(이중창호) 77	0.91	0.60
2	1.0 ~ 1.4	1 이하	180	1.24	0.51
3	1.4 ~ 2.1	2 이하	416	1.68	0.95
4	2.1 ~ 2.8	–	183	2.30	1.56
5	2.8 ~ 3.4	–	28	3.03	1.50
전체 합계 및 평균			893	1.69	0.97

🏠 패시브 창호의 단열성능

기밀을 위해 시스템창호를 선택했다면 그 다음으로 따져볼 것은 창호의 단열성능이다. 창호는 유리와 그것을 둘러싸는 프레임으로 구성되는데, 패시브하우스는 유리와 프레임 모두 0.8W/ m^2K 이하의 열관류율_u-value을 요구한다. 이 기준에 못 미치게 되면 실내와 창호표면의 온도차가 3℃ 이상으로 벌어지면서 웃풍과 냉복사로 인한 불쾌감이 생길 수도 있어서다.

일단 유리는 큰 문제가 안 된다. 3중 유리를 선택하되 표면에는 적외선 반사율이 높은 로이_Low-E코팅을 해주고, 유리 사이에는 공기보다 훨씬 무겁고 열전도율도 낮은 아르곤가스를 주입해주면 패시브의 열관류율 요건은 충분히 맞출 수 있다. 다만, 프레임은 소재상의 한계로 열관류율을 0.8 이하로 떨어뜨리기가 좀처럼 쉽지 않다. 실제로도 프레임의 단열성능은 유리에 미치지 못하는 경우가 대부분이다. 문제는 그 차이가 너무 벌어지게 되면 열교와 결로가 프레임으로 집중될 수 있다는 점이다.

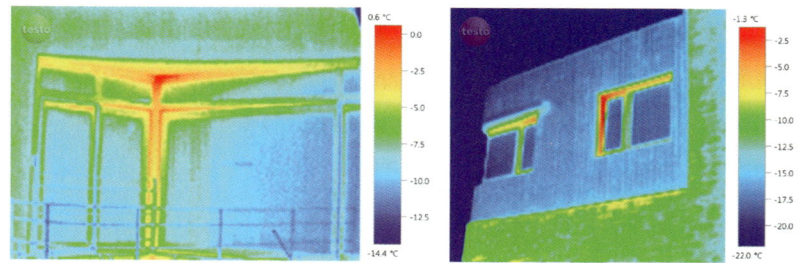

창호의 열화상사진
유리에 비해 프레임 부위의 단열성능이 상대적으로 떨어지는 것을 확인할 수 있다.

한 가지 아쉬운 점은, 우리나라의 시험성적서에서는 선진국과 달리 유리와 프레임을 하나의 세트로 다루고 있어 프레임의 열관류율을 따로 파악할 수 없다는 것이다. 예를 들어 프레임과 유리의 면적비가 1 : 3이고 열관류율이 각각 1.4와 0.6이라면, 전체 열관류율은 이를 가중평균하여 0.8=(1.4×1+0.6×3)/(1+3)을 만족하는 식이다. 소비자의 올바른 선택을 돕기 위해서는 열관류율을 세분화해서 표시하도록 관련 제도를 개선할 필요가 있다고 보여진다.

유리의 가장자리에 끼우는 간봉_Window Spacer 또한 그냥 지나칠 수 없다. 간봉은 유리의 간격을 일정하게 유지하면서 내부에 주입한 가스가 새어나가

창호의 간봉과 결로 ©Swiss spacer
오른쪽 사진을 보면 알루미늄간봉(左)을 사용한 부분이 단열간봉(右)을 사용한 부분에 비해 결로가 심한 모습을 확인할 수 있다.

거나 외부의 습기가 침투하는 것을 막아주는 매우 중요한 부자재다. 특히 간봉의 열전도율은 재료에 따라 알루미늄 0.08, 스테인리스 0.05, 고단열소재 0.03W/mK 등으로 큰 차이가 난다. 단열성능이 낮은 제품을 사용하게 되면 아무리 좋은 창호라도 유리 가장자리의 결로를 피할 수 없다. 따라서 옵션으로 고를 수만 있다면 가급적 단열성능이 뛰어난 간봉을 택하는 것이 적은 투자로 값비싼 시스템창호의 성능을 극대화할 수 있는 방법이다.

🏠 투과율의 딜레마

창문을 통해 실내로 들어오는 햇빛은 일부가 유리에 반사되거나 흡수되면서 에너지가 줄어들게 되는데, 이 비율을 일사에너지투과율_SHGC, Solar Heat Gain Coefficient 또는 g값이라 한다. 물론 이 일사에너지투과율_이하 투과율은 여러 장의 유리를 거칠수록 더욱 낮아진다. 예를 들어 유리 한 장의 투과율이 90%라면 유리 세장의 투과율은 72.9%=90%×90%×90%가 되는 식이다. 게다가 유리의 단열성능을 높이기 위해 유리표면에 로이코팅까지 해주면 투과율은 이보다 훨씬 더 떨어진다. 실제로 국산 3중 유리의 경우 열관류율 요건은 만족하지만 투과율은 20~30% 수준에 그치는 경우도 허다하다. 그런데 이게 무슨 문제라도 되는 것일까?

인위적인 에너지공급을 최소화 하려는 패시브하우스에게 햇빛은 더없이 소중한 에너지원이다. 물론 사람의 체열이나 가전제품의 열기도 도움은 되겠지만, 결코 햇빛의 강렬함에 비할 수는 없다. 그만큼 패시브 난방에서 태양이 차지하는 비중은 절대적이다. 이렇게 중요한 햇빛이 실내로 들어오기도 전에 유리에서 대부분 걸러져 버린다면 패시브하우스의 에너지성능은 당장 큰 타격을 입는다. 시뮬레이션에 의하면 유리의 투과율을 50%에서 20%로 낮출 경우 에너지효율은 두 배 가까이까지 떨어지는 것으로 나타난다. 바로 여기에 패시브 창호의 딜레마가 있다. 로이코팅으로 단열성능을 끌어올리자니 투과율이 떨어지고, 에너지 획득을 위해 투과율을 높이자니 단열성능이 떨어지는 아주 난감한 상황이 되어버린 것이다.

이러한 딜레마에 대해 독일 패시브하우스연구소는 투과율 50%를 최소한의 기술적 타협점으로 제시했다. 투과율 저하를 최소화한 로이코팅 기술을 적용하면 열관류율을 0.8 이하로 낮추면서도 50% 이상의 투과율을 확보하는 것이 충분히 가능하다고 본 것이다. 물론 이 정도 수준이면 창호로 인한 에너지손실을 감안하더라도 햇빛을 난방에너지의 일부로 활용하는 데 전혀 문제가 없다. 그러나 우리나라의 경우, 아직은 주거용 고성능 유리에 대한 시장 수요가 협소한 탓에 이 정도 성능을 가진 국산유리를 구하는 것이 쉽지는 않다. 그렇지만 한국패시브건축협회의 시뮬레이션에 따르면, 독일보다 풍부한 겨울철 일사량을 감안할 때 투과율 40%의 국산 3중 유리도 차선책이 될 수 있다고 하니, 선택에 참고가 되길 바란다.

🏠 국산창호와 수입창호

사실 이 부분은 조금 조심스럽다. 수입창호를 이야기하다 보면 국산의 아픈 점을 드러내지 않을 수 없어서다. 실제로 국산창호를 설치해 사용하다 보면 원활한 개폐동작, 유리의 투과율, 프레임의 열관류율, 간봉의 단열성능, 충전가스의 지속성, 빗물받이의 물끊기 등에서 아쉬운 점이 한두 가지가 아니다. 특히 내구성에 문제가 있는 경우, 시간이 갈수록 육중한 무게를 이기지 못해 유리가 내려앉고 하드웨어가 망가져 건축주의 속을 태우기까지 한다. 물론 과거보다 많이 좋아졌다고는 하지만, 수십 년간 패시브하우스의 발전과 함께 기술력을 축적해온 유럽에 비해 아직까지는 아무래도 힘이 달리는 것이 사실이다.

그렇다고 국산창호의 가격 경쟁력이 월등히 높은 것도 아니다. 특히 최근에는 수입창호의 가격도 많이 낮아져 대기업의 고급 창호와 비교해봐도 큰 차이가 없을 정도다. 적어도 수입산이라는 이유로 폭리를 취하는 구조는 아니란 얘기다. 유일한 걸림돌이 있다면 본국에 주문해서 현장에 도착하기까지의 시간이 너무 오래 걸린다는 점이다. 목조주택의 전체 공사기간과도 맞먹는 이 납품시간 문제만 해결된다면 소비자의 선택의 폭은 훨씬 더 넓어질 수 있을 것이다.

경쟁력을 갖춘 수입창호가 시장 점유율을 높여가는 것에 대해서도 꼭 거부감을 가질 필요는 없다. 수입차가 들어오면서 독과점 구조의 국내 자동차 시장이 서서히 달라지고 있는 것처럼, 수입산과의 경쟁을 통해서 국산창호의 체질도 개선될 수 있기 때문이다. 그러한 구도가 소비자들에게도 이익이고 창호업계의 경쟁력 확보를 위해서도 바람직하다. 소비자의 현명한 선택과 업계의 분발을 기대해본다.

🔷 출입문도 그냥 지나치지 말자

가냘픈 유리가 버티고 있어서일까. 모두들 창호에 대해서는 그토록 많은 관심을 쏟으면서도 출입문만큼은 대수롭지 않게 넘기는 경우가 의외로 많다. 그렇지만 에너지효율 측면에서 보자면 또 하나의 복병이 바로 이 출입문이다. 실제로 일반주택의 열화상사진을 보면 출입문의 열손실이 생각보다 심각한 경우가 상당히 많다. 창문처럼 단열에 취약한 유리를 사용하는 것도 아닌데 도대체 어떻게 된 일일까?

가장 큰 이유는 출입문을 만드는 재료에 있다. 대부분의 출입문이 내구성과 내화성을 이유로 강판을 주로 사용하다보니, 내부를 아무리 좋은 단열재

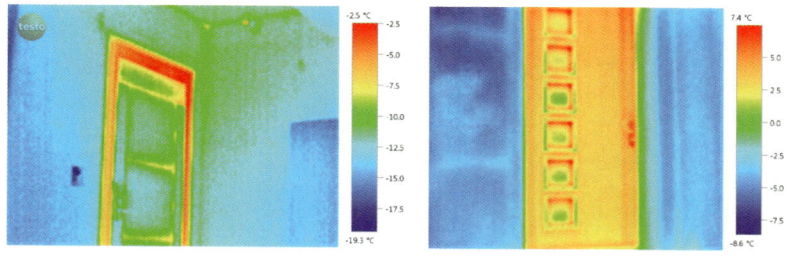

일반 출입문의 열화상사진

문짝 주변부와 문틀의 열손실이 매우 심한 모습을 확인할 수 있다.

로 채웠더라도 문짝 주변부나 문틀의 열손실을 피할 수 없는 것이다. 이를 해결하기 위해서는 독일의 목재 단열문과 같은 소재 차원의 대안이 필요하지만, 역시 국내의 시장상황은 그리 좋지 못한 편이다. 기밀성능 또한 고효율기자재 인증을 받았더라도 패시브가 요구하는 수준에는 못 미치는 경우가 대부분이다.

그렇다고 여태까지 잘 해왔는데 출입문에 이르러 에너지가 봇물 터지듯 빠져나가는 모습을 그저 바라만 보고 있을 수는 없다. 우선, 최근 출시된 고효율 단열문 중에서도 성능이 뛰어난 제품들을 추려볼 필요가 있으며, 여유가 된다면 패시브용 수입 단열문까지 함께 검토해보는 것도 좋다. 단독주택의 출입문은 완충공간이 있는 아파트와는 달리 평생을 홀로 외기와 맞서야 하는 곳인 만큼, 외관 못지않게 성능 또한 꼼꼼히 따져야 한다는 사실을 절대로 잊지 않았으면 좋겠다.

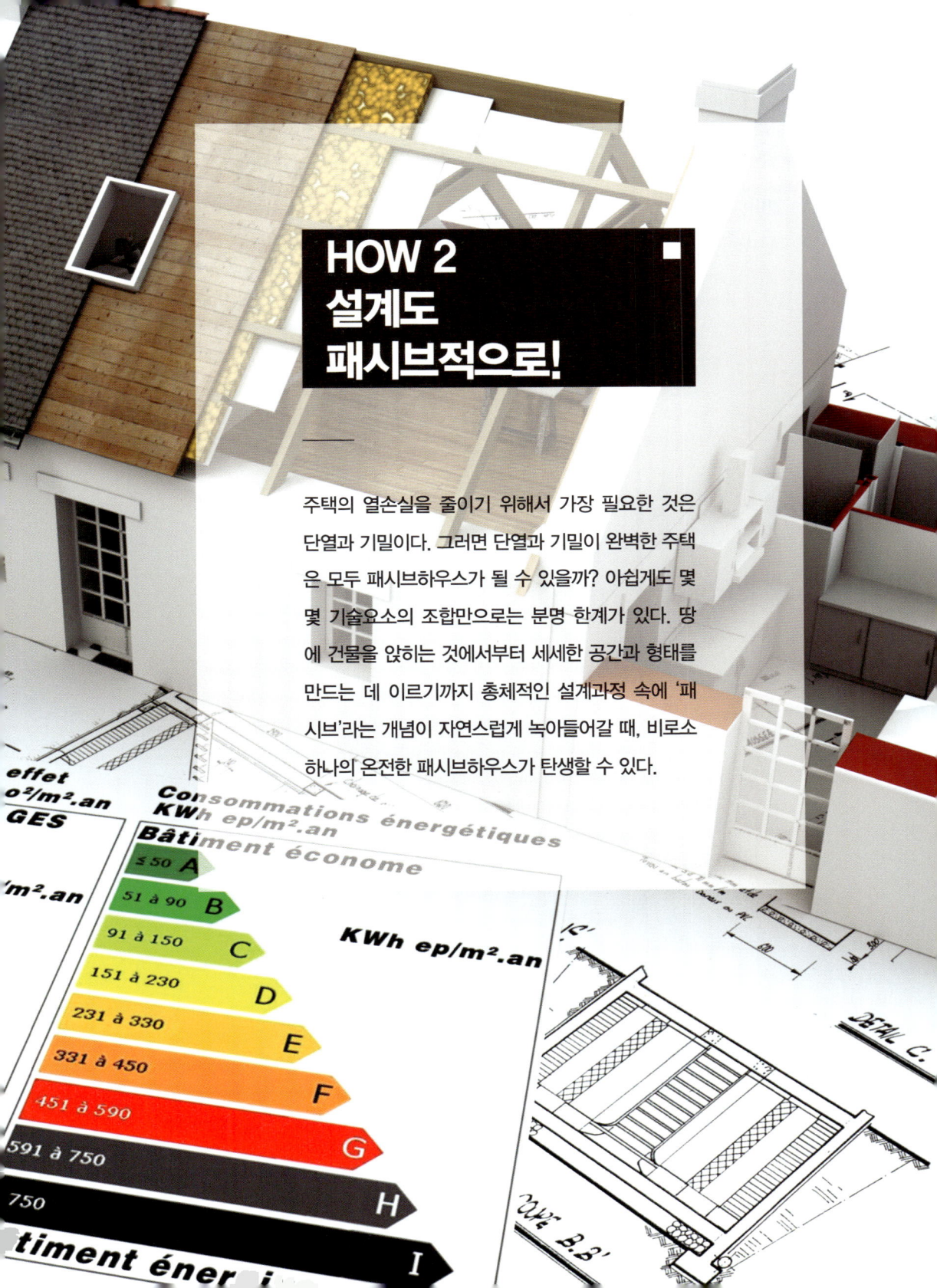

HOW 2
설계도
패시브적으로!

주택의 열손실을 줄이기 위해서 가장 필요한 것은 단열과 기밀이다. 그러면 단열과 기밀이 완벽한 주택은 모두 패시브하우스가 될 수 있을까? 아쉽게도 몇몇 기술요소의 조합만으로는 분명 한계가 있다. 땅에 건물을 앉히는 것에서부터 세세한 공간과 형태를 만드는 데 이르기까지 총체적인 설계과정 속에 '패시브'라는 개념이 자연스럽게 녹아들어갈 때, 비로소 하나의 온전한 패시브하우스가 탄생할 수 있다.

기본적으로 고려해야 할
계획요소들

🏠 건물의 형태는 가급적 간결하게

한 저명한 건축가가 패시브하우스에 대한 강의를 들은 후 내뱉은 첫 마디는 다음과 같았다.

"이제 나보고 설계하지 말라는 얘기구먼!"

아마도 패시브의 제약조건이 워낙 강력해서 설계의 자유를 구속한다는 불만의 표시였을 것이다. 그런데 그 제약이란 것이 어느 정도이기에 존경받는 건축가의 입에서 이런 볼멘소리까지 나왔을까?

주택 A   주택 B   주택 C

앞의 그림은 바닥면적은 똑같지만 각기 다른 공간구성을 가진 세 주택의 평면도이다. 이 중에서 에너지효율이 가장 높은 것은 어떤 건물일까? 언뜻 보아도 A다. 같은 실내공간임에도 외기와 접촉하는 벽체의 면적이 가장 작기 때문이다. 그리고 A → B → C로 갈수록 외기에 접하는 면적이 커지면서 반대로 에너지효율은 떨어지게 된다. 이렇게 건물의 복잡한 정도를 에너지효율 측면에서 하나의 지표로 정리한 것이 바로 체적_Volume에 대한 외피면적_Area의 비, 즉 'A/V비'이다.

여기서, 이 세 주택의 A/V비는 실제로 얼마나 되는지 계산해보자. 주택 A를 가로, 세로 각각 10m, 높이 3m인 단층 주택이라고 가정하면 체적은 $300\,m^3$, 외피면적은 $220\,m^2$=벽체(10m×3m)×4+지붕10m×10m+바닥10m×10m 이 된다. 따라서 주택 A의 A/V비는 1.07=320㎡/300㎥이 된다. 같은 방법으로 구해보면 형태가 조금 더 복잡한 주택 B의 A/V비는 1.17, 아예 별채를 하나 더 만드는 형태인 C의 A/V비는 1.27이 된다. 보통 A/V비가 0.1씩 올라갈 때마다 에너지성능은 10~20% 이상씩 떨어지니 결코 무시할 수 없는 수치다.

문제는 여기서 끝나지 않는다. 복잡한 형태는 필연적으로 공사비 증가를 수반할 수밖에 없어서다. 예를 들어, C는 A에 비해 벽체면적이 50%나 증가했으므로 벽체 시공에 소요되는 비용 또한 그만큼 상승한다. 특히 벽체의 외장마감과 인테리어는 전체 공사비에서도 큰 비중을 차지하므로 건축주에게 적잖은 부담이 된다. 독특한 외관과 다채로운 공간구성을 지향하는 '작가주택'의 평당 건축비가 높은 것도 같은 맥락에서 이해할 수 있다.

결국, 형태가 복잡해질수록, 다시 말해 A/V비가 상승할수록 에너지효율은 떨어지고 시공비는 올라가는 이중의 파고를 피해갈 수 없다. 물론 아무리 패시브하우스라도 A/V비를 무조건 낮추라고 강요할 수는 없다. 공간과 형태에 대한 복잡다단한 요구사항을 단순한 박스 하나에만 몰아넣기에는 무리가 있어서다. 그렇다고 시공비와 유지비가 올라가는 것이 뻔히 눈에 보이는 상황에서 건물의 디자인에 무한대의 자유를 부여할 수도 없는 노릇이다. 결국 적절한 지점에서의 타협은 필수적이다. 이 과정에서 건축가는 형태와 비용을 고려한 다양한 옵션을 제시함으로써 건축주의 합리적인 선택을 도울 수 있어야 한다.

🏠 배치는 남향에 가깝게

햇빛은 패시브 난방을 구성하는 가장 중요한 핵심요소다. 특히 주택의 에너지효율이 높아질수록 햇빛의 비중은 절대적이다. 따라서 패시브하우스의 주요 창호 역시 햇빛을 최대한 많이 받아들일 수 있도록 가능하면 남쪽을 향하는 것이 바람직하다. 만약 정남향이 어렵다면 남동향이나 남서향도 좋고, 그마저도 힘들다면 최소한 동향이나 서향이라도 확보해야 한다. 어쨌든 집 안을 데워줄 햇빛은 반드시 필요하기 때문이다.

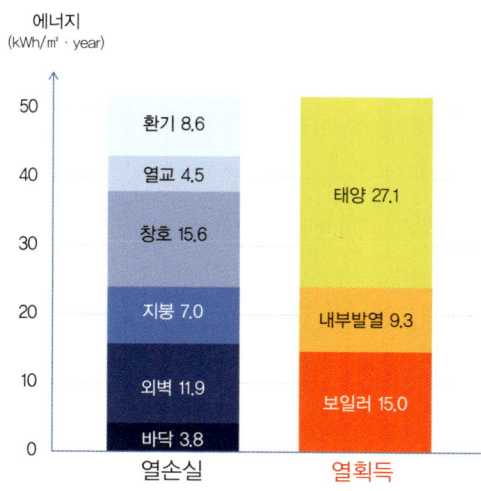

**패시브하우스의
에너지 손실 및 획득**

어느 1.5리터(15kWh/㎡·year) 패시브하우스의 열손실과 열획득을 분석한 사례로, 보일러에 투입되는 에너지의 두 배에 가까운 열량을 태양으로부터 얻어오고 있음을 알 수 있다.

실제로 우리가 사는 아파트만 보더라도 남향배치는 거의 표준에 가깝다. 심지어는 타워형 아파트조차도 남향에 가까운 쪽으로 하나의 창이라도 더 내고자 필사적이다. 겨울철 오후, 난방을 하지 않아도 집 안에 훈기가 도는 그 따뜻한 느낌을 너무도 잘 알고 있기 때문이다. 그래서인지 햇빛이 제대로 드는지 여부는 아파트의 시세에 큰 영향을 미치기까지 한다. 어찌 보면 패시브하우스를 떠나서 남향이라는 것은 이미 우리에게 너무도 익숙하고 당연한 조건이기도 하다.

그럼에도 불구하고 다른 향을 선택하고 싶다면, 예컨대 북쪽의 기막힌 전망을 포기할 수 없다면 어떻게 해야 할까? 가장 손쉬운 방법은 북쪽으로 거실을 두는 것이다. 물론 그에 따른 비용은 감수해야 한다. 알다시피 창호의 열관류율은 벽체의 다섯 배를 넘어선다. 단열성능만 놓고 보면 단열재의 두께가 250mm로 잘 가다가 갑자기 50mm로 줄어드는 상황과 같다. 그런데 다른 방향으로는 햇빛이 충분히 들어와서 이 손실을 만회하고도 남지만, 북쪽 창호에서는 정반대의 상황이니 집 전체의 에너지효율은 크게 떨어질 수밖에 없다. 결국 그에 따른 난방비는 고스란히 북향을 택한 건축주의 몫이 된다.

🏠 남향 창호는 크게, 북향 창호는 작게

남향 창호는 기본적으로 에너지의 획득이 손실보다 큰 구조다. 특히 열관류율 0.8W/㎡K, 투과율 50%를 충족하는 창호라면 더욱 그렇다. 따라서 남측 창호는 가능하면 크기를 키우는 것이 여러모로 유리하다. 그렇다면 아예 남쪽 벽면 전체를 창으로 만들어보는 것은 어떨까? 이렇게 하면 마치 온실과도 같은 아주 따뜻한 집을 만들 수도 있지 않을까? 하지만 그러기에는 몇 가지 난관이 따른다. 창호가 커졌을 때의 가장 큰 문제는 햇살이 쏟아지는 오후가 되면 실내공간이 지나치게 과열된다는 점이다. 반대로 해가 진 후에는 늘어난 면적만큼 열손실이 커지는 것도 큰 부담이다. 즉, 너무 빨리 뜨거워졌다가 너무 빨리 차가워지는, 열적으로 쾌적하지 못한 상황이 매일같이 반복될 우려가 있는 것이다.

그렇지만 이것은 오버히팅과 열손실 문제만 해결된다면 남향 창호의 크기에 제약을 둘 필요가 없다는 것을 뜻하기도 한다. 실제로 패시브하우스가 급속히 확산되고 있는 국가 중 하나인 오스트리아에서는 아예 남쪽 벽면 전체를 유리로 채우는 사례도 심심찮게 찾아볼 수 있다. 이것이 가능했던 이유는 유리의 열관류율을 대폭 낮추고 단열에 취약한 프레임의 두께도 최대한 줄여서 창호로 인한 열손실을 최소화했기 때문이다. 아울러 외부차양과 축열 성능이 뛰어난 실내마감재를 적용함으로써 과도한 직사광선으로 인한 실내공간의 오버히팅 문제도 상당 부분 완화할 수 있었다. 물론 현실적으로는 프라이버시나 비용 등의 문제도 함께 고려해서 자신의 상황에 맞는 최적의 창호 크기를 찾아야 한다.

북향 창호는 채광과 환기를 고려하되 크기는 가급적 작게 가져가는 것이 좋다. 획득한 일사량보다 창호를 통한 열손실이 훨씬 큰 상황에서 창호를 크게 만들 이유가 전혀 없어서다. 프레임을 포함한 창호의 크기는 '해당 실' 바닥면적의 12%에서 적절히 가감하되, 최소 $1m^2$ 이상은 확보해야 외관과 기능에 무리가 없다.

동향과 서향 창호도 환기와 채광이 주목적인 것은 북향과 같지만, 창호의 크기는 좀 더 키워도 무방하다. 동향이나 서향의 겨울철 일사량은 남향의 절반 수준에 달해 열손실 이상의 난방에너지 획득도 충분히 가능하기 때문이다. 다만, 창호를 지나치게 키울 경우에는 여름철의 실내 과열이 문제가 될 수 있으므로 외부 차양과 같은 별도의 대책 마련이 필요하다.

마지막으로, 창호의 위치를 정할 때에는 집 전체의 바람길도 함께 고려해야 한다. 창문을 몇 군데만 열어도 짧은 시간에 집 전체가 환기될 수 있는 맞통풍이 가능하다면 가장 이상적이다. 아무리 환기설비에 의존하는 패시브하우스라도 실내가 과열되거나 오염되었을 경우에는 자연환기만큼 강력한 해결수단도 없기 때문이다.

열교와의
전쟁

에너지효율만을 놓고 보면 가장 이상적인 집의 형태는 정육면체다. 바깥으로 여섯 장의 두꺼운 단열재만 붙여주면 그야말로 완벽에 가까운 패시브하우스도 가능할 것만 같다. 그러나 현실은 그렇게 간단치가 않다. 제아무리 박스 형태의 단순한 집이라 해도, 그 속을 자세히 들여다보면 의외로 복잡한 구조가 수많은 자재와 각축을 벌이고 있다. 창호의 설치 부위만 해도 그렇다. 창틀, 콘크리트, 마감재, 단열재, 기밀테이프, 팽창테이프, 빗물받이와 같은 수많은 이질재료가 머리가 아플 정도의 복잡한 디테일로 만나고 있다. 이 중 어느 한 곳만 삐끗해도 단열 밸런스는 여지없이 깨지고 만다. 그리고 그곳은 곧 갈 곳을 몰라 하던 열기들이 일시에 빠져나가려고 아우성치는 병목구간이 된다. 바로 패시브의 숨은 복병, '열교'다.

🔵 불타는 아파트

열교_Thermal Bridge란 설계나 시공상의 문제로 건물의 특정 지점에서 단열성능이 갑자기 떨어질 때, 그 열적 취약 부위를 통해 열기가 빠르게 빠져나가는 현상을 뜻한다. 물이 새는 바가지에서 물을 에너지, 구멍을 열교 부위라고 생각하면 이해가 쉽다. 열손실은 물론 웃풍, 결로, 곰팡이 등 건물과 관련해서 안 좋은 것은 죄다 이 열교에서 시작된다고 해도 과언이 아닐 만큼, 건물에 있어서는 거의 암적인 존재와도 같다.

내단열 공법을 적용한 우리나라의 아파트도 태생적으로 이 열교로부터 자유로울 수 없다. 단열재를 안쪽으로 붙이다 보니 내벽이나 슬래브가 외벽과 만나는 곳에서는 단열재가 끊어질 수밖에 없기 때문이다. 별것 아닌 것 같아 보여도 이곳을 통해서 빠져나가는 에너지의 양은 상상을 초월하는 수준이다. 다음의 열화상사진을 보면 새 아파트임에도 불구하고 벽체가 온통 붉은색과 노란색으로 물들어 있는 모습을 확인할 수 있다. 바깥은 영하 10℃를 밑도는 한파가 몰아치고 있지만 벽체의 온도는 영상을 넘어 5℃까지도 치솟아 있다. 이 정도면 가히 '불타는 아파트'라 할 만하다.

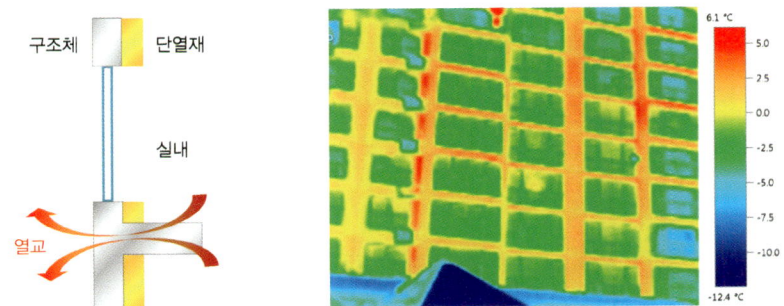

내단열의 열손실 개념 및 열화상사진 ©위더스측정시스템

그나마 위의 경우는 발코니를 확장하고 외부에 새시를 했기에 사정이 나은 편에 속한다. 다음의 열화상사진을 보면 외부로 노출된 발코니가 단순한 열교 수준을 넘어 마치 뜨거운 엔진의 방열판처럼 엄청난 열기를 뿜어내고

있음을 알 수 있다. 편복도 아파트로 가면 문제는 더욱 심각해진다. 일단 발코니와 똑같은 구조의 복도가 외기에 고스란히 노출된 것도 문제지만, 복도의 위치가 대부분 북쪽이라는 것은 더 큰 문제다. 거주자의 입장에서는 햇빛 한 점 들지 않는 곳에 거대한 방열판을 이고 사는 셈이니, 에너지효율 측면에서는 거의 최악의 상황이라 할 수 있다.

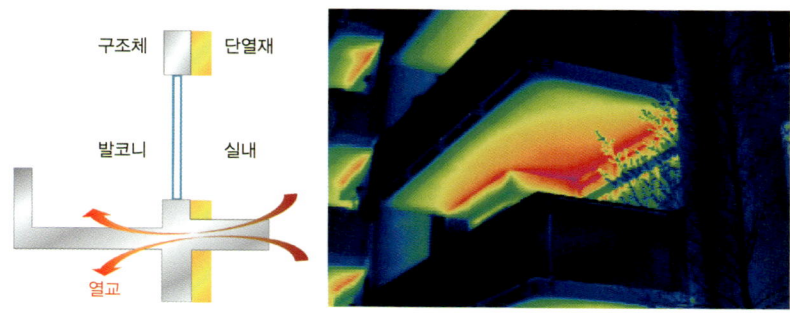

발코니의 열손실 개념 및 열화상사진 ©Schoeck

단열재가 끊어진 부분을 통해 빠져나온 실내의 열기가 발코니를 방열판 삼아 외부로 급속히 확산되고 있는 모습을 볼 수 있다.

🔷 열이 이동하는 다리를 끊어라!

앞서 우리는 외단열 시스템만 제대로 적용해도 열교의 대부분을 막을 수 있다고 배웠다. 그런데 그 '제대로'가 현실적으로 어려운 것이 문제다. 왜 그런지는 열교를 차단하기 위해서 발코니에 외단열을 적용한 우측의 그림을 보면 쉽게 이해할 수 있다.

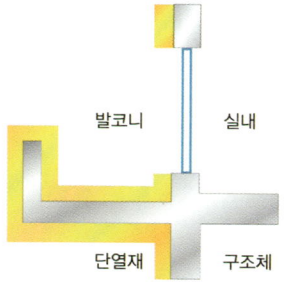

발코니 전체의 외단열

일단 열교 부위가 없어 든든해 보이기는 하다. 그런데 어딘가 이상하지 않은가? 그렇다. 외기와 접하는 곳을 온통 단열재로 두르다 보니 발코니의 바닥과 난간의 두께가 너무 두꺼워져 버렸다. 20cm면 충분했을 두께가 70cm를 훌쩍 넘어가니 발코니를 통해 얻고자 했던 날렵한 비례감은 이제 더 이상 기대할 수 없다. 게다가 복잡한 구조로 인한 하자의 위험은 물론 외단열로 인한 추가 공사비 또한 무시할 수 없는 수준이다.

이와 같은 문제를 해결할 수 있는 좀 더 효과적인 방법은 없을까? 복잡하게 생각할 것 없다. 그냥 열을 전달하는 다리 자체를 아예 끊어 버리면 된다. 발코니가 시작되는 부위에 열교차단 자재를 설치하면 굳이 바깥으로 단열재를 연장해줄 필요가 없는 것이다. 실제로 유럽에서는 발코니와 건물을 연결해주는 고단열 소재의 열교차단 제품들이 출시되어 많은 현장에서 적용되고 있다. 우리 역시 발코니나 편복도와 같은 돌출 구조물을 둘 계획이 있다면 이와 같은 열교차단 방식을 반드시 검토해야만 한다.

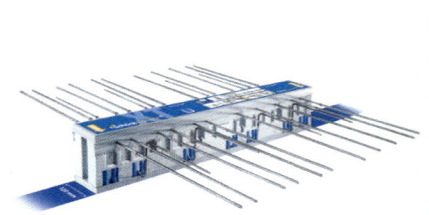

발코니용 열교차단 제품 ©Schoeck

발코니의 사례처럼 구조체가 바깥으로 노출됨으로써 열교가 발생하는 경우는 의외로 많다. 다음은 최근에 지어진 어느 단독주택의 현관 입구를 열화상 카메라로 촬영한 것인데, 콘크리트로 된 계단에서 상당한 수준의 열교가 발생하고 있음을 볼 수 있다. 이 정도면 난방비의 상당 부분을 의미 없는 계단을 덥히는 데 쏟아 붓고 있다고 해도 과언이 아니다. 이를 바로잡기 위해서는 계단의 소재를 열전도율이 낮은 나무로 바꾸어주거나, 건물과 계단 사이에 틈을 두는 방법을 생각해볼 수 있겠다.

현관 계단의 열화상사진

다음은 2층을 공중에 띄우고 그 아래를 콘크리트 기둥으로 받친 건물의 열화상사진이다. 단열이 잘 된 2층 벽체에 비해 그 아래로는 어마어마한 열기가 기둥과 벽체를 타고 빠져나가고 있다. '밑 빠진 독에 물 붓기'는 바로 여기에 쓰라고 만든 말 같다. 이 경우 역시 2층 하부에 열적 분리를 위한 디테일을 적용하면 열교를 없애는 것이 가능하다.

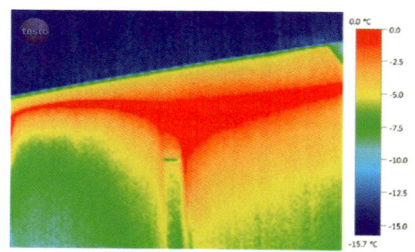

필로티 기둥의 열화상사진

🔷 단열재는 꼼꼼하게! 빠짐없이!

앞서 살펴본 발코니의 사례처럼 돌출된 구조체를 열적으로 분리해야만 하는 경우가 아니라면, 대부분의 열교는 단열재를 바깥으로 감싸주는 것만으로도 충분히 해결할 수 있다. 즉, 단열재가 잘 가다가 중간에서 끊어지는 경우만 피하면 되는 것이다. 다음은 이와 관련하여 실수가 잦은 대표적인 사례들이다.

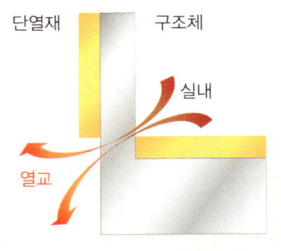
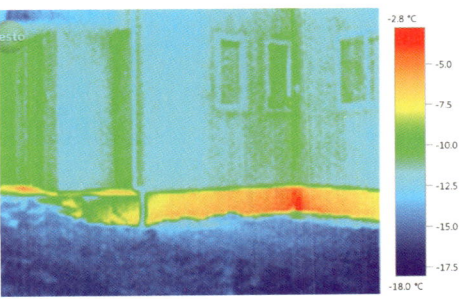

기초 부위의 열교 개념 및 열화상사진

　우선, 땅속에 묻혀 있는 기초의 단열재를 빼먹은 경우다. 물론 땅속의 온도가 바깥보다 높긴 하지만 그렇다고 실내만큼 높은 것도 아니기 때문에 열이 빠져나가는 것은 어쩔 수 없다. 게다가 일반 단열재의 열 배가 넘는 흙의 열전도율을 생각하면 단열재로서의 성능도 거의 기대하기 힘들다. 따라서 땅속에 묻힌 기초 부위 역시 단열재로 감싸주는 것을 절대로 잊어서는 안 된다.

　옥상의 파라펫도 마찬가지다. 패시브하우스의 파라펫을 보면 앞뒤로 단열재를 둘러서 상당히 두꺼워진 모습을 자주 볼 수 있다. 이렇게 하지 않으면 발코니처럼 상부로 돌출된 구조체가 심각한 열교 부위가 될 수 있기 때문이

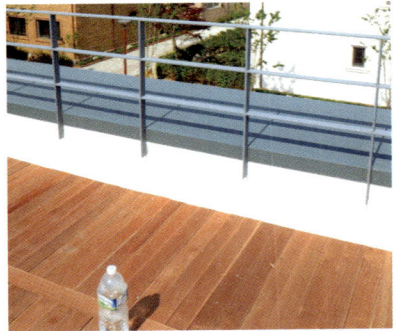

패시브하우스의 옥상 파라펫
열교방지를 위해 단열재를 안팎으로 둘러주어야 하므로 파라펫의 두께가 생각보다 두꺼워지는 경우가 많다.

다. 단열재의 두께가 부담스럽다면 파라펫을 단열블록으로 대체하는 방법도 생각해볼 수 있겠지만, 어떠한 경우에도 열교만큼은 허용할 수 없다는 사실에는 변함이 없다.

창호도 열교와 관련하여 놓치기 쉬운 부분 중 하나다. 열의 이동을 저지한다는 점에서 보면 창호 역시 일종의 '단열재'로 기능한다. 그러므로 외벽의 단열재가 창호와 연속되지 못하면 마치 단열재가 끊어지는 것과 같은 상황이 될 수도 있어 주의를 요한다. 따라서 창호는 구조체가 아닌 단열재가 있는 쪽으로 설치해야만 한다. 물론 시공의 편의를 위해 구조체에 약간 걸치는 정도까지는 크게 문제될 것이 없다. 아울러, 창틀 주변으로는 단열재를 $60 \sim 70 mm$ 정도 덧대서 단열재에서 창틀로 이어지는 단열성능의 급격한 변화를 최대한 완화해줄 필요도 있다.

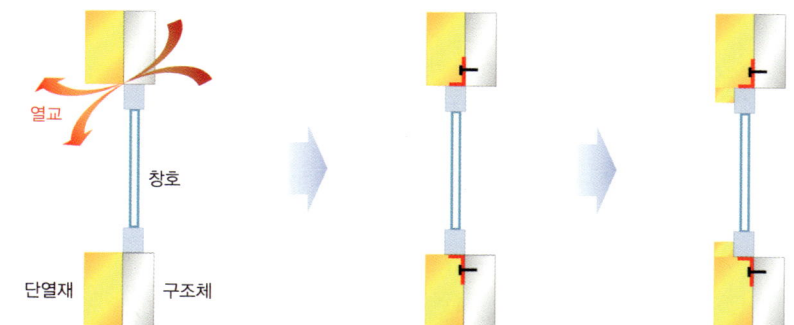

창호의 열교 예상 부위와 해결방안

창틀 주변부의 열교를 최소화하기 위해서는 창호와 외벽 단열재의 연속성을 최대한 유지해야 한다.

🔷 숨은 열교를 찾아서

그래도 이와 같은 열교 부위는 쉽게 눈에 띄는 만큼 대응도 비교적 수월

한 편이다. 대부분의 경우 발코니처럼 열적으로 분리를 해주거나 옥상의 파라 펫처럼 단열재로 꼼꼼히 감싸주기만 하면 된다. 문제는 우리 눈에 띄지 않는 무수한 숨은 열교다. 가장 대표적인 사례가 단열재를 벽면에 고정하는 패스 너_Fastener다. 그런데 이 얇은 나사못으로 인한 열교는 또 어느 정도나 되기에 이렇게 야단인 걸까?

예를 들어 30평 패시브주택의 창호를 제외한 외벽의 면적을 $100m^2$라 가정해보자. 그러면 0.6m×1.2m 크기의 단열재 140장이 소요된다. 단열 재 한 장당 4개의 패스너=2×1 + 2×1/2 + 4×1/4가 사용된다고 보면, 이 집에 쓰 인 패스너는 모두 560개가 된다. 그런데 쇠로 된 일반 패스너의 열교값은 개 당 0.004W/℃이므로 내외부의 온도차가 30℃일 때 패스너의 총 열손실은 67W=560개×0.004W/개·℃×30℃가 된다. 이는 벽체를 통한 열손실량 450W=100 ㎡ ×0.15W/㎡℃×30℃의 15%에 해당하는 수준으로 결코 무시할 수 없는 양이다.

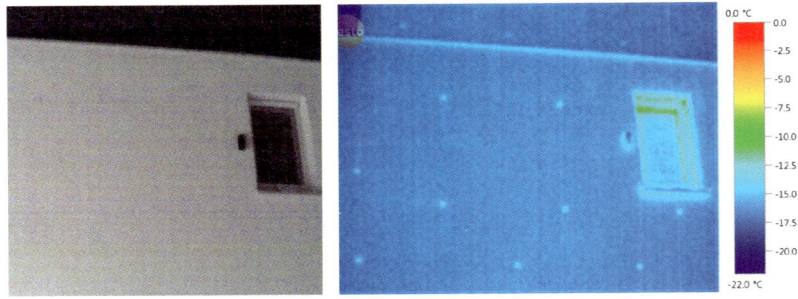

외단열 벽체의 열화상사진
열화상사진을 자세히 보면 패스너로 인해 미세한 열손실이 발생하고 있는 모습을 확인할 수 있다.

이와 같은 열손실을 줄이기 위해서는 패스너의 소재로 스테인리스를 택 하거나 패스너 전체를 플라스틱으로 감싼 제품을 사용하면 된다. 좀 더 확실 한 방법은 패스너의 머리 부분을 전용 공구를 사용해서 단열재 안으로 밀어 넣은 후 단열재 소재의 원형 캡으로 막아주는 것이다. 이렇게 하면 패스너의 개당 열교값을 0.001W/℃ 이하로까지 낮출 수도 있다.

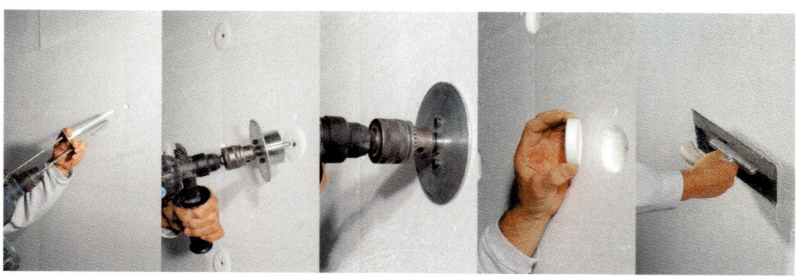

열교를 줄이기 위한 패스너 시공 ©Sto
패스너를 단열재 안으로 약간 밀어 넣고 단열재로 된 캡을 씌워주면 패스너로 인한 열교를 크게 줄일 수 있다.

단열재를 이어 붙일 때 생기는 틈새도 보이지 않는 열교의 원인이 된다. 이 선형열교로 인한 피해는 패스너의 점형열교에 비할 바가 아니므로 각별한 주의가 필요하다. 기본적으로는 전용 접착제나 연질 우레탄폼을 사용해 단열재 사이의 틈새를 없애는 것이 가장 중요하다. 지붕이나 바닥의 경우에는 단열재를 두 겹으로, 예를 들면 250㎜ 한 장 대신 100㎜를 먼저 붙이고 다시 150㎜를 엇갈리게 붙이는 방식으로 선형열교의 위험을 최소화하기도 한다.

이 밖에도 건물의 부위별로 열교를 최소화하기 위한 디테일은 수없이 많지만 여기서 일일이 소개하지는 않겠다. 그 부분은 패시브하우스를 완벽하게 설계해야 할 건축가의 몫이기 때문이다. 하지만 적어도 패시브에 관심이 있는 사람이라면 왜 우리가 '전쟁'을 치러가면서까지 '열교'를 잡아야만 하는지, 그 절실한 이유만큼은 반드시 이해하고 넘어갔으면 한다.

패시브의 디자인은
미니멀리즘으로 수렴한다

패시브라고 하면 우리는 항상 단열이나 기밀과 같은 기술적 것들에 대해서만 이야기하곤 한다. 기능을 중시하는 패시브하우스에서 디자인을 논하는 건 사치인 것일까?

🏠 패시브하우스에게 디자인이란?

사람들은 언제나 '그림 같은 집'을 원한다. 그리고 그럴수록 집의 형태는 복잡해지고 건물은 온갖 종류의 치장재를 두르기 시작한다. 우선 남이 보기에 멋있고, 또 남의 눈길을 최대한 끌 수 있어야 하기 때문이다. 그렇지만 이는 적어도 패시브하우스에게는 결코 쉽지 않은 주문사항들이다. 특히 두꺼운 단열재가 외벽에 붙어 있는 탓에 무거운 돌이나 금속으로 된 화려한 마감재로 건물을 치장하는 일은 여간 힘든 게 아니다. 물론 방법이 없는 것은 아니다. 다만, 열교를 줄이기 위한 까다로운 시공과 추가비용의 부담을 감수해야 할 뿐이다. 패시브하우스라는 기능적인 목표가 자유분방한 디자인의 길목을 막아선 형국이다.

어쩌면 '에너지효율'이라는 강력한 제약이 존재하는 패시브하우스의 디자인이야말로 본질적으로 '단순함'을 지향할 수밖에 없는 것인지도 모르겠다. 앞서 살펴본 패시브의 설계과정을 다시 한 번 짚어보자. 건물의 매스는 콤팩트할수록 외기에 접하는 면적이 줄어들어 에너지효율이 높아진다. 에너지효율을 포기할 만큼의 절실한 이유가 없다면 필요 이상의 복잡한 형태나 지나친 공간의 분절은 되도록 피하는 것이 좋다. 공간이 복잡해지는 순간, 높은 공사비는 차치하더라도 적지 않은 유지관리비가 살아가는 내내 큰 부담이 될 수밖에 없어서다.

발코니만 해도 그렇다. 발코니의 열교 문제를 해결하는 가장 좋은 방법은 건물과의 연결 부위에 열교차단 자재를 설치하는 것이다. 하지만 그 전에 한 가지만 묻고 싶다. 이렇게 추가적인 비용을 들여서까지 발코니를 꼭 두어야만 하는 이유는 무엇인가? 외부의 시선에 고스란히 노출된 어중간한 발코니를 빨래 건조용으로라도 제대로 사용하는 단독주택은 과연 몇이나 될까? 그 쓰임새에 대한 명쾌한 이유 없이 단순히 외관에 변화를 주기 위한 정도라면 발코니를 아예 없애는 편이 나을지도 모르겠다. 발코니와 같은 과도한 돌출 형태가 아니어도 입면에 변화를 줄 수 있는 방법은 얼마든지 있기 때문이다. 물론 그 입면의 변화마저도 꼭 필요한 것인지는 다시 한 번 생각해봐야겠지만.

결국 패시브하우스라는 것에 몰입하다 보면 설계에 대해, 그리고 건축에 대해 다시 한 번 돌아보게 된다. 이유 없는 복잡함과 과도한 장식은 패시브하우스와는 어딘가 어울려 보이지 않는다. 습관적인 설계와 기존에는 당연시되었던 공간에 대한 관념은 이제 모두 의심의 대상이 된다. 어쩌면 패시브 디자인의 본체도 이와 같은 '간결함'에 있는 것이 아닐까? 그렇다면 자연스럽게 다음과 같은 질문으로 이어진다. 간결한 것은 아름다운 것인가?

🔷 간결함의 미학

골치 아픈 집 이야기에서 벗어나 잠시만 머리를 식혀 가자. 지난 정권에서 야심차게 추진된 4대강 사업. 말도 많고 탈도 많았지만 어쨌든 그 결과물로 네 개의 강에 열여섯 개의 보_둑을 쌓아 만든 일종의 저수시설를 남겼다. 각각의 보는 당시의 디자인 강화 지침에 따라 독특한 모습을 갖게 되었는데, 모두가 하나같이 사람들의 이목을 끌 만큼 강한 개성을 드러낸다. 사업 자체에 대한 수많은 논란을 떠나, 그동안 좀처럼 볼 수 없었던 이 거대한 토목디자인에 대한 미학적 비평을 시도해보자.

남한강 이포보 ©이오봉

먼저 '최고의 명품보'로 선정된 이포보. 하늘을 품고 비상하는 백로의 모습을 형상화하였으며 거대한 날개는 일곱 개의 커다란 알을 품고 있다. 하나의 심볼을 거대 구조물의 디자인으로 승화시킨 몇 안 되는 사례다. 그런데 다들 어떻게 보셨는지. 일단 아름다움에 대한 판단은 유보하겠다. 사람의 취향이란 모두 다를 수 있으니까. 그러나 이 웅대한 스케일의 상징 구조물이 그로테스크한 분위기는 자아낼 수 있을지 몰라도, 어딘가 부담스럽고 편안하지 못한 느낌인 것만은 어쩔 수 없다.

낙동강 낙단보 ©이오봉(왼쪽), 국토교통부(오른쪽)

이포보에서 감지되었던 디자인 과잉의 징조는 낙단보에 이르러서 본격
화된다. 보의 수문을 들어 올리는 기계실 자리엔 뜬금없이 한옥이 등장한다.
어색한 비례감은 둘째 치고, 왜 이 같은 맥락 없는 디자인이 갑자기 등장해야
하는지 도무지 알 길이 없다. 만약 그 의도가 현대건축의 무분별한 이미지 차
용을 조롱하는 키치적인 것에 있었다면, 이 구조물의 디자이너는 진짜 천재일
지도 모르겠다.

영산강 승촌보 ©이오봉

어지럽게 폭주하던 디자인들은 비로소 승촌보에 이르러 차분해지기 시
작한다. 나주평야를 상징하는 곡식의 낱알을 형상화한 것까지는 여느 심볼 디
자인 방식과 다를 바 없지만 그 수법이 제법 정교하다. 각각의 기둥을 하나의
낱알 모양으로 치환하면서 일체의 군더더기를 배제했고, 수문을 들어 올리는

기계실도 감쪽같이 이 안으로 구겨 넣었다. 쌀눈을 덜어낸 모습은 자칫 단조로워 보일 수 있는 디자인에 포인트를 준다. 구조물의 규모가 주는 부담감은 여전하지만 우리의 눈길을 끌 만한 흥미로운 디자인임엔 틀림이 없다.

남한강 여주보 ©국토교통부(왼쪽), 이오봉(오른쪽)

드디어 여주보다. 사실 여주보의 디자인은 열여섯 개의 보 중에서 가장 단순하다. 그저 수문과 다리를 지탱하는 기둥이 늘어 서 있고, 그 위로는 수문을 들어 올리는 철제레일을 보호하기 위한 유리원통이 놓여 있을 뿐이다. 그런데 이게 묘하게 매력이 있다. 기능을 위해 극도로 단순해진 디자인은 오히려 적절한 비례와 구성으로 공간 전체를 조형해 나간다. 일체의 상징을 배제한 디자인은 수문을 들어 올리는 기능이라는 본질에 집중하고, 기능은 그 디자인의 보호 속에서 더없이 완벽하게 작동한다. 뭐 하나 더하거나 뺄 것이 없는, 간결함의 극치를 보여주는 수작이다. 물론 몇몇 장식이 눈에 거슬리긴 하지만, 그마저도 한 마디씩 거드시는 분들 때문에 생긴 어쩔 수 없는 사족이라 이해해주고 싶다. 그만큼 이 간결한 디자인이 주는 감동이 크다.

🏠 패시브 디자인과 미니멀리즘

패시브하우스의 디자인이 추구하는 것도, 결국 기능은 존중하면서 불필요한 것은 덜어내는 간결함의 미학이 아닐까. 그런 면에서 패시브 디자인은 '예술적인 기교나 각색을 최소화하고 사물의 본질만을 표현'하는 미니멀리즘에 맞닿아 있다. 물론 이 말은 패시브 디자인이 미니멀리즘이라는 하나의 예술사조로 규정된다는 뜻은 아니다. 다만 미니멀리즘이 추구하는 '단순성'과 '본질성'에 주목하자는 것이다. 복잡할 것 없이 간단한 문제를 하나만 풀어보자. 콘크리트주택은 에너지효율을 위해 필연적으로 외단열과 그에 적합한 외장마감 방식을 선택하게 된다. 그렇다면 내장마감은 어떻게 하는 것이 가장 패시브적인 디자인일까?

단순성과 본질성에 집중하면 답은 의외로 간단하다. 마감을 하지 않은 채로 그냥 두는 것이다. 콘크리트의 가장 큰 장점 중 하나는 바로 재료 자체의 뛰어난 축열성능이다. 이를 잘만 활용하면 낮에는 따스한 햇살로부터 남는 열을 저장해두었다가 밤이 되면 그것을 다시 꺼내 쓸 수 있어 실내온도를 일정하게 유지하는 데 큰 도움이 된다. 하지만 벽체의 일반적인 내부마감 프로세스는 이러한 콘크리트의 장점은 애써 외면한다. 그리고는 '각재 → 석고보드 → 메쉬 → 퍼티 → 페인트/벽지'라는 복잡한 단계를 거쳐 콘크리트를 완전히 덮어 버린다.[≠단순성] 물론 선 하나하나가 칼같이 살아나고 깔끔하게 정돈돼 보일 수는 있지만, 콘크리트라는 재료가 가진 축열체로서의 물성이 빛을 바라는 것은 어쩔 수 없다.[≠본질성] 결코 단순하지도, 본질적이지도 못한 선택이다.

그래도 그렇지, 어떻게 거푸집을 떼어낸 상태 그대로 살 수 있냐고? 조금만 생각을 바꿔보자. 단지 노출콘크리트 주택의 단열을 안쪽이 아닌 바깥쪽에 한다고 생각해보는 것은 어떨까? 콘크리트 구조체의 아름다운 노출면을 생면부지의 행인이 아닌 그 속에서 살아가는 거주자가 즐기는 것으로 말이다. 콘크리트의 바탕면을 그대로 두는 것이 정 부담스럽다면 다공질 구조의 모르타르 등을 사용해서 습식마감을 하는 것도 가능하다. 2cm 안팎의 적당한 마감 두께만 확보한다면 콘크리트의 독성을 차단하는 것은 물론, 실내의 적정습도를 유지하는 데에도 큰 도움이 된다. 공정도 간단하고[단순성] 콘크리트의 축열 성능도 그대로 살릴 수 있으니[본질성] 말 그대로 충분히 패시브적인 선택이라 할 수 있다.

물론 패시브하우스라고 해서 모든 사람에게 간결한 디자인만을 강요할 수는 없다. 큰 비용을 감수하고서라도 눈부신 외관과 화려한 인테리어를 갖춰야만 한다면, 그 나름의 의사 또한 존중받아야 한다. 그러나 차분하게 내실을 다져가는 패시브하우스에게 그런 화려함은 어딘가 모르게 부자연스럽다. 편견이 있다면 잠시만 내려놓자. 나의 보금자리로 패시브하우스를 진지하게 고민하고 있다면, 간결함과 단순함도 충분히 아름다울 수 있다는 생각에 한 번쯤은 마음을 열어보자. 그리고 설계과정에서 접하게 될 수많은 선택의 순간들이 혼란스럽다면, 패시브의 디자인이 추구하는 본질성과 단순성, 이 두 가지를 다시 한 번 마음속에 새겨보자.

HOW 3
쾌적한 패시브하우스를 완성하는 세 가지 장치

고단열과 고기밀, 남향 배치와 고성능 창호, 단순한 형태와 열교 최소화의 조건을 모두 충족했다면 이제 고효율 주택을 위한 기본요건은 어느 정도 갖춰진 셈이다. 여기에 쾌적한 패시브하우스를 완성하기 위한 세 가지 장치가 있으니, 바로 열회수형 환기장치와 외부차양, 그리고 축열이다.

패시브하우스의 심장, 열회수형 환기장치

열회수형 환기장치_Heat Recovery Ventilator 없는 패시브하우스는 상상조차 하기 힘들다. 그만큼 패시브주택에서 열회수형 환기장기가 차지하는 비중은 절대적이다. 주택의 에너지효율에서부터 거주자의 열적 쾌적감, 그리고 실내 공기질에 이르기까지, 오히려 상관없는 곳을 찾는 것이 더 어려울 정도다. 마치 패시브하우스를 살아 숨 쉬게 만드는 심장과도 같은 존재라고나 할까. 그런데 그저 단순해 보이는 이 작은 환기장치 하나가 정말 그렇게나 중요한 것일까? 아니, 환기를 군이 기계장치에 의존할 필요는 있는 것일까?

🏠 환기를 기계에 의존해야만 하는 이유

사실 패시브를 처음 접하는 사람들이 가장 받아들이기 힘든 것 중 하나도 바로 이 환기에 대한 부분이다. 두꺼운 단열재와 좋은 창호를 쓰는 것까지는 알겠는데, 왜 집을 애써 밀폐시키고 다시 기계의 힘을 빌려 환기를 하냐는 것이다. 이를테면 왜 병주고 약주냐는 식인데, 여기에는 '숨 쉬는 집'에 대한 막연한 동경과 함께 수십 년간 직접 해왔던 환기를 '기계'에 맡기는 것에 대한 정서적인 거부감도 큰 몫을 한다.

'숨 쉬는 집'의 허구에 대해서는 앞서 이미 살펴본 바 있다. 집이 숨을 쉰다는 것은 집 안팎으로 공기가 드나들 수 있는 다수의 틈새가 존재한다는 것을 뜻한다. 그런데 이것은 에너지가 새나가지 않도록 모든 틈새를 막아야만 하는 패시브하우스의 기본원칙과 완벽하게 모순된다. 더구나 얼기설기 허술하게 지은 옛날 집이라면 모를까, 자재와 공법이 정교해진 지금의 집들은 굳이 패시브하우스가 아니어도 대부분 '숨을 쉬기' 어려운 구조다. 그러므로 별도의 환기는 반드시 필요하다.

건축법규에서 제시하는 환기에 대한 가이드라인은 대략 두 시간에 한 번씩 실내공기 전체를 교체하는 것이다. 문제는 이것이 생각보다 귀찮은 일이라는 데 있다. 단독주택은 물론 아파트조차도 두 시간 마다 모든 창문을 열어 환기를 시킨다는 것이 결코 쉬운 일은 아니다. 겨울철만 아니라면 문을 항시 열어둘 수도 있겠으나 이 역시 안전문제와 사생활 노출에 대한 부담이 있고, 소음과 공해가 심한 도시에서는 이마저도 쉽지 않다.

우리 집의 환기담당인 필자도 이 일이 여간 귀찮은 게 아니다. 그래서 가끔은 스위치 하나로 모든 창문을 열고 닫는 즐거운 상상도 해본다. 물론 말도 안 되는 생각이지만, 적어도 환기를 자동으로 해주었으면 하는 바람만큼은 기계의 힘을 빌려 충분히 실현될 수 있다. 집의 크기와 가족의 숫자를 감안하여 적정 환기량을 설정해두면, 우리의 부지런한 환기장치는 오염된 공기를 내보내고 신선한 공기를 들여오는 일을 단 하루도 쉬지 않는다. 게다가 우리의 건강을 위협하는 미세먼지와 꽃가루까지 걸러주니, 매번 창문을 열어 환기를 하는 것과는 비교할 수 없는 편리함과 깨끗함을 선사한다.

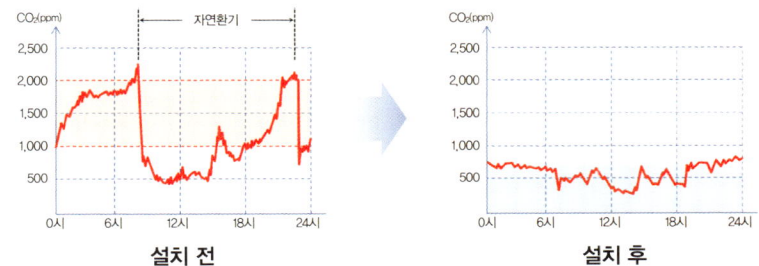

환기설비의 설치에 따른 CO₂ 농도변화 (출처 : PHI CEPHEUS, Passivhaus Handbook)

독일의 한 패시브하우스를 대상으로 한 실험결과로, 실내의 이산화탄소 농도가 환기설비를 설치하기 전에는 불쾌감을 느낄 수 있는 1,000ppm을 넘어 신체기능에 변화를 줄 수 있는 2,000ppm까지 넘나들고 있지만, 설치 후에는 쾌적 범위인 700ppm 이내에서 안정적인 모습을 볼 수 있다.

이러한 기계환기의 진가는 아침에 눈을 떴을 때 더욱 극명하게 드러난다. 일반적인 수면시간을 8시간으로 잡으면 두 시간에 한 번씩 중간에 모두 세 번의 환기가 필요하다. 그렇다고 잠을 자다가 일어날 수는 없는 일이니, 기상 직후 실내의 이산화탄소 농도는 건강을 위협하는 수준까지 치솟기 일쑤다. 많은 사람들이 아침에 일어날 때 심한 피로감과 무기력증을 느끼는 것도 바로 이런 이유에서다. 그렇지만 밤낮없이 일하는 환기장치가 있다면 얘기가 달라진다. 실제로 패시브를 지어 입주한 건축주들을 만나보면 하나같이 먼저 꺼내는 이야기가 신선한 실내공기에 대한 만족감이다. 특히 아침에 일어났을 때 코끝이 상쾌해지는 기분은 뭐라 표현하기 힘들 정도다. 이쯤 되면 환기는 무조건 기계에 의존해야 하는 것 아닐까?

🏠 환기장치가 열회수형이어야 하는 이유

기계에 의한 환기도 겨울철에는 바깥의 차가운 공기를 들여오는 데 따르는 열손실이 큰 문제로 대두된다. 사실 사람이 하는 환기는 창문을 열고 실내가 식기 전에 집안의 공기를 재빨리 교체하는 '짧고 굵은' 방식이라 에너지 손실 자체는 그리 큰 편이 아니다. 반면 기계를 통한 환기는 실내공기가 지속적으로 교체되는 '가늘고 긴' 방식으로, 끊임없이 유입되는 냉기가 실내의 온기를 모조리 빼앗아갈 수밖에 없는 구조다. 결국 주택의 에너지효율은 크게 떨어지고 패시브가 자랑하는 기밀성은 거의 무장해제 될 지경에까지 이른다.

이러한 문제는 환기 시 버려지는 열을 회수하는 방식으로 아주 간단하게 해결될 수 있다. 즉, 따뜻하지만 오염된 실내공기와 신선하지만 차가운 외부공기를 섞이지 않게 접촉시켜 서로의 온도를 주고받게 하는 것이다. 이렇게 하면 실내로 들여오는 바깥공기의 온도를 높여 환기로 인한 열손실을 최소화할 수 있다. 아울러 환기과정에서 실내온도가 요동칠 일도 없어 열적으로도 쾌적한 상태를 지속적으로 유지할 수 있다.

🏠 열회수형 환기장치의 종류

▶ 판형_Plate Type

열회수형 환기장치의 핵심은 버려지는 폐열을 어떻게 회수하는가에 있다. 가장 일반적인 방식은 판상형의 열교환 소자를 서로 엇갈리게 접촉시켜 실내공기와 실외공기를 교차시키는 것이다. 기본적으로 공기의 이동경로가 분리되어 실내외 공기가 섞일 위험이 적을 뿐 아니라, 열교환 소자의 소재에 따라 열기는 물론 습기의 회수까지도 가능하다는 장점이 있다. 오랜 기간 관련 기술도 많이 발전해서 국산의 경우 온도교환효율이 80% 수준까지 올라갔고, 일부 수입제품 경우에는 90% 이상의 수치를 자랑하기도 한다.

국내에서도 실내공기질의 중요성이 부각되면서 2006년부터 100세대 이상 공동주택에 대한 기계환기설비의 설치가 의무화되었다. 이 과정에서 보급된 제품들도 대부분 이와 같은 판형 방식이었는데, 아쉽게도 이를 제대로 사용하는 가정은 거의 찾아보기 힘들다. 환기장치에 대한 거주자들의 이해가

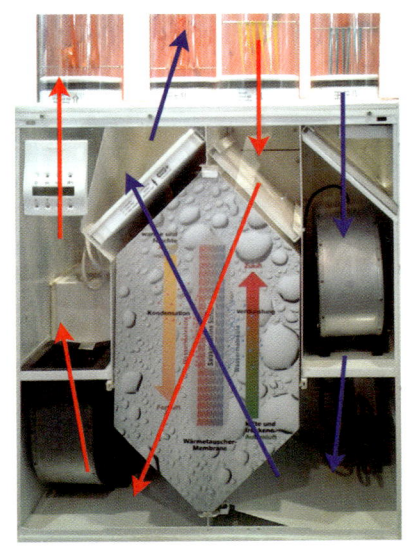

판형 방식의 내부구조

화살표를 따라가다 보면 차가운 실외공기와 따뜻한 실내공기가 어떻게 온도를 교환하는지 알 수 있다.

부족한 것도 문제이지만, 실제로는 시공사가 법적인 기준을 맞추는 데에만 급급한 나머지 성능이 크게 떨어지는 저가의 설비를 주로 설치해왔기 때문이다.

우선 설비 자체의 전력효율이 크게 떨어져서 24시간 가동되는 모터에 들어가는 전기만 해도 월 100kWh를 넘기 일쑤였다. 100kWh면 무려 양문형 냉장고 세 대의 전력소비량과도 맞먹는 수준이다. 더 큰 문제는 겨울철 전기사용량이었다. 판상형은 외부온도가 영하로 떨어지면 열교환효율도 반감되면서 설비 내부에 결로가 발생하는 약점이 있다. 그래서 프리히터로 외부의 차가운 공기를 예열해줄 필요가 있는데, 이 때 가장 손쉬운 방법이 바로 전기를 이용하는 것이다. 그런데 여기에 소모되는 전력 또한 상당한 수준이다. 어렵게 생각할 것 없이 환기장치의 흡입구에 작은 전기난로를 한 대 틀어 놓았다고 보면 된다. 누진제가 적용되는 일반 가정에서는 결코 가볍게 넘길 수 없는 부분이다.

소음 또한 아파트에 설치된 환기설비를 외면케 해온 주된 이유다. 실내를 기준으로 보면 소음을 거의 느낄 수 없는 25데시벨_dB 수준은 되어야 하는데, 대부분의 제품은 이를 만족하지 못했다. 이 외에도 필터류의 유지보수가 쉽지 않은 점도 문제였다. 의자를 밟고 올라가서 천장의 점검구를 힘들게 열고 꾸준하게 필터를 관리할 사람이 과연 몇이나 될까? 아니, 우리 집에 환기설비가 있다는 사실 자체를 알고는 있을까? 매년 설치되는 엄청난 숫자의 환기장치가 더 이상 거대한 사회적 낭비가 되지 않도록 관련 규정의 정비가 시급해 보인다.

▶ 로터리형_Rotary Type

말 그대로 원형의 열교환 소자가 회전하면서 한쪽 절반구간에서 실내공기가 통과되어 나갈 때 열기와 습기를 저장해 두었다가, 다른 쪽 절반구간에서 외부공기가 그 원판을 통과해 들어올 때 이를 다시 전달해주는 방식이다. 이는 마치 겨울철에 마스크를 쓰고 숨을 쉬면 따뜻한 공기를 마실 수 있는 원리와 같다. 이 방식은 온도교환효율이 95% 이상에 달해 실내로 공급되는 외부공기의 온도를 크게 높일 수 있다는 특징이 있다. 또한 엄청난 한파가 몰아치는 경우만 아니라면 영하의 날씨에도 결로나 성에가 거의 생기지 않는다는 장점도 있다.

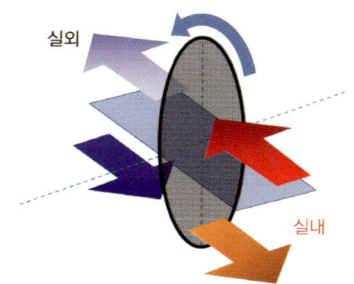

실외

실내

로터리형 방식의 내부구조
회전하는 원판이 열교환 소자의 역할을 수행한다. 겨울철 마스크의 원리를 생각하면 이해가 쉽다

다만, 실내외 공기가 일부 섞이는 누기율이 판형보다 다소 높은 탓에 전열효율이 온도교환효율보다 다소 떨어지는 것은 단점으로 지적된다. 여기서 '전열효율'이란 '유효전열효율_Effective Enthalpy Efficiency'의 줄임말로 온도_현열, Sensible Heat는 물론 습도_잠열, Latent Heat까지 고려한 효율에 누기율을 반영한 환기장치의 '실제효율'로 이해해도 좋다. 전열효율과 온도교환효율의 차이는 판형의 경우에는 5~10% 수준에 그치지만, 로터리형은 10% 이상으로 벌어질 수도 있어 주의 깊게 살펴볼 필요가 있다.

🏠 열회수형 환기장치의 선택

다음은 판형과 로터리형의 특징과 가격동향을 정리한 표다. 열회수형 환기장치는 투자의 효과를 가장 크게 체감할 수 있는 설비이므로 사전에 많은 검토가 필요하다. 특히 난방 전열효율 75% 이상, 열교환 없이 환기만 할 수 있는 바이패스 여부, 필터류 유지관리의 편의성, 낮은 소비전력, 그리고 실내 기준 25dB 이하의 소음도 등을 종합적으로 검토해 제품을 선택하도록 한

열회수형 환기장치 비교
(*효율은 온도교환효율이 아닌 전열효율로 표시 **금액은 변동가능)

구 분	로터리형		판 형	
	국 산	수입산(미국)	국 산	수입산(독일)
난방 전열효율*	75~85% 내외		70~80% 내외	80~90% 내외
동절기 결로	비교적 낮음 (혹한기에는 결로 가능)		비교적 높음 (영하의 온도시 예열기 가동 필요)	
누 기 율	비교적 높음		제품별 편차↑	비교적 낮음
소비 전력	비교적 높음(모터 2개)		제품별 편차↑	비교적 낮음
유지 관리	열교환소자 : 세척 후 재사용 (재사용 기간의 한도는 있음)		주기적 교체	열교환소자 : 재사용 필터 : 주기적 교체
기기+배관+시공** (40평대 기준)	400~450만원	600~1,000만원	250~300만원	1,000~1,300만원

다. 최근 시공사례를 보면 결로 문제와 가격을 이유로 국산 로터리형 제품을 선택하는 경우가 많고, 신뢰도가 높은 독일산 판형 제품을 선택하는 현장도 조금씩 늘고 있다. 한편, 제품이 결정되면 환기배관의 설계와 시공은 해당 제품을 가장 잘 이해하고 있는 제조사나 전문업체에게 맡기는 편이 좋다.

참고로, 현재 독일 등지에서 수입되고 있는 판형 방식의 제품은 열교환효율이 뛰어나고 만듦새가 정교할 뿐 아니라 기기 자체의 전력효율도 상당히 높은 편이다. 예열방식으로는 지열을 이용한 브라인 시스템을 선택할 수도 있으며, 전기예열기를 사용하는 경우에도 독특한 제어방식으로 전력소모를 크게 줄였다.

필터의 성능 또한 매우 뛰어나다. 유럽에서는 필터의 등급을 용도에 따라 기본필터_G1~G4 중간필터_M5~M6 미세필터_F7~F9로 구분하고 있다. 환기장치에는 기본적으로 F7 미세필터와 G4 기본필터를 적용하고 교체주기를 명시토록 함으로써 필터링의 신뢰성을 보증하고 있다. 특히 미세필터는 호흡기 질환의 원인이자 1급 발암물질로 알려진 $10\,\mu m$ 이하의 미세먼지를 완벽하게 걸러낼 수 있어 실내공기질 확보에 큰 도움이 된다. 이러한 장점에도 불구하고 국산의 서너 배에 이르는 비용은 여전히 걸림돌이다.

🏠 적정 환기량과 설비용량

적당한 환기장치를 선택했다면, 이제는 우리 집에 필요한 환기량과 설비용량을 결정할 차례다. 적정 환기량을 계산하는 방법은 아주 간단하다. 한 사람에게 요구되는 신선한 공기량은 시간당 $30\,m^3$, 즉 30CMH_Cubic Meter per Hour이므로, 여기에 거주자의 숫자를 곱해주기만 하면 된다. 따라서 4인 가족에게 필요한 환기량은 시간당 $120\,m^3$, 즉 120CMH가 된다.

환기설비의 용량은 여기에 추가풍량과 배관손실 등을 감안한 여유치를 두면 된다. 보통은 1.5배 정도를 곱해주면 무난하다. 여기에 주택의 실내체적에 법정 환기율인 0.5/h를 곱한 값과 비교해서 더 큰 값을 선택하면 좀 더 안전하다. 4인 가족이 거주하는 바닥면적 $200\,m^2$, 층고 2.5m인 주택을 예로 들면, 180CMH=120CMH×1.5와 250CMH=500㎡×0.5/h 중 후자가 개략적인 설비용량이 되는 식이다. 참고로 우리나라의 법정 환기율인 0.5/h는 패시브의 표준 환기율인 0.3~0.4/h보다는 다소 높은 편이라 설비용량을 계산할 때 별도의 보정계수를 적용하지는 않았다. 물론 정확한 설비용량을 산정하기 위해서는 배관과 기기의 특성을 고려해야 하므로 전문가의 도움이 필요하다.

건축주의 입장에서는 우리 집의 적정 환기량은 얼마인지, 그리고 해당 설비를 기준으로는 어느 정도의 풍량에 해당되는지를 확실히 알아둘 필요가 있다. 풍량을 필요 이상으로 높일 경우 전기요금은 물론 소음과 습도관리 측면에서도 큰 손해를 보기 때문이다. 아울러 환기장치를 설치한 후에는 급기량과 배기량의 밸런스가 맞는지를 검증하고 조정하는 TAB_Test, Adjustment, and Balancing 작업도 빠뜨려서는 안 된다. 급·배기량의 차이가 벌어질수록 환기장치의 열교환효율도 급격히 떨어지므로 반드시 확인이 필요한 부분이다.

🏠 주방과 욕실의 환기는 어떻게?

패시브하우스의 기계환기는 거실과 방의 급기구로 공급된 신선한 공기가 기류를 형성해 주방과 욕실의 배기구까지 이어지는 것을 기본으로 한다. 하지만 주방과 욕실에서는 일시에 다량의 습기나 오염물질이 배출될 수 있으므로 환기장치의 배기용량만으로는 대응이 어려운 경우가 많다. 특히 로터리형은 작동구조상 냄새가 역류할 수도 있으며, 판형의 경우에도 조리과정에서 발생한 기름 성분_유분이 배관과 설비를 막히게 할 수도 있어 별도의 대책이 필요하다.

먼저, 주방의 경우에는 오염된 공기를 필터링해서 다시 내부로 순환시키는 형태의 레인지 후드를 둘 수 있다. 무엇보다 환기로 인한 에너지손실의 우려가 전혀 없어 유럽의 패시브하우스에서 널리 사용되는 방식이다. 그러나 냄새와 유분 배출이 많은 우리나라의 조리 환경에서는 필터링의 수준이 기대에 못 미치는 경우가 많고, 내부 순환형이다 보니 필터를 자주 관리해주어야 하는 문제도 있다. 게다가 아직까지는 쓸 만한 국산 제품을 구하는 것도 쉽지 않은 형편이다.

결국 대량의 오염물질을 배출하는 가장 손쉬운 방법은 기존과 같이 외부와 직결된 레인지 후드를 사용하는 것이다. 이때, 실내공기를 열교환 없이 바로 배출해야 하므로 어느 정도의 에너지손실은 감수해야만 한다. 그나마 열손실을 조금이라도 줄이기 위해서는, 철저한 배관단열은 물론 평상시 외기가 침투하는 것을 막아주는 전동댐퍼의 설치가 반드시 필요하다. 아울러 후드를 가동하는 시간도 오염물질이 집중적으로 발생하는 동안에 한해서 가급적 짧

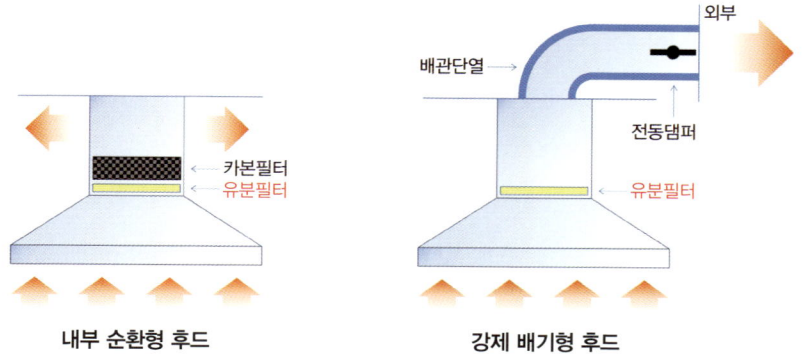

내부 순환형 후드　　　　　강제 배기형 후드

레인지 후드의 환기방식
필터의 꾸준한 관리만 가능하다면 내부 순환형이 에너지효율 면에서 훨씬 유리하다. 확실한 배기효과를 위해 강제 배기형을 선택한 경우에는 열교에 대한 고려가 필수적이다.

게 가져가는 것이 좋다. 대량의 공기를 오랜 시간 뽑아내는 과정에서 환기밸런스가 깨지고 환기장치의 효율도 급격히 떨어지는 것을 막기 위해서다. 만약 배기효과를 좀 더 높이고 싶다면 후드를 가동하는 동안 창문을 잠시 열어두는 방법도 생각해볼 수 있다.

　　욕실의 경우도 기본적인 냄새와 습기는 환기설비를 통해 꾸준히 제거되겠지만, 배기용량을 넘어서는 상황에 대해서는 별도의 대비가 필요하다. 특히 여름철 샤워 후의 습기는 실내습도 상승의 주범이므로 즉시 외부로 배출해줄 필요가 있다. 물론 가장 쉬운 방법은 기존처럼 밖으로 연결된 별도의 환기팬을 설치하는 것이겠으나, 이때 역시 열교에 대한 고려는 반드시 필요하다. 만약 욕실의 창문을 열어 환기를 해주는 사소한 불편을 감수할 수만 있다면, 굳이 별도의 환기팬을 설치하지 않아도 큰 문제는 없다.

🏠 열회수형 환기장치, 어떻게 사용해야 할까?

　　환기설비는 365일 24시간 계속해서 가동하는 것이 가장 좋다. 열교환이 필요 없는 봄·가을에도 깨끗한 공기를 위한 필터링 기능만큼은 반드시 필요해서다. 다만, 환기장치를 가동하는 데 소요되는 전기요금에 대해서는 주의를 기울여야 한다. 우선 전력효율이 높은 제품의 경우, 추가되는 전기요금은 월 전력사용량이 400kWh인 가정을 기준으로 2~3만 원을 넘지 않는다. 소비전력을 기준으로 보면 평상시 100W를 넘지 않는 수준이다. 이 정도면 환기장치를 상시 가동하는 데에도 큰 부담은 없다.

　　문제는 전력효율이 떨어지는 제품을 사용하는 경우다. 이때의 추가요금은 한 달에 5~6만 원 이상으로, 1년으로 따지면 60~70만 원이 넘는 큰 금액이다. 게다가 여기에 겨울철 전기예열기의 사용까지 더해지면 환기장치를 가

환기설비의 전력효율에 따른 전기요금
(*최대풍량이 아닌 적정풍량을 공급할 때의 소비전력 기준)

전력효율* (W)	사용 전력량 (kWh/월)	총 전력량 (kWh/월)	월 전기요금 (원)	월 추가요금 (원)	연 추가요금 (원)
40	29	429	96,550	17,700	212,400
80	58	458	110,330	31,480	377,760
120	86	486	123,620	44,770	537,240
160	115	515	148,780	69,930	839,160

동하는 것 자체가 상당한 스트레스가 될 수밖에 없다. 이렇게 전기요금이 부담스러운 상황이라면 자연환기와 병행하면서 필요시에만 설비를 가동하는 방법도 생각해볼 수 있다. 다만, 겨울철에는 환기장치를 끄는 순간 차갑게 식은 설비 내부에 결로와 곰팡이가 생길 가능성이 높으므로, 가능하면 최소풍량으로라도 계속해서 설비를 가동하는 편이 좋다.

패시브
하우스
콘서트

물론 가장 좋기로는 기기의 가격은 다소 부담되더라도 처음부터 전력소비가 적은 제품을 선택하는 것이다. 누적되는 전기요금 차이를 생각하면 불과 몇 년 내에 기기 한 대 값을 뽑을 수도 있으니 장기적으로는 훨씬 더 이득이다. 무엇보다 자연환기와 병행하면서 매번 기기를 조작해야만 하는 번잡함에서 벗어날 수 있다는 것이 가장 큰 장점이다. 따라서 환기설비를 선택할 때에는 기기의 가격이나 열교환효율 외에 전력효율까지도 꼼꼼하게 따져보는 지혜가 필요하다.

한편, 환기장치와 연계된 전기예열기, 브라인 지열 시스템, 바이패스 기능 등은 적정온도를 설정해두기만 하면 대부분의 경우 자체 알고리즘에 따라 자동으로 작동된다. 예를 들어 여름철 저녁에는 바이패스 모드로 외부의 시원한 공기를 온도교환 없이 바로 들여온다거나, 겨울철 혹한기에는 전기예열기 또는 브라인 시스템으로 바깥공기를 한 차례 데워서 들여오는 식이다. 사용자는 마치 보일러를 조작하듯 계절별로 적정 실내온도를 설정해 두기만 하면 되므로 매우 편리하다. 심지어는 가족의 생활 패턴에 따른 기기의 작동방식을 미리 프로그래밍해둘 수 있는 제품까지 있으니 사전에 설비의 주요 기능을 자세히 검토해보는 것이 좋다.

마지막으로, 여름철이나 겨울철의 습도관리를 위해서는 습도회수기능_Enthalpy Recovery이 포함된 환기장치를 사용하는 것이 바람직하다. 이를 활용하면 겨울철에는 환기와 함께 빠져나가는 습기의 일부를 회수하여 실내가 건조해지는 것을 막을 수 있다. 반면 여름철에는 에어컨으로 제습된 실내공기가 환기를 통해 다시 습해지는 것을 최소화할 수 있다. 물론, 안팎의 습도차가 상당한 경우에는 별도의 가습 혹은 제습과 함께, 시시각각 달라지는 거주자의 인원수에 따라 수시로 환기풍량을 맞춰주는 등의 추가조치가 필요하다.

🏠 기계에도 사람의 손길이 필요하다

환기장치가 1년 동안 집안으로 들이는 공기의 양은 모두 얼마나 될까? 4인 가족을 기준으로 보면 120CMH, 즉 시간당 $120\,m^3$의 신선한 공기가 필요하다. 이를 1년으로 따지면 부피로는 $1,051,200\,m^3$, 무게로는 1,268톤에 이르는 엄청난 양이다. 물론 여기에는 먼지 등의 부유물질도 상당수 포함되어 있으므로 이를 걸러주는 필터의 꾸준한 관리가 무엇보다 중요하다.

필터는 보통 6개월마다 한 번씩 교체한다. 비용은 한 세트를 기준으로 국산은 3~5만 원, 외산은 6~10만 원 정도다. 물론 교체주기 전이라도 오염이 심하면 진공청소기 등으로 먼지를 제거하거나 필터를 교체해야 하므로 가능하면 자주 점검을 해주는 것이 좋다. 필터에 많은 먼지가 쌓이게 되면 풍량이 감소하고 환기효율이 떨어질 뿐 아니라 곰팡이와 세균이 번식할 가능성도 높아지기 때문이다.

공기가 넓은 면적으로 통과하는 열교환 소자 역시 꾸준한 관리가 필요
한 부품이다. 기본적으로는 세척 후 재사용할 수 있는 경우가 대부분이지만,
제품에 따라서는 무조건 신품으로 교환해야 하는 경우도 있다. 보통은 소자
자체가 상당히 고가이므로 가급적 재활용이 가능한 제품을 선택하는 것이
좋다. 재활용 횟수나 세척방법 등의 자세한 사항은 제조사의 매뉴얼을 참고
토록 한다.

필터류의 관리 ©SSK(왼쪽), 패시브웍스(오른쪽)
완벽한 환기성능을 얻기 위해서는 필터와 열교환 소자에 대한 주기적인 관리가 필수적이다.

사실 웬만큼 부지런하지 않으면 매번 오염도를 확인하고 필터를 관리하
는 것이 쉬운 일은 아니다. 기계가 지하실이나 보일러실에 처박혀 눈에 띄지
않는 경우라면 더욱 그렇다. 그렇지만 한 가지 분명한 것은 환기장치는 우리
가족의 건강을 책임지는 든든한 파수꾼이라는 사실이다. 우리가 입는 옷은 매
일같이 깨끗하게 세탁하면서, 신선한 공기를 얻기 위한 그 한 번의 수고가 그
리도 어려울까. 기계에도 사람의 따뜻한 손길이 필요하다. 환기장치 역시 끊
임없는 관심과 보살핌을 받을 때에만 제 역할을 해주는 정직한 기계임을 절
대로 잊지 말자.

패시브 냉방의 시작,
외부차양 시스템

패시브하우스는 기본적으로 겨울을 따뜻하게 보내기 위해 태어났다. 그런데 앉으면 눕고 싶다고, 겨울이 편해지니 이제는 좀 더 욕심이 난다. 혹시 여름도 시원하게 보낼 수 있는 방법은 없을까?

🏠 패시브 냉방의 구성

패시브를 구성하는 가장 중요한 원리는 언제나 그렇듯 '단열'이다. 내부의 열기가 밖으로 빠져나가는 것을 최대한 늦춰주는 단열의 원리는, 여름이 되면 거꾸로 외부의 열기가 내부로 침투하는 것을 최대한 막아준다. 즉, 단열이 잘 된 주택은 마치 아이스박스처럼 내부의 냉기를 오랫동안 보존할 수 있게 되는 것이다. 그렇다면 이 내부의 냉기는 어디서 구해오는 것이 좋을까?

다행히도 우리에게는 새벽녘의 차가운 공기가 있다. 적어도 열대야만 아니라면, 해가 지면서 서서히 식기 시작한 공기는 새벽이 되면 제법 쌀쌀하다 싶을 정도까지 온도가 내려간다. 야간의 환기를 통해 이 선선한 공기를 실내로 들일 수만 있다면 추가적인 에너지 투입 없이도 실내온도를 낮추는 것이 충분히 가능하다. 그리고 해가 뜬 후에는 높은 단열성능으로 이 실내온도를 최대한 유지함으로써 하나의 훌륭한 '패시브 냉방'이 완성되는 것이다.

그렇지만 이렇게 훌륭한 냉방 메커니즘도 어쩔 수 없는 약점이 하나 있으니, 그것은 바로 햇빛이다. 물론 겨울철의 따스한 햇살은 그 자체로 너무도 훌륭한 에너지원이지만, 여름철의 뜨거운 태양은 그저 피하고만 싶은 존재일 뿐이다. 마치 에어컨을 켜놓은 방에 뜨거운 난로 한 대를 슬그머니 놓고 가는 격이니, 그토록 고맙던 존재가 얄미운 천덕꾸러기가 되는 것은 순식간이다.

🏠 처마의 지혜

사실 햇빛을 직접 받고 안 받고의 차이는 엄청나다. 폭염 속에서도 그늘에만 서면 시원함을 느낄 수 있는 이유도 바로 이 직사광선을 피할 수 있어서다. 성공적인 패시브 냉방도 결국엔 집 안으로 쏟아지는 햇빛을 어떻게 하면 효과적으로 차단할 수 있는가에 달려 있다.

가장 쉽게 생각할 수 있는 차단 방법은 커튼이나 블라인드지만, 아쉽게도 이들을 실내에 설치해서는 큰 효과를 볼 수 없다. 실내로 들어온 햇빛은 커튼이나 블라인드에 부딪히는 순간 대부분 열에너지로 바뀌는데, 이것이 패시브하우스의 고단열 유리를 통과해서 다시 밖으로 나가기가 쉽지 않기 때문이다. 실제로 블라인드를 3중 유리 시스템창호의 외부에 설치하면 일사에너지를 최대 90%까지 차단할 수 있는 반면, 내부에 설치했을 때의 차단율은 겨우 25% 수준에 그친다. 따라서 내부에서 햇빛을 어떻게 해보겠다는 생각은 아예 접는 것이 좋다. 승부는 오직 밖에서 내야만 한다.

우리의 전통건축, 한옥은 이미 이러한 원리를 체득하고 '처마'라는 훌륭한 장치를 고안해냈다. 창문 위로 길게 빠진 처마는 여름철의 뜨거운 직사광선은 완벽하게 막아주면서도 겨울철의 따스한 햇살을 들이는 데는 어떠한 걸림돌도 되지 않는다. 여름철의 시원함과 겨울철의 따뜻함을 한 번에 해결한, 너무도 간단하고 명쾌한 논리다. 게다가 창을 활짝 열어도 비가 들치지 않으니 비 오는 날의 고즈넉한 바깥 풍경을 감상하기에도 그만이다. 무엇보다 지붕과 함께 어우러지는 미려한 곡선과 자연스러운 비례감은 다른 곳에서는 찾아보기 힘든 한옥만의 매력이다. 명쾌한 기능과 간결한 아름다움을 추구하는 패시브 건축의 원형이 바로 우리 처마에 있었다.

한옥과 처마
계절별로 달라지는 태양의 고도를 이용하여 여름철의 직사광선을 선택적으로 차단한다.

🏠 처마의 원리를 설비로

이러한 처마의 형태를 현대건축도 그대로 차용하고는 싶지만, 그러기에는 몇 가지 현실적인 어려움이 따른다. 우선 창호 상단에 처마나 처마와 비슷한 돌출 구조물을 설치해야 하는데, 이를 디자인적으로도 무리 없이 풀어내기가 여간 어려운 게 아니다. 돌출 부위의 열교와 하자 방지를 위해서는 상당히 까다로운 디테일도 요구된다. 그나마 해가 깊이 들어오는 동향이나 서향의 경우, 처마만으로 직사광선을 차단하는 것은 거의 불가능에 가깝다.

그렇다면 필요에 따라 선택적으로 일사를 차단하는 처마의 '원리'에 좀 더 집중해보는 것은 어떨까? 그래서 나온 것이 바로 블라인드 형태의 외부차양_EVB, External Venetian Blind이다. 건물의 모던한 디자인은 해치지 않으면서도 계절에 따라 햇빛의 양을 완벽하게 통제할 수 있어 전통적인 처마의 단점을 보완했다. 특히 직사광은 물론 확산광까지 차단할 수 있어 패시브하우스의 냉방부하를 최대 절반 수준까지 낮출 수도 있다. 패시브에 외부차양을 하나 추가하는 것만으로도 여름을 시원하게 보낼 수 있는 가장 기본적인 조건이 갖춰지는 셈이다.

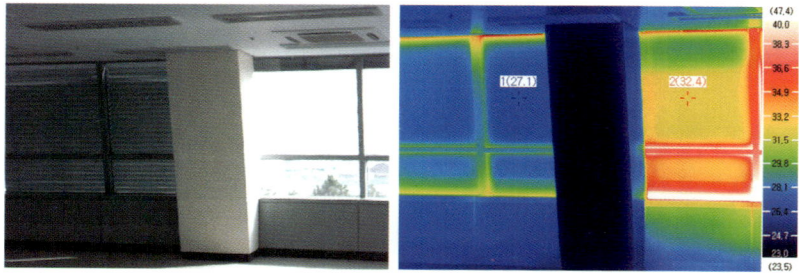

외부차양의 설치결과 비교 (출처 : 건설기술연구원)
외부에 블라인드를 설치한 창호의 온도가 그렇지 않은 창호에 비해 5℃가량 낮은 것을 보면 외부차양의 냉방효과가 얼마나 큰지 알 수 있다.

특히, 전동으로 작동하는 외부 블라인드는 조작이 편리할 뿐 아니라 슬릿의 각도를 조절하여 직사광선만을 선택적으로 차단할 수도 있어 매우 유용하다. 설치비는 창호 1㎡당 30~40만 원 정도로, 30~40평 주택의 남향 창호를 기준으로 하면 약 400~500만 원 정도가 소요될 것으로 예상된다. 물론 부담이라면 부담일 수도 있지만, 시스템 에어컨 정도의 비용으로 별도의 유지비 없이 그에 못지 않은 효과를 거둘 수 있다는 점을 생각하면 충분히 검토해 볼 만하다.

전동블라인드 설치사례 ©Blind Factory
전동방식으로 편리하게 작동할 수 있으며 건물의 모던한 외관과도 상당히 잘 어울린다.

　　참고로 유럽에서는 수동으로 조작할 수 있는 외부 블라인드도 다양하게 출시되어 있다. 전동방식에 비해 편의성은 떨어지지만 내구성이 높고 가격도 저렴해서 많이 사용되는 편이다. 아울러 블라인드에 단열기능을 추가한 셔터 형태의 제품도 많은 호응을 얻고 있다. 햇빛을 완전히 차단해서 실내가 어두워지는 단점은 있지만, 그만큼 여름철에는 확실한 냉방효과를 거둘 수 있다는 장점도 있다. 물론 야간에는 창호의 부족한 단열성능을 보완해주고 일종의 방범기능까지도 수행할 수 있다.

단열셔터 설치사례 ©Beck+Heun(오른쪽)

외부차양의 또 다른 옵션은 덧문이다. 보통은 목재를 사용해 수작업으로 제작하는 경우가 많아 적지 않은 비용이 들지만, 전동블라인드를 넘어서는 수준까지는 아니다. 편의성과 관련해서도 크게 걱정할 필요는 없다. 모든 덧문을 한꺼번에 여닫는 일이 불편할 수도 있겠지만, 여름철에는 항상 닫아두고 다른 때는 늘 열어두는 식으로 사용하면 큰 문제는 안 된다. 오히려 덧문의 도입 여부를 검토할 때에는 집 전체의 디자인과 얼마나 조화를 이루는지가 더 중요한 고려사항으로 보인다.

덧문 설치사례 ©풍산우드홈, Stefano Paltera/U.S.DOE, Maxim Lovres
첫 번째 사례는 수작업으로 제작한 여닫이 방식의 목재 덧문이고, 다음은 미닫이 방식으로 작동하도록 기성제품을 레일 위에 설치한 사례들이다.

🏠 어디에, 어떻게 설치해야 할까?

우리는 보통 남향의 일사량이 제일 많을 것이라고 생각하지만 항상 그런 것은 아니다. 물론 겨울에는 남향의 일사량이 압도적이지만, 태양의 고도가 높아지는 여름철만큼은 동향과 서향의 일사량이 남향을 가볍게 넘어선다. 여기에 확산광까지 고려하면 북향의 일사량도 무시할 수 없는 수준이다. 이렇게 놓고 보면 외부차양은 모든 창호에 빠짐없이 설치하는 것이 가장 좋다. 일단 설치만 하면 냉방부하를 줄이는 데에는 무조건 도움이 되기 때문이다.

한정된 예산을 감안하면 비용·대비 효과 또한 따져보지 않을 수 없다. 다음은 서울의 여름철 일사량과 30평형 주택의 일반적인 창호면적을 정리한 표다. 이를 바탕으로 창호별 일사에너지 투과량을 단순하게 계산해보면 남향의 비중이 가장 크다는 사실을 알 수 있다. 남향의 단위면적당 일사량은 동향과 서향에 못 미치지만 창호의 면적 자체가 워낙 크기 때문이다. 따라서 남향 창호의 외부차양 설치는 필수적이다. 반면에 북향으로는 일사에너지 투과량이 매우 미미하므로 굳이 외부차양에 비용을 투자할 필요는 없어 보인다.

여름철 일사에너지 투과량 비교
(*일사투과량 = 일사량[직사광+확산광, 출처 : PHPP] x 유리면적 x 투과율 50%)

방 향	여름철 일사량 (kWh/㎡)	유리면적 (㎡)	일사투과량* (kWh)	비 율
북	112	2	112	6.8%
동	186	3	279	16.8%
남	165	12	990	60.0%
서	180	3	270	16.4%

문제는 동향과 서향인데, 이 경우는 크게 두 가지로 나누어볼 수 있다. 일단 북향과 마찬가지로 창호의 크기를 환기와 채광에 필요한 수준으로 최소화했다면 굳이 차양을 설치할 필요가 없다. 물론 예산이 허락한다면 외부차양을 설치해도 나쁠 것은 없다. 위의 경우만 보더라도 동향과 서향 창호의 일사투과량을 합하면 전체의 33.2%에 달한다. 다만, 동향과 서향 중 하나만 선택해야 한다면 오버히팅에 더 큰 영향을 미치는 서향의 우선순위가 조금 더 높기는 하다.

그렇지만 조망 등을 이유로 보통 크기 이상의 창호를 설치했다면 아침이나 오후에 유입되는 일사량도 상당할 수 있어 주의를 요한다. 예를 들어 앞의 사례에서 동향 창호의 크기를 $3\,m^2$에서 $9\,m^2$로 키울 경우 여름철 실내로 유입되는 일사량의 비중은 16.8%에서 37.9%로 크게 뛰어오른다. 이는 거의 남향에 육박하는 수준이므로, 이때에는 외부차양의 설치를 반드시 검토해야만 한다.

동쪽 창호를 키웠을 때의 일사투과량

방 향	여름철 일사량 (kWh/㎡)	유리면적 (㎡)	일사투과량 (kWh)	비 율
북	112	2	112	5.1%
동	186	9	837	37.9%
남	165	12	990	44.8%
서	180	3	270	12.2%

외부차양의 설계와 시공 시에도 가장 주의해야 할 것은 역시 열교다. 특히 블라인드 박스 안쪽의 얇아진 단열재는 열교에 취약한 부위가 될 가능성이 매우 높다. 따라서 이 부분에 한해서만큼은 단열성능이 뛰어난 에어로젤이나 진공단열재 등의 적용을 검토해볼 필요가 있다. 유럽에서는 이러한 문제를 해결하기 위해 아예 설비 자체에 열교방지 시스템을 적용한 제품까지 출시되고 있다. 어쨌든 열교를 막기 위한 설계자와 시공자의 세심한 주의가 요구되는 부분이다.

외부차양과 열교 ©Beck+Heun(오른쪽)
왼쪽과 같이 블라인드 박스 안쪽의 단열재가 얇아지는 경우에는 열교방지를 위한 별도의 디테일이 필수적으로 요구된다. 오른쪽은 이를 설비 차원에서 해결한 사례이다.

쾌적함을 완성하는
마지막 퍼즐, 축열

우리가 사는 보통의 집은 언제나 냉탕과 온탕을 오간다. 겨울철 오후의 따스한 햇살은 온 집 안을 덥혀주지만, 그 열기는 이내 사라져 저녁만 되어도 보일러를 틀지 않고는 견딜 수 없다. 여름도 마찬가지다. 이른 아침의 선선함은 오전만 되어도 언제 그랬냐는 듯 뜨거운 열기로 바뀌곤 한다. 겨울철에는 오후의 따스함을, 여름철에는 새벽녘의 시원함을 좀 더 오래 붙들어 둘 수는 없을까?

🏠 모든 물질은 열을 저장했다가 되돌려 준다

모든 물질은 열을 저장하는 축열능력을 가지고 있다. 예를 들어 어떤 물체를 가열하면 온도가 올라가지만 열 공급을 중단하면 주변에 열을 빼앗겨 온도는 다시 내려간다. 즉, 열을 얻으면 그것을 쌓아두었다가 언젠가는 다시 돌려주게 되어 있다는 이야기다. 이렇게 '열을 저장하는 능력'은 물질에 따라 달라지는데, 이를 하나의 지표로 정리한 것이 '비열'이다. 비열은 '어떤 물질

1g의 온도를 1℃ 올리는 데 사용되는 열량_cal'으로 정의할 수 있으며, 이것을 좀 더 풀어쓰면 다음과 같다.

☑ 비열이 높다

= 어떤 물질 1g의 온도를 1℃ 올리는 데 많은 열이 필요하다

= 어떤 물질 1g에 많은 열을 저장할 수 있다.

= 축열능력이 높다

이것을 단위를 사용하여 정리하면 다음과 같다.

$$\text{축열능력} = \text{비열} = \frac{cal}{g℃} = \frac{kcal}{kg℃}$$

여기서 칼로리와 그램은 우리에게 익숙한 킬로칼로리와 킬로그램으로 바꾸어 쓰기도 한다. 사실 이 내용은 중학교 물리시간에 모두 배운 것들이다. 어떤 분은 열량과 비열, 질량, 온도차의 관계인 $Q=cm\triangle T$를 큐는 씨암탉이니 시멘트니 하면서 유치찬란한 방식으로 외우곤 했던 기억이 떠오를지도 모르겠다. 그렇다고 다시 옛 기억을 되살리느라 머리가 아플 필요는 없다. 지금부터 다루는 내용은 그냥 '이런 게 있다'는 정도로만 부담 없이 훑어보아도 충분하다.

여기서 한 가지. 건축에서는 '무게'와 '부피' 중 어떤 쪽이 더 편하고 익숙한 단위일까? 당연히 부피다. 건축의 가장 기본이 되는 설계도면만 보더라도 가로, 세로, 높이와 같은 단위로 모든 의사소통을 하고 있다. 집의 규모를 말할 때 무게가 아닌 면적을 따지는 것도 같은 이유에서다. 마찬가지로 축열능력의 단위도 질량_kg보다는 부피_㎥를 기준으로 삼는 것이 훨씬 이해가 쉽다. 그런데, 다행히도 우리에게는 질량과 부피의 비를 나타내는 밀도_kg/㎥라

는 단위가 있다. 그리고 기존의 비열에 이 밀도를 곱해주면 단위가 자연스럽게 부피를 기준으로 정리된다. 이러한 부피기준의 축열능력을 '용적비열'이라고도 하는데, 이를 단위를 중심으로 살펴보면 다음과 같다.

$$\text{부피기준의 축열능력} = \text{용적비열} = \text{비열} \times \text{밀도}$$

$$= \frac{kcal}{kg\,℃} \times \frac{kg}{㎥} = \frac{kcal}{㎥\,℃}$$

비열의 분모와 밀도의 분자에 있는 kg이 서로 소거되어 깔끔하게 정리되었다. 이 단위들을 다시 해석해보면 '용적비열'은 '어떤 물질 1$㎥$의 온도를 1℃ 올리는 데 필요한 열량_kcal'을 의미한다. 즉, 같은 크기의 물체라고 가정했을 때 이 수치가 크면 클수록 열을 저장했다가 다시 방출하는 '축열능력'이 뛰어나다고 볼 수 있는 것이다. 이 정도면 대략 준비는 끝난 셈이니 우리에게 익숙한 물질 몇 개로 실제의 축열능력을 따져보자.

축열능력 비교

구 분	비열 (kcal/kg℃)	밀도 (kg/㎥)	용적비열 (kcal/㎥℃)
물	1	1,000	1,000
철	0.112	7,800	874
콘크리트	0.210	2,300	483
나무(MDF)	0.406	750	305

기본적으로 물은 모든 물질 중 가장 비열이 높다. 그리고 나무와 콘크리트, 철이 그 뒤를 따른다. 그런데 어딘가 이상하다. 상식적으로 보아도 돌이 나무보다 열을 저장하는 능력이 더 높은 것 아닌가? 그렇다. 이것은 아까도 얘기했듯이 기준을 '무게'로 하는 데서 오는 착시현상 때문이다. 비열에 밀도를

곱해서 '부피'를 기준으로 한 축열능력으로 바꿔보면 이제야 우리의 상식에 맞는 결과가 나온다. 즉, 동일한 부피 $1\,m^3$를 기준으로 물이 1,000이라는 열을 저장할 수 있다면, 철은 874, 콘크리트는 483, 나무는 305만큼의 열을 저장할 수 있는 것이다.

🏠 열을 저장했다가 되돌려 주는 타이밍이 중요하다

이렇게 보면 물을 제외했을 때 가장 성능이 좋은 축열체는 철이다. 그런데 이것도 조금 이상하다. 철의 축열능력이 아무리 좋다 해도 내부마감재로 사용하기는 쉽지 않다. 열을 저장하는 능력과는 별개로 '열을 저장했다가 되돌려주는 속도' 또한 중요하기 때문이다. 열이 전달되는 속도와 관련된 지표로는 앞서 살펴본 바 있는 '열전도율'이 있다. 다음 표에서 볼 수 있듯이, 철의 용적비열이 콘크리트의 두 배에 가까운 것은 맞지만 열전도율은 23배로 훨씬 더 높다. 즉, 아무리 많은 열을 저장하더라도 그것이 급속도로 식어버린다면, 겨울철 오후의 따스함을 새벽까지 오래도록 붙들어두고자 했던 애초의 목적과는 거리가 멀어지게 되는 것이다.

나무도 문제가 있기는 마찬가지다. 사실 나무의 용적비열은 콘크리트와

축열능력과 열전도율

구 분	용적비열 (kcal/㎥℃)	열전도율 (W/mK)
물	1,000	0.59
철	874	53.00
콘크리트	483	2.30
나무(MDF)	305	0.13

비교해도 그리 낮은 편은 아니다. 그런데 이번에는 열전도율이 너무 낮은 것이 문제가 된다. 콘크리트의 1/18에 불과한 열전도율은 오히려 단열재에 더 가까운 수준이다. 즉, 뜨겁게 달궈져야 그 온기를 꺼내 쓸 수 있을 텐데 도무지 달궈질 생각을 안 하니 답답해서 속이 탈 노릇이다.

결국, '축열능력'이 좋다는 것은 '높은 용적비열'과 '적절한 열전도율'을 동시에 갖고 있음을 의미한다. 아무리 열을 담아두는 능력이 뛰어나더라도 열전도율이 너무 높거나 낮으면 그것을 축열체로서 활용할 타이밍을 도저히 맞출 수 없는 것이다. 실제로 주거공간에 적합한 축열체로 쓰이기 위해서는 용적비열은 400kcal/m^3℃ 이상을 만족하면서 열전도율이 1~2W/mK 안팎은 되어야 한다. 이 범위 안에 들어오는 건축자재로는 돌과 비슷한 성질을 가진 타일, 자갈, 콘크리트, 모르타르, 벽돌 등이 있다.

참고로 모든 물질 중 비열이 가장 큰 '물'은 열전도율도 적당한 편이어서 매우 훌륭한 축열체에 속한다. 실제로 시설농가에서는 이를 이용해서 적은 비용으로 큰 효과를 거두기도 한다. 방법은 아주 간단하다. 비닐 주머니에 물을 채워서 적당한 간격으로 늘어놓기만 하면 된다. 그러면 이 물주머니가 낮에 축적해둔 열을 밤새 방출하면서 실내온도를 약 2~3℃가량 상승시킨다.

물을 축열체로 활용한 사례 ©충청일보(2011년 3월 7일), Stefano Paltera/U.S.DOE
왼쪽은 비닐하우스를 이용하는 시설농가에서 물주머니를 축열체로 활용하는 모습이고, 오른쪽은 남향 창호에 축열과 채광을 위해 워터 월을 설치한 모습

작은 수치 같아 보여도 야간난방에 들어가는 기름값을 50%나 줄일 수 있다고 하니 엄청난 효율이다. 비슷한 개념으로는 남측 창호에 물을 채운 벽을 만들어 축열과 채광을 동시에 해결한 워터 월_Water Wall이 있다.

🏠 축열과 난방

우리나라의 겨울철 일사량은 독일의 세 배에 이를 정도로 매우 많은 편이지만, 아쉽게도 일정한 시간대에만 집중된다는 한계가 있다. 여기서 실내의 축열능력마저 떨어진다면 이 열기는 숨을 곳을 찾지 못한 채 애꿎은 실내공기의 온도만 높여놓게 된다. 결국 이 아까운 에너지는 허공을 맴돌다가 환기와 함께 허망하게 사라져버리고 만다.

그렇지만 실내에 충분한 축열체가 있다면 얘기가 달라진다. 쏟아지는 오후의 햇살을 어딘가에 저장해둘 수만 있다면 우선 실내온도가 과도하게 높아질 일이 없다. 게다가 축열체에 저장된 열기는 온도가 떨어지는 밤이 되면서 서서히 방출돼 야간의 실내온도 안정에도 크게 기여한다. 간단한 축열의 원리 하나가 오버히팅과 야간난방이라는 골치 아픈 문제를 동시에, 그것도 아

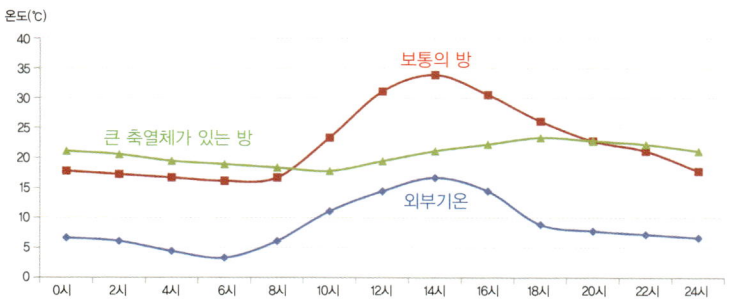

축열의 효과 (출처 : Stanford Renewable Energy Lab)

보통의 방에서는 햇빛의 유입에 따라 실내온도가 큰 폭으로 오르내리고 있는 반면, 축열체가 있는 방에서는 실내온도가 쾌적범위 내에서 상당히 안정된 모습을 보이고 있다.

주 지혜롭게 해결해줄 수 있는 것이다.

한 가지 다행스러운 것은 외단열 방식을 선택한 패시브하우스는 이미 콘크리트라는 거대한 축열체를 실내에 두고 있다는 점이다. 건물을 지탱하기 위한 구조체가 의도치 않게 축열체의 역할까지 해주는 것이다. 만약 내단열 방식이었다면 이 아까운 축열성능을 고스란히 밖에다 내다 버리는 셈이니, 쾌적하고 따뜻한 집을 위해서는 반드시 외단열을 선택해야 할 이유가 하나 더 늘었다.

외단열을 선택한 경우에도 내부를 건식으로 마감했다면 제대로 된 축열의 효과를 기대하기는 어려울 수 있다. 건식마감재로 많이 사용되는 나무나 석고보드의 축열성능이 생각보다 열악하기 때문이다. 물론 자연스러운 촉감이나 선이 살아 있는 외관도 중요하지만, 축열로 인한 혜택을 아예 포기할 수는 없다. 따라서 전부가 어렵다면 실내공간의 일부만이라도 타일이나 벽돌, 모르타르 등을 사용하여 습식으로 마감하는 것을 검토해봐야 한다.

건축자재의 축열성능

구 분	용적비열 (kcal/㎥℃)	열전도율 (W/mK)	축열성능
물(비교기준)	1,000	0.59	좋다
타 일	624	1.28	
철근콘크리트	483	2.30	
모르타르	478	1.40	
소나무	199	0.13	나쁘다
합판마루	191	0.13	
석고보드	189	0.21	
비드법 단열재	6	0.03	
글라스울	5	0.03	

그렇다면 목조로 지어진 패시브하우스는 어떨까? 당연히 상황은 콘크리트보다 좋지 못하다. 어디를 둘러봐도 축열을 담당해줄 만한 자재는 찾아보기 힘들다. 그나마 바닥난방을 위해서 시멘트 모르타르를 치긴 하지만 그마저도 다시 나무로 덮어버린다. 물론 콘크리트에 비해 목조의 이점도 상당하지만 적어도 축열성능만 놓고 보자면 목조주택의 완패다. 만약 좀 더 쾌적한 목조 패시브를 원한다면 햇빛이 드는 거실의 바닥만이라도 타일로 바꿔주는 등의 보완책을 고민해볼 필요가 있다.

🏠 축열과 냉방

축열을 이용한 냉방의 원리도 난방의 경우와 크게 다르지 않다. 다만 이번에는 새벽녘의 시원한 공기로 실내를 충분히 식혀 두었다가 이를 다시 한낮에 활용하는 패턴으로만 바뀔 뿐이다. 무더운 여름날 서늘하게 식은 다리 밑에 모여서 피서를 즐기는 모습을 떠올리면 이해가 쉽다. 이때 주의할 점은 다리 밑으로는 항상 그늘이 지는 것처럼, 적어도 직사광선이 실내로 유입되는 상황만큼은 피해야 한다는 것이다. 이렇게 보면 외부차양은 패시브 냉방의 시작이요, 축열은 패시브 냉방의 완성이라 할 수 있다.

한편, 펄펄 끓는 폭염이나 열대야, 그리고 장마철에는 제아무리 패시브 냉방이라도 힘이 부칠 수밖에 없다. 특히 온도는 물론 습도까지 크게 치솟는 7월 중순부터 8월 초순까지의 불쾌지수는 거의 극에 달할 정도다. 이렇게 패시브 냉방의 범위를 벗어난 상황에서는 부분적으로라도 에어컨을 가동하지 않을 수 없다.

물론 전기요금 걱정에 에어컨을 마음껏 사용하기란 쉬운 일이 아니다. 하지만 외부차양과 축열을 적용한 패시브하우스의 냉방에너지 요구량은 기존 주택의 1/2~1/3 수준을 넘지 않는다. 비록 일사와 제습부하, 내부발열 등으로 인해 난방에너지의 절감률에는 미치지 못하지만, 그래도 비용적인 면에서는 상당한 이점이 있다. 우선 에어컨의 설치용량을 기존의 절반 이하로 줄일 수 있고, 무엇보다 누진제의 영향을 완화시켜 냉방비로 지불해야 할 전기요금도 크게 낮출 수 있다. 그래도 전기요금이 부담이라면 에어컨을 제습 모드로만 돌려도 큰 효과를 볼 수 있다. 만약 태양광 발전설비를 설치했다면 이와 같은 전기요금에 대한 스트레스로부터 완전히 해방되는 것도 가능하다.

▶▶ 커튼월 건물의 여름나기

여름이 되면 급증하는 전력수요를 공급이 따라잡지 못하면서 건물의 냉방을 제한하는 경우가 많아졌다. 그래서 에어컨 없이 더운 여름을 나기 위한 갖가지 아이디어가 등장하곤 하는데, 얼마 전에는 건물의 벽면으로 지하수를 흘려보내는 장면이 방송을 탔다. 열화상 카메라로 촬영해보니 물이 흐르는 쪽의 벽면온도는 32.3℃로 그렇지 않는 쪽의 49.5℃에 비해 현저히 낮았다. 지하수 공급에 소요되는 하루 15kWh의 전기로 330kWh나 되는 냉방전력을 아낄 수 있으니 엄청난 비용대비 효과다.

 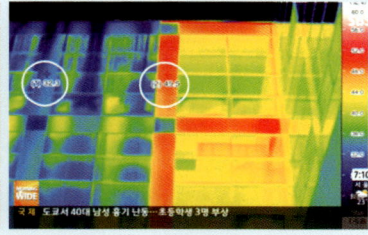

찬물로 샤워하는 건물 (출처 : SBS뉴스, 2013년 6월 29일)
열화상사진을 보면 물을 흘려보내고 있는 왼쪽 벽면과 그렇지 않은 오른쪽 벽면의 온도차가 확연하다.

참 기발한 시도이긴 하지만 한편으로는 아쉬움도 남는다. 그냥 처음부터 건물 자체를 효율적으로 설계했다면 얼마나 좋았을까? 그랬다면 건물의 수명에도 좋지 않고 번잡하기까지 한 '옥상 물 뿌리기'는 더 이상 필요가 없었을 텐데 말이다. 물론 온통 유리로 뒤덮인 커튼월 건물도 여름철을 견딜 수 있는 방법은 있다. 바깥쪽으로 차양을 설치해서 건물이 거대한 온실로 변하는 것을 최대한 막아주는 것이다. 실제로 최근 몇몇 공공기관에서는 커튼월에 외부차양을 도입해서 여름철의 냉방부하를 크게 줄인 사례도 있다.

은평 우체국 외부차양 설치사례
©Blind Factory
올 글라스의 커튼월 건물이지만 외부에 전동블라인드를 설치해서 여름철에 상당한 냉방효과를 보았다.

그렇다면 호화청사, 냉동청사, 찜통청사라는 여러 개의 불명예스러운 타이틀을 보유하고 있는 성남시청사의 사정은 어떨까? 온통 유리로 뒤덮인 이 건물은 정부의 에너지사용 제한 지침에 따라 냉방기를 거의 가동하지 못한 채 최악의 여름을 보냈다. 엄청난 냉방부하를 감당할 방법이 없어 실내온도의 관리는 이미 포기한 지 오래다. 오죽했으면 이를 견디다 못한 직원들이 생각해낸 방법이 얼음주머니를 머리에 이고 일을 하는 것이었을까. 물론 무더위 속에 이곳을 찾아야 하는 민원인들도 고통스럽기는 마찬가지다. 공사비만 1,600억 원이 들어간 이 '멋진 호화청사'는 도대체 누구를 위한 건물인가.

그렇다고 가만히 있을 수만은 없으니 방법을 한번 찾아보자. 냉방장치의 가동이 힘든 상황에서 가장 먼저 생각할 수 있는 대안은 창문을 모두 열어 안팎의 공기를 소통시키는 것이다. 여기에 외부차양으로 직사광선을 막아준다면 적어도 건물이 찜통으로 변하는 것만은 피할 수 있다. 그러나 이 건물은 창문 자체가 거의 없는 데다가 처음부터 기계환기만을 가정하고 공간을 설계한 탓에 자연환기가 매우 어려운 구조다. 게다가 곡선 형태의 외벽 때문에 외부에 블라인드를 설치하는 것도 쉽지 않다. 도무지 방법이 없다. 정말 벽에다 물이라도 뿌려야 하는 걸까? 가히 유리의 재앙, 유리의 저주라 할 만하다.

올 글라스 커튼월의 성남시청사
건물이 온통 유리인 데다가 창문도 거의 없고 외부차양을 설치하는 것도 쉽지 않다. 여름철 냉방기 가동이 중지되는 순간, 건물 전체는 그야말로 거대한 찜통으로 변한다.

이 사례가 우리에게 시사하는 바는 매우 크다. 건물을 만들 때는 그것이 누구를 위한 건물인지, 거기서 살아갈 사람들이 진정으로 원하는 것은 무엇인지부터 생각해봐야 한다. 고작 냉방장치 좀 꺼뒀다고 더워서 쓰러질 정도의 건물이라면 뭔가 기본부터 단단히 잘못된 것임이 틀림없다. 물론 이는 비단 성남시청사만의 문제는 아니다. 최근에 지어진 상당수의 공공청사도 비슷한 지적을 피해가기 힘들다. 환상적인 외관으로 사람의 혼을 빼놓는 유리 건물이 아니면 현상설계에서 입선조차 힘든 현실이 너무도 아쉽다. 문제의식이 부족한 건축주, 눈에 보이는 것에만 관심을 갖는 설계자, 거기에 영합하는 시공사, 그런 계획안에 점수를 주는 심사위원, 그리고 이러한 상황을 그저 방관만하는 정부, 우리 모두의 반성과 성찰이 필요하다.

HOW 4
제로에너지 하우스를 꿈꾸며

외부의 에너지 공급망으로부터 완벽하게 독립한 오프 그리드 하우스. 유지관리비 제로를 꿈꾸는 모든 주택의 로망이다. 사실 이것이 기술적으로 불가능한 것은 아니다. 단지 에너지를 자체 생산하는 데 따르는 비용이 문제가 될 뿐이다. 그렇지만 에너지 소비 자체를 크게 줄인 패시브하우스라면 비용에 대한 부담도 상당 부분 덜 수 있다. 전체 에너지소비의 70%를 차지하는 냉난방비용을 1/10 수준으로 줄였기에 남은 30%가량의 에너지만 자급하면 되기 때문이다. 그렇다면 그 '자급해야 할 에너지'에는 무엇이 있고, 또 어떻게 만들어 낼 수 있을까?

더 이상 전기요금 고지서가 두렵지 않은 태양광

빛은 곧 에너지다. 특정한 반도체에 빛을 비추면 그 에너지는 반도체 내부의 전자들을 움직여 전류를 만들어 낸다. 즉, 태양광 설비만 갖추면 햇빛으로부터 얼마든지 전기를 생산해낼 수 있는 것이다. 게다가 발전과정에서는 어떠한 부산물도 남기지 않으니 환경에 대한 부담도 전혀 없다. 왠지 건물 자체만으로도 에너지를 절감하고 환경부하를 최소화하는 패시브하우스와는 환상의 궁합일 것만 같다.

태양광 패널
반도체의 광전효과를 이용하여 햇빛으로부터 전류를 만들어내는 장치. 꾸준한 기술혁신으로 발전효율은 올라가고 설비가격은 지속적으로 떨어지고 있다.

🏠 태양광 발전, 과연 수지가 맞을까요?

무제한의 청정에너지를 얻기 위해 갖춰야 할 태양광 설비의 비용은 어느 정도일까? 2014년을 기준으로 가정용 3kW 용량의 기기가격과 시공비용은 900~1,000만 원 정도로, 여기에 정부와 지자체의 보조금을 감안하면 자부담은 약 600만 원 수준일 것으로 예상된다. 물론 이 금액도 시간이 지남에 따라 계속해서 떨어지고 있으며, 최근에는 업체 간 경쟁으로 보조금 없이 순수 자부담으로 설치하는 비용도 상당히 낮아졌다. 그래도 600만 원의 초기비용이 적은 것은 아니니 그 경제성을 한번 따져볼 필요가 있다.

먼저 정부의 지원기준인 3kW 용량의 태양광 설비가 한 달 동안 생산하는 전력량을 계산해보자. 전력생산량은 설비의 발전용량에 표준조건의 일조시간으로 환산한 일조량_1kWh/㎡=1시간과 패널에서 생산된 전기가 교류로 변환되기까지의 효율을 곱해주면 된다. 따라서 하루 평균 일조량을 5시간, 변환효율을 70%라 가정하면 한 달 동안 생산할 수 있는 전력량은 315kWh=3kW×5h/일×30일×70%가 된다. 물론 이 수치는 기후조건과 설비의 특성에 따라 약간의 편차가 있을 수 있다.

다음은 사용요금이다. 단독주택의 월 평균 전기사용량을 400kWh로 가정하면 이때의 전기요금은 78,850원이다. 하지만 태양광 발전량 315kWh을 뺀 85kWh에 대해 다시 요금을 계산하면 6,320원에 그친다. 따라서 절감되는 전기요금은 월 72,530원, 연간 87만 원이고 회수기간은 약 6.9년이라

3kW 태양광 발전설비의 경제성 분석
(이자율은 0, 전력단가는 불변으로 가정)

월 사용량 (kWh)	원래 요금 (원)	실제 요금 (원)	월 절감액 (원)	회수 기간 (년)	10년 후 순익 (만 원)	20년 후 순익 (만 원)
300	44,390	1,130	43,260	11.6	–	438
400	78,850	6,320	72,530	6.9	270	1,141
500	130,260	20,090	110,170	4.5	722	2,044
600	217,350	41,190	176,160	2.8	1,514	3,628

는 계산이 나온다. 일반적으로 패널의 수명이 20년 이상, 인버터의 수명이 10년 이상임을 감안하면 상당히 뛰어난 경제성이다.

앞의 표를 보면 월 사용량이 300kWh라 해도 회수기간은 11.6년이며, 월 사용량이 400kWh를 넘는다면 누진제의 혜택을 더욱 크게 볼 수 있다. 게다가 패널이나 인버터를 성능이 보장된 최신 정품으로 선택했다면 전력생산에 따르는 유지보수비도 거의 들지 않는다. 결국 회수기간 이후에 발생하는 차익은 고스란히 건축주의 통장으로 적립된다. 굳이 패시브하우스가 아니어도 설치공간만 확보된다면 우리 집에 작은 발전소를 들여 놓아야 할 이유가 명확해진다. 참고로 정부의 지원내용과 인증업체 및 인증제품 리스트는 에너지관리공단의 그린홈 홈페이지_greenhome.kemco.or.kr를 통해서 확인할 수 있다.

🏠 전기도 다이어트가 필요하다

전기 자체를 펑펑 써버린다면 아무리 태양광 발전이라도 버텨낼 재간이 없는 만큼, 전기의 소비구조에 허점은 없는지도 꼼꼼히 살펴야 한다. 특히 의외로 많은 전력을 사용하는 조명은 계획단계에서부터 세심한 검토가 필요하다. 예를 들어 36W 형광등 20개를 하루에 여섯 시간씩 켜놓는다면 한 달간 전력소비량은 129.6kWh=36W×20개×6시간×30일로 일반주택 전기사용량의 1/3에 달하는 수준이다. 따라서 적절한 광량을 계산하여 조명을 설치하되 필요시에는 부분 점등이 가능하도록 스위치를 분리하거나 조도조절기를 설치하는 것이 좋다. 침실처럼 과한 조명이 필요 없는 곳에는 간접등을 한두 개 두는 것으로 분위기도 살리고 비용도 아낄 수 있다.

참고로 LED 조명은 전기를 빛으로 바꾸는 효율이 90% 이상으로 형광등_40%이나 백열등_5%보다 월등히 뛰어나다. 수명도 3~5만 시간에 이를 정도로 상당히 긴 편이다. 다양한 색상의 빛을 얻을 수 있고 환경에 대한 부담도 적을 뿐 아니라 자외선을 방출하지 않아 벌레가 덜 꼬이는 효과까지 있다. 유일한 단점이라면 역시 비용이다. 사실 가격 대비 성능만 놓고 보자면 LED가 형광등을 꼭 앞선다고 보기도 힘들다. 제한된 예산을 감안한다면 사용이 빈번한 곳이나 꼭 필요한 곳에 한해 적용을 검토하는 것이 바람직하다.

만약 가전제품을 바꿀 계획이 있다면 디자인이나 기능 못지않게 에너지 효율과 대기전력도 함께 살펴야 한다. 에너지효율이야 1등급 제품으로 선택한다 해도 대기전력은 그냥 지나치기 쉬우니 주의를 요한다. 예를 들어 IP TV용 셋톱박스의 대기전력 소비량은 한 달에 7.2kWh=10W×24시간×30일 정도로, 대형 냉장고의 1/5에 달하는 수준이다. 실제로 가정의 대기전력 소비량을 모두 합하면 전체 전기사용량의 11%에 이른다는 조사결과도 있다. 물론 가장 확실한 방법은 플러그를 일일이 뽑아두는 것이지만 여간 귀찮은 일이 아니다. 그래서 가전제품을 구매할 때에는 가능하면 대기전력경고표지가 있는 제품은 피하고, 콘센트나 멀티탭도 대기전력 차단기능이나 전원스위치가 내장된 것을 선택하는 것이 좋다.

에너지효율 관련 표시제도
에너지소비효율 1등급 제품은 5등급 제품에 비해 30~40%의 전기사용량을 줄일 수 있다. 아울러, 국가가 정한 품목별 대기전력기준에 미달하는 제품에는 대기전력경고표지가 의무적으로 부착되며, 기준을 충족하는 경우에는 에너지절약 마크가 부착된다.

실내에서 전기사용량을 모니터링할 수 있는 장치도 도움이 된다. 전기를 얼마나 사용하는지를 실시간으로 살필 수 있어 에너지절약에 대한 가족들의 주의를 환기시킬 수 있다. 만약 비용이 부담이라면 옥외의 전기계량기를 눈에 띄는 곳에 설치하는 것도 좋다. 어쨌든 일상생활 속에서 우리 집의 전기 사용량에 대해 지속적으로 관심을 갖게 하는 것이 무엇보다 중요하다.

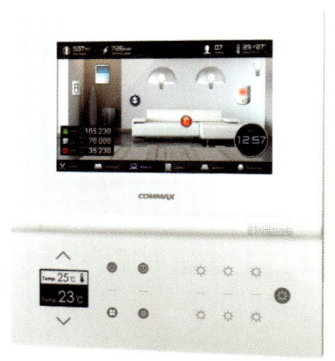 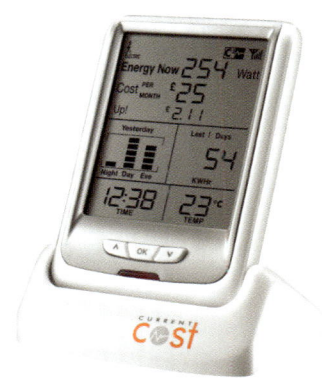

전기사용량 모니터링 장치 ©Comax(왼쪽), Current Cost(오른쪽)
전기사용량을 실시간으로 확인할 수 있으며, 가스와 수도 사용량은 물론 태양광 발전량까지 함께 살필 수 있는 제품도 있다.

🏠 남는 전기는 어떻게 하나요?

이렇게 태양광으로 전기를 생산하고 거기다가 전기의 사용량 자체를 줄이기까지 하면 전기가 남아돌지 않겠냐는 의문이 들 수도 있다. 물론 그 남는 전기가 어떻게 처리되는지도 궁금하다. 이를 이해하기 위해서는 먼저 태양광 발전 시스템이 어떻게 구성되는지를 개괄해볼 필요가 있다.

태양광 발전은 말 그대로 햇빛이 있어야만 가능하기에 전력생산은 주로 낮 시간대에만 이루어진다. 이에 반해 가정에서의 전기사용은 대부분 저녁 시간대에 집중되므로 전기의 생산시점과 사용시점 상의 불일치가 발생한다. 이를 해결하기 위해서는 생산한 전기를 저장해둘 수 있는 거대한 배터리가 필요한데, 문제는 이것이 비교적 고가인데다가 수명도 길지 않다는 점이다. 설혹 배터리를 설치했다 하더라도 그 용량을 초과해서 전기를 사용하는 순간, 뉴스에서나 접하던 블랙아웃_대정전의 공포가 우리 집을 덮치게 된다. 결국 안정적인 전력수급을 위한 가장 현실적인 대안은, 태양광 발전으로 생산되는 전력을 외부의 전력망과 연결해주는 '계통 연계형' 시스템을 구축하는 것이다.

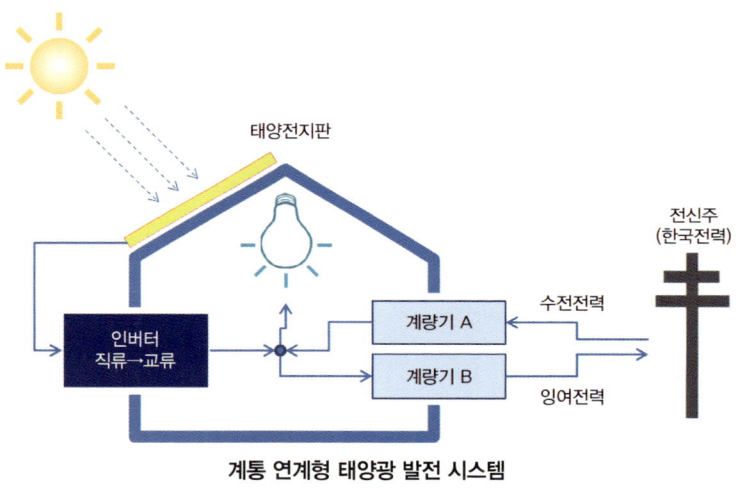

계통 연계형 태양광 발전 시스템

계통 연계형 시스템을 구축하면 사용량이 발전량보다 많을 때는 한전에서 부족한 만큼의 전력을 끌어오고, 반대의 경우에는 쓰고 남은 전력을 한전으로 송출할 수 있어 매우 편리하다. 이때 기계식 계량기가 설치되어 있다면 한전으로 전기를 보낼 때 계량기가 역회전하는 모습도 확인할 수 있다. 그런데 사람들은 하나같이 자기 집의 계량기가 거꾸로 도는 모습을 바라보는 것이 그렇게 즐거울 수 없다고 한다. 아마도 우리의 DNA 속에는 본능적으로 공짜를 좋아하는 심리가 잠재해 있나 보다.

그러나 이제는 더 이상 계량기가 거꾸로 도는 모습을 구경할 수 없게 되었다. 2012년부터는 기존의 기계식 계량기 대신 전자식 계량기 두 대를 설치해서, 한전으로부터 받은 수전전력량 A와 내가 발전해서 사용하고 남은 잉여전력량 B를 따로 측정하도록 규정이 바뀌었기 때문이다. 물론 전기요금은 이둘을 상계한 A−B에 대해서만 부과된다. 만약 내가 한전으로 보낸 전기가 더 많다면 남는 전력량 B−A는 다음 달로 이월된다. 이렇게 되면 매월 조금씩 남는 전기를 모아두었다가 여름철의 에어컨이나 겨울철의 히터처럼 많은 전기를 필요로 하는 곳에 요긴하게 사용할 수도 있다.

태양광의 전기요금을 계산해보자

수전전력량과 잉여전력량을 따로 측정하는 방식이 새롭게 도입되면서 전기요금을 산정하는 방법도 약간 복잡해졌다. 다음은 어느 주택의 한 달간 발전량과 사용량 정보를 집계한 표다.

전력 집계표

구 분	발전량 (kWh)	사용량 (kWh)	잉여전력량 B (kWh)	수전전력량 A (kWh)	비 고
낮	315	100	215	−	한전으로 215 송전
밤	−	300	−	300	한전에서 300 수전
합 계	315	400	215	300	상계전력량 : 85

낮에는 태양광 발전으로 315kWh를 생산했는데, 그중 100kWh는 생산 즉시 사용하고 남은 215kWh는 한전으로 송전했다. 그러나 밤에는 해가 없어 발전이 불가능하므로 사용량 300kWh를 모두 한전으로부터 끌어와야만 했다. 따라서 한전은 이를 상계한 전력량 85kWh=300−215를 기준으로 전

기요금 5,570원을 청구하게 된다.

문제는 부가세다. 언뜻 보기에도 전기요금이 5,570원이니 부가세는 그 10%인 557원이 맞아 보인다. 그렇지만 이때는 상계전력량 A−B가 아닌 한전에서 받은 수전전력량 A를 부가세의 과세기준으로 본다. 세법상으로는 사업자인 한전의 전력송출을 별개의 거래로 보고 이를 과세의 기준으로 삼을 수밖에 없기 때문이다. 그러므로 부가세는 수전전력량 300kWh의 전기요금인 39,050원을 기준으로 3,905원이 부과된다. 결과적으로 부가세가 무려 일곱 배나 증가한 것이다. 만약 수전전력량이 400kWh → 500kWh → 600kWh로 증가하면 부가세는 누진제의 영향을 받아 6,936원 → 11,458원 → 19,117원으로 더욱 가파르게 증가한다.

사실 태양광 상계거래 시의 부가세 문제는 많은 건축주들의 해묵은 민원사항이기도 하다. 내가 한전으로 보낸 전기에 대한 혜택은 전혀 없는데 한전으로부터 받은 전기에 대해서만 세금을 내려니 꽤나 억울할 법도 하다. 개별주택의 태양광은 청정에너지 확충과 피크시간대 부하 절감이라는 정부시책에도 기여하는 바가 크기에 더욱 그렇다. 그러나 세법은 물론 한전의 매출처리 방식과도 얽혀 있어 문제의 해결이 쉽지만은 않아 보인다. 현재로서는 발전이 이루어지는 낮 시간에 전기를 주로 사용하여 한전으로부터의 수전전력량을 최소화하는 것이, 그나마 부가세의 부담을 줄일 수 있는 가장 현실적인 방법인 듯싶다.

🏠 발전효율을 최대로 끌어올리는 방법

태양광 설비는 전기를 생산하는 일종의 발전소인 만큼, 발전효율을 높이기 위한 몇 가지 조치는 필수적이다. 우선 태양광 패널 위에는 어떠한 그림자도 지지 않도록 하는 것이 중요하다. 특히 패널의 일부에만 그늘이 지는 상황은 반드시 피해야 한다. 그렇게 되면 반도체의 특성상 해당 패널은 물론 시스템 전체의 발전효율도 크게 떨어질 수 있기 때문이다. 물론 패널마다 마이크로 인버터를 설치해서 효율저하를 줄일 수도 있지만, 아예 처음부터 그림자가 들지 않는 장소를 택하는 것이 보다 확실한 방법이다.

패널 위에 먼지가 쌓이는 경우는 그나마 상황이 나은 편이다. 10%의 먼지가 '균일하게' 쌓였다면 발전효율도 그에 비례해서 10%만 떨어질 것이기 때문이다. 문제는 비가 온 후 패널의 아래쪽으로 먼지 자국이 누적되면서 패널의 '일부가' 가려지는 상황이다. 이렇게 되면 발전효율이 크게 떨어질 수밖에 없어 패널 위의 오염물질을 반드시 제거해줄 필요가 있다. 실제로도 발전효율이 수익률과 직결되는 상업발전소에서는 사람은 물론 기계까지 동원해서 주기적으로 패널의 청결도를 관리하고 있다.

발전설비의 효율과 관련 있는 또 하나의 인자는 온도다. 일반적으로 패널의 온도가 1℃ 상승하면 발전효율은 0.5% 가량 떨어진다. 예를 들어 기준온도가 25℃인 패널이 햇빛에 의해 60℃까지 온도가 상승하면 발전효율은 $17.5\% = 0.5\%/℃ \times (60℃ - 25℃)$ 만큼 떨어지는 식이다. 더구나 과열된 상태가 지속되면 패널의 수명도 단축될 수 있는 만큼, 패널 아래로 통풍을 위한 공간을 충분히 확보해줄 필요가 있다.

🏠 설비도 디자인이다

단독주택의 전시장이라 할 수 있는 판교에 가보면 태양광 설비를 뒤늦게 설치한 집들을 적지 않게 찾아볼 수 있다. 정부의 보조금 없이 순수 자부담으로 시공한 경우도 상당수다. 모두들 누진제의 엄청난 위력을 몸소 체험하고 부랴부랴 자구책을 마련한 것이다. 그러다 보니 태양광 패널이 제 자리를 잡지 못하고 있는 경우가 너무도 많다. 심지어는 하늘 높이 공중부양을 하는 경우까지 있을 정도다. 정말 예쁘게 지어놓은 집인데 단 하나의 설비가, 그것도 건물의 정점에서 모든 디자인을 망치고 있다. 단독주택의 전기사용량에 한 번이라도 관심을 가져보았다면 설계단계부터 태양광에 대한 검토를 그냥 지나칠 수 없었을 텐데, 건축가의 방관과 건축주의 무관심이 그저 아쉬울 뿐이다.

대부분의 태양광 패널은 지붕 위에 설치되기 때문에 디자인 측면에서도 세심한 배려가 필요하다. 발전효율을 고려할 때 태양광 패널의 설치방향은 남향, 설치각도는 그 지역의 위도일 때가 가장 좋다. 따라서 평지붕에 설치하는 경우라면 이 기준에 따르되 지나치게 돌출된 패널이 건물의 디자인을 해치지 않도록 주의해야 한다. 만약 대지에 여유가 있다면 설비를 아예 지상에 설치하는 것도 검토해볼 만하다. 유지관리의 편리함은 물론 더위를 피할 수 있는 시원한 그늘까지 덤으로 얻을 수 있을 것이다.

패널을 경사지붕 위에 설치하는 경우라면 디자인에 대한 부담을 좀 더 덜 수 있다. 물론 패널의 면적을 미리 파악해서 지붕과 일체감을 줄 수 있다면 더욱 좋다. 이때, 지붕의 기울기는 발전효율뿐 아니라 건물의 비례와 외관을 두루 고려해서 결정하는 것이 좋다. 사실 패널의 기울기는 계절별 발전량과 관계가 있을 뿐 연간 총발전량에는 큰 차이가 없다. 예를 들어 위도가 $35°$인 지역에서 설치각도를 $35°$에서 $25°$나 $15°$로 낮춘다고 해도 연간발전량 감소분은 각각 0.7%와 3.6% 수준에 불과하다. 심지어는 수평으로 설치해도 12%의 발전량만 줄어들 뿐이다. 더구나 설치각도를 낮추면 상대적으로 여름철의 전기생산량을 높여 냉방수요에 적극 대응할 수 있는 이점도 있으니, 지붕의 기울기를 굳이 위도에 맞추느라 디자인에 과도한 제약을 둘 필요는 없다.

태양광 설비 설치사례 ⓒBWP(중간 왼쪽), Jim Tetro/U.S.DOE(중간 오른쪽, 아래쪽)

맨 위쪽의 두 사진은 태양광 설비를 건물이 완공된 후에 설치한 경우이고, 그 다음 사진들은 설계단계부터 태양광 설비와 디자인을 통합하여 계획한 사례

결코 포기할 수 없는
태양열

앞서 살펴보았듯이 가정에서 사용하는 '전기'의 상당 부분은 태양광으로 감당할 수 있다. 여기서 태양광 설비의 발전용량을 조금만 더 늘리면 전기를 100% 자급하는 것도 가능하다. 예컨대 발전용량이 5kW라면 월간 전력 생산량은 500kWh를 넘어선다. 이 정도면 웬만한 단독주택의 조명과 콘센트, 냉방에 필요한 전기 정도는 충분히 공급할 수 있는 양이다. 물론 발전량에 여유가 있다면 조리에 사용되는 가스까지도 대체할 수 있다. 그렇다면 이제

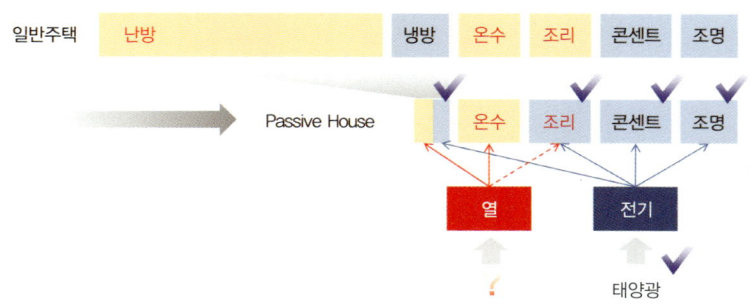

주택 에너지의 사용처와 공급원

남은 것은 하나, 약간의 난방과 온수에 필요한 '열' 에너지다.

🏠 태양열 설비란?

추운 겨울 오후, 직사광선을 한껏 받은 자동차의 실내가 의외로 훈훈했던 경험이 다들 한 번쯤은 있을 것이다. 폐쇄된 공간으로 집적되는 태양에너지의 양은 온통 쇠와 유리로 이루어진 자동차의 열손실을 가볍게 넘어설 정도다. 사실 겨울철이라고 해서 햇빛이 특별히 약해지는 것은 아니다. 다만 태양의 고도가 낮고 기온이 떨어져서 그 열기를 느끼기가 쉽지 않을 뿐이다. 그런데 이를 뒤집어 보면, 적절한 각도로 햇빛을 받고 단열만 확실하게 해준다면 겨울에도 태양열을 충분히 이용할 수 있다는 뜻이기도 하다. 이렇게 적절한 방법으로 태양에너지를 모아 온수나 난방에 활용하는 장치를 태양열 설비라 한다.

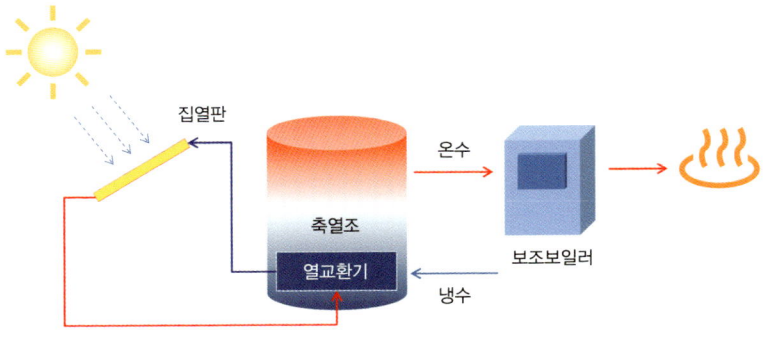

태양열 설비 시스템

태양열 설비의 구성은 비교적 간단하다. 일단 집열기를 통해 태양열을 모은다. 집적된 열기로 뜨거워진 열매체는 열교환기를 지나면서 축열조의 물을 데운 후 다시 집열기로 회수된다. 결국 이 축열조 안에 있는 고온수를 필요한 만큼 난방이나 온수에 사용하면 되는 것이다. 물론 날씨가 좋지 않아 집열효율이 떨어질 경우에는 보조보일러를 이용해 부족한 열량을 보충한다.

🔷 태양열로 온수와 난방이 모두 가능한가요?

태양열 설비의 가장 큰 문제는 집열효율이 좋은 시기와 에너지 수요가 몰리는 시기가 서로 다르다는 데 있다. 약간의 온수밖에 쓸 일이 없는 여름철에는 축열조의 물이 펄펄 끓을 정도로 에너지가 남아돌지만, 온수와 난방이 동시에 필요한 겨울철에는 항상 집열량이 부족하다. 이를 해결하기 위해서는 땅속의 커다란 수조에 여름철의 뜨거운 물을 모아 두었다가 겨울이 되면 조금씩 꺼내 쓰는 방법이 가장 이상적이다. 그러나 수조의 규모와 비용 때문에 개인주택에 적용하기에는 무리가 따른다. 그렇다면 패시브하우스의 경우는 어떨까? 난방부하를 최소화한 상황에서라면 겨울철의 적은 집열량으로도 온수와 난방을 모두 해결할 수 있지 않을까?

먼저 온수에 필요한 열량을 한번 계산해보자. 4인 가족이 하루에 사용하는 온수의 양을 250리터, 상수도관을 통해 들어오는 물의 온도를 15℃, 가정에서 필요한 온수의 온도를 50℃라고 가정해보자. 그러면 하루에 250리터의 온수를 얻는 데 필요한 열량은 8,750kcal=1kcal/kg℃×250kg×(50℃−15℃)가 된다.

이번에는 난방에 필요한 열량을 살펴보자. 바닥면적 100㎡의 1.5리터 패시브하우스에 소요되는 연간 난방열량은 1,290,000kcal=1.5L/㎡×100㎡×8,600kcal/L다. 이를 다시 겨울철 1일 난방열량으로 환산하면 9,556kcal=1,290,000kcal/4.5개월/30일가 된다. 따라서 하루 동안 온수와 난방에 필요한 열량은 모두 18,306kcal라고 볼 수 있다.

여기서 1 m^2의 집열면적으로 맑은 날 하루에 모을 수 있는 열량을 약 2,000kcal로 가정하면, 18,306kcal를 생산하기 위해서 필요한 집열면적은 9.2 m^2=18,306kcal/2,000kcal/㎡ 라는 계산이 나온다. 즉, 가로 3m, 세로 3m 정도의 집열기만 있으면 30평 패시브하우스의 온수와 난방을 모두 해결할 수도 있다는 이야기다. 동일한 바닥면적의 17리터 일반주택에 필요한 집열면적이 59 m^2인 것과 비교하면 놀라운 수치다.

태양열 집열기의 종류
왼쪽은 평판형으로 외관은 미려하나 겨울철의 효율은 다소 떨어지는 편이고, 오른쪽은 진공관형으로 집열효율은 뛰어나지만 여름철에는 과열의 우려가 있어 주의를 요한다.

🏠 **태양열의 배신**

그러나 9.2 m^2 크기의 집열기로 30평 패시브하우스의 실제 난방과 온수를 완벽하게 해결하는 것은 불가능에 가깝다. 집열기에 모인 에너지가 복잡한 설비를 거치는 과정에서 상당 부분 소실될 가능성이 높아서다. 우선 외부에 노출된 배관의 단열 부족으로 인한 에너지손실이 상당하다. 집열기에서 축열조까지의 배관 길이가 생각보다 긴 것도 문제다. 게다가 열교환기에서의 효율저하, 축열조 자체의 열손실 등 사방이 온통 지뢰밭이다. 각 단계의 손실을 15% 정도로만 잡아도 최종 단계에서는 48%의 열손실이 발생한다. 이런 식이면 집열기의 면적이 적어도 $18\,m^2 = 9.2㎡/(100-48)\%$는 되어야 한다.

결국 열손실을 최소화하기 위해서는 혹한에 노출된 배관은 물론 설비 전체에 대한 패시브 수준의 단열이 필요하다. 또한 열손실을 줄였다 하더라도 집열기의 동파, 팽창탱크의 용량부족, 여름철의 시스템과열 등 해결해야 할 문제가 한둘이 아니다. 게다가 기기의 품질과 시공 수준도 업체에 따라 천차만별이다. 태양열 설비라는 것이 결코 만만히 볼 상대는 아닌 것이다.

그래서일까? 경험 있는 건축가는 태양열 설비를 잘 권하려 들지 않는다. 위에서 열거한 것 중 어느 하나라도 문제가 되면 모든 비난이 자신에게 쏟아질 것은 불을 보듯 뻔하기 때문이다. 정부도 마찬가지다. 하도 민원이 많아서인지 최근에는 보조금의 지원 대상을 온수용도 우선에 집열면적 $20\,m^2$ 이하로 제한한 바 있다. 물론 설비를 설치한 건축주들의 불만도 상당하다. 영세한 뜨내기 업체가 온갖 감언이설로 시스템을 들여놓게 하고서는 사후관리는 외면하기 때문이다. 처음에 가졌던 막연한 기대는 실망을 넘어 이제는 거의 분노의 수준에 이를 정도다.

🏠 태양열, 어떻게 할 것인가?

태양열이 이토록 약점이 많은 설비라면 아예 포기를 하는 편이 더 낫지 않을까? 그러기에는 재생에너지로서 태양열이 가진 조건들이 너무도 훌륭하다. 무엇보다 에너지의 전환효율이 상당히 높다. 태양광의 발전효율은 겨우 15% 안팎에 그치는 데 비해 태양열의 집열효율은 60%를 가볍게 넘어선다. 난방부하를 최소화한 패시브하우스의 입장에서는 이처럼 높은 효율을 가진 태양열 설비가 너무도 반가울 수밖에 없다. 게다가 우리나라는 겨울철의 일사량이 풍부한 편이라 태양열을 활용하기에도 더없이 좋은 조건이다. 문제가 있다면 원인을 찾아서 해결하면 될 일이다.

　가장 먼저 개선해야 할 부분은 철저한 단열로 설비의 열손실을 최소화하는 것이다. 만약 설비 전체의 열손실을 25% 수준으로 줄일 수만 있다면 바닥면적 100 m^2인 1.5리터 패시브하우스에 필요한 집열면적은 12 m^2 정도로도 충분하다. 만약 정부의 지원기준인 20 m^2 크기의 집열기를 설치했다면 바닥면적 220 m^2, 즉 67평 규모의 패시브하우스에 난방과 온수를 공급하는 것도 가능하다.

　설치비용도 지금보다 떨어질 필요가 있다. 2014년 기준으로 집열면적이 20 m^2인 태양열 설비를 설치하면 정부의 보조금은 840만 원, 건축주의 부담은 약 1,000~1,500만 원 정도로 예상된다. 그런데 이 집열면적으로 감당할 수 있는 1.5리터 패시브하우스의 바닥면적은 최대 220 m^2였으므로, 1년 동안 아낄 수 있는 에너지비용도 최대 62만 원_도시가스 기준 정도로 추산해볼 수 있다. 따라서 이 금액을 태양열로 고스란히 아꼈다고 가정해도 회수기간은 16~24년이나 된다. 물론 모터나 집열기 교체 등에 필요한 유지보수 비용은 고려하지 않았으므로 실제 회수기간은 이보다 더 길어질 것이다.

　따라서 현재를 기준으로 보면 1,000만 원이 넘는 비용을 들여 난방과 온수 모두를 태양열로 해결하는 것은 합리적이지 못하다. 경제성만 놓고 보면 소규모로 설치해서 온수 정도만 뽑아 쓰는 것이 훨씬 이득이다. 온수는 계절에 상관없이 항상 필요할 뿐 아니라, 6 m^2 정도의 작은 집열면적으로도 4인 가족의 사용량을 충분히 감당할 수 있기 때문이다. 물론 규모가 작아지고 난방계통과 분리되면서 설치비와 유지보수비가 대폭 줄어드는 이점도 있다. 어쨌든 태양열이 난방과 온수 모두에 경쟁력을 갖추기 위해서는 초기비용을 좀 더 낮출 필요가 있다.

마지막으로 시스템의 신뢰성을 더욱 높여야 한다. 사실 태양열 설비의 배관은 굉장히 복잡하다. 가만히 보고 있으면 오히려 고장이 안 나고 제대로 돌아가는 것이 더 신기할 정도다. 특히 열매체로 주로 사용되는 물은 기온에 따라 얼거나 과열되면서 배관이나 모터에 큰 손상을 줄 수도 있다. 만에 하나 한겨울에 배관이 터져서 전체 난방 시스템이 멈춰 서기라도 한다면 큰 낭패가 아닐 수 없다.

이러한 점들이 개선될 수만 있다면 태양열의 미래도 결코 어둡지 않다. 마치 태양광이 그랬던 것처럼, 기술이 발전하고 시장이 확대되면서 상황은 조금씩 나아질 수 있을 것이다. 특히 여름철의 남아도는 열을 이용해서 흡수식 냉방기를 가동하는 방식만 보편화된다면 태양열 설비의 효용가치는 지금보다 훨씬 더 높아질 수도 있다. 이렇게 되면 '태양'과 '패시브하우스'가 만나 '경제적인 제로에너지 하우스'를 실현하는 것도 충분히 가능한 시나리오가 될 것이다.

지열을 대하는 우리의 자세

군이 태양이 아니더라도 우리가 열에너지를 얻어올 수 있는 대상은 도처에 널려 있다. 항상 일정한 온도를 유지할 수만 있다면 그것으로 열원이 될 조건은 충분하다. 그 대표적인 것으로는 강과 호수, 바다와 땅을 들 수 있는데, 개인주택의 입장에서 가장 접근하기 쉬운 대상은 바로 그것이 딛고 서 있는 '땅'이다.

🏠 지열 시스템이란?

아무리 무더운 여름날도 동굴 속에만 있으면 마치 다른 세상에 온 것처럼 늘 시원하다. 동굴을 둘러싼 거대한 암석 덩어리가 거의 무한대에 가까운 축열체의 역할을 해주고 있기 때문이다. 물론 15℃ 정도로 일정하게 유지되는 내부온도는 겨울이 되어도 크게 달라지지 않는다. 아무리 매서운 한파가 몰아쳐도 안에만 들어서면 따뜻한 느낌마저 들 정도다. 이렇게 웬만해서는 잘 변하지 않는 땅속의 온도를 냉난방에 이용하는 것을 지열 시스템이라 한다.

보통은 지하 수백 미터까지 구멍을 뚫어 관을 묻고 열매체를 순환시켜 14~15℃의 지열을 끌어온다. 그리고 히트펌프를 이용해서 난방에 필요한 고열을 얻고, 열을 빼앗긴 열매체는 다시 땅속을 순환하면서 원래의 온도를 회복한다. 반대로 여름철에는 이 사이클을 거꾸로 적용해서 냉방설비로 활용하는 것도 가능하다. 사실 히트펌프_Heat Pump는 에어컨이나 냉장고에서도 널리 사용되고 있는 만큼 우리에겐 이미 친숙한 장치다. 다만, 여기서는 열을 뽑아오거나 버리는 대상으로 온도가 일정한 땅을 선택함으로써 기기의 효율을 높였을 뿐이다.

물론 지열 시스템을 가동하는 데에도 전기는 들어간다. 하지만 똑같은 전기 1kWh도 전기난로에 투입하면 860kcal의 열량을 얻을 수 있는 반면, 히트펌프에 투입하면 그 3.5배에 달하는 3,000kcal의 열량을 얻을 수 있으니 굉장한 효율이다. 더구나 오랜 기간 사용해도 잔고장이 거의 없어 설비의 신뢰도 또한 매우 높다.

🏠 지열 요금의 착시현상

그렇지만 세상에 공짜는 없다. 지열 시스템 역시, 그 놀라운 효율의 이면에는 상당한 수준의 소비전력을 필요로 한다는 함정이 숨어 있다. 그것이 어느 정도인지를 40~50평대의 일반주택을 기준으로 한번 계산해보자. 정부의 보조로 가정에 설치할 수 있는 설비의 최대용량은 5RT_냉동톤급으로 여기에 필요한 전력은 5kW 안팎이다. 이것을 겨울철에 하루 12시간씩 가동한다고 가정하면 한 달 동안 소비한 전력량은 무려 1,800kWh=5kW×12시간/일×30일에 이른다. 1,800kWh면 단독주택 다섯 가구의 전기사용량과 맞먹을 정도로 엄청난 양이다. 게다가 누진제를 적용한 전기요금은 무려 119만 원! 돈을 아끼고자 지열을 선택한 우리로서는 도저히 받아들일 수 없는 당혹스러운 수치다.

그러나 실제로 청구되는 금액은 119만 원의 1/5 수준인 22만 원에 그친다. 정부가 재생에너지를 장려하기 위해 지열 시스템에는 누진제가 없는 일반용 전기요금을 적용했기 때문이다. 개인주택의 난방에 매달 100만 원에 가까운 보조금을 지급하는 셈이니 비용 절감이 안 될 수가 없는 구조다. 결국 현재의 지열 시스템은 순수한 의미의 재생에너지라기보다는 '누진제 없는 고효율 전기난방' 정도에 불과한 것이다. 게다가 이러한 특혜가 앞으로 계속된다는 보장도 없다. 실제로 일반용 전력단가의 인상률은 주택용을 매번 크게 웃돌고 있으며, 정부의 지원이 중단이라도 되는 날엔 이제는 애물단지가 되어버린 심야전기 설비와 같은 처지가 될 수도 있다.

물론 냉난방의 에너지원으로 원래부터 전기를 사용할 수밖에 없는 상업용 건물의 경우에는 지열 시스템도 분명 의미가 있다. 어차피 써야 할 전기의 1/3만 투입해도 같은 효과를 볼 수 있어서다. 그렇다면 냉난방 에너지를 훨씬 적게 쓰는 패시브하우스라면 어떨까? 전기를 조금만 써도 될 테니 어느 정도 경제성이 있지 않을까?

🏠 지열 시스템과 패시브하우스와의 궁합은?

결론부터 이야기하면 현재의 지열 시스템과 패시브하우스의 궁합은 거의 최악에 가깝다. 가장 큰 문제는 패시브하우스가 지불해야 할 전기요금에 있다. 물론 냉난방부하 자체가 매우 작은 패시브하우스에서는 지열 시스템의 전기사용량도 확실히 줄어들긴 한다. 하지만 일반용 전기요금을 적용받아 사용량에 관계없이 일정한 '기본요금'을 내야 하는 것은 큰 부담이다. 계약전력의 최소치인 4kW를 기준으로 해도 매달 2만 5천원, 연간으로 따지면 30만 원의 기본요금을 내야 한다는 이야기다. 30평의 1.5리터 패시브하우스면 기름을 때도 1년에 26만 원이면 충분한데 지열을 도입해서 오히려 더 많은 비

용을 지불해야 한다니. '대체' 에
너지라는 말이 무색해지는 순간
이다.

설치비용도 문제다. 5RT
의 용량을 기준으로 지열 시스
템의 비용을 약 2,500~3,000
만 원이라 하면 2014년 기준 자
부담은 1,500~2,000만 원 정
도다. 이렇게 많은 비용이 드는
이유는 설비 자체도 고가이지만
땅속으로 수백 미터를 파내려가
열교환기를 설치하는 데 들어가
는 비용 역시 상당하기 때문이
다. 이 정도 금액이면 차라리 일

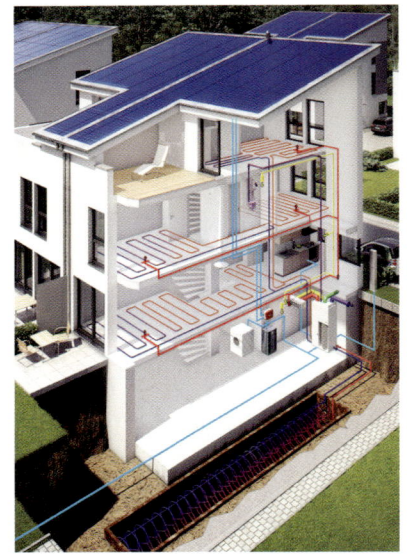

지열 시스템의 패시브하우스 적용방안
©BWP(독일)

지중 열교환기를 수평형으로 설치하고 패시브에 적합
한 고효율의 소형 히트펌프를 도입했으며, 시스템 가동
에 들어가는 전기의 일부는 태양광발전으로 충당한다.

반주택을 패시브하우스로 만드는 것이 훨씬 더 경제적이다. 결국, 과도한 설
치비와 전기요금 문제가 동시에 해결되지 않는 한, 현재의 지열 시스템을 패
시브에 도입하는 것은 결코 합리적인 선택이 될 수 없다.

⌂ 지열을 패시브적으로 이용하자

그렇다고 지열을 아예 포기할 수는 없다. 우리 곁에서 늘 꾸준한 온도를
유지해주는 열원으로 지열만한 것도 찾기 힘들어서다. 그렇다면 군이 비싸고
복잡한 설비가 아니어도 지열을 효과적으로 이용할 수 있는 방법은 없을까?
유럽에서는 이와 같은 의문에서 출발해서 땅속의 일정한 온도로 열회수형 환
기장치의 효율을 높이는 다양한 방법을 꾸준히 발전시켜왔다.

가장 먼저 보급된 것은 쿨 튜브 방식이다. 구조는 매우 간단하다. 그저 환기장치로 들어오는 공기를 지하에 매설된 관을 통해 빙빙 돌려주기만 하면 된다. 그러면 땅속 온도와 가까워진 외기를 통해 여름에는 약간의 냉방효과를 얻고 겨울에는 환기장치의 효율저하를 막을 수 있다. 기초공사를 할 때 조금만 더 파내려가 관을 묻어주기만 하면 되므로 공사비에 대한 부담도 거의 없다. 게다가 별도의 동력장치도 필요 없으니 유지비 또한 전혀 들지 않는다.

쿨 튜브의 개념 및 설치사례

1세대 지열활용 방식으로, 겨울철에는 차가운 공기를 덥히고 여름철에는 뜨거운 공기를 식혀서 열회수형 환기장치로 공급한다.

그럼에도 불구하고, 다습한 환경에서 배관 내부에 결로나 곰팡이가 생기기 쉽다는 것은 쿨 튜브 방식의 단점으로 지적된다. 그래서 시간이 지날수록 환기장치로 유입되는 냄새가 심해져서 사용을 중단하는 사례도 많다. 이러한 문제를 해결하기 위해서 나온 것이 공기 대신 열매체를 순환시켜 외부공기를 데우거나 식혀주는 브라인_Brine 시스템이다. 쿨 튜브와 마찬가지로 동절기에는 예열, 하절기에는 간이냉방과 제습효과를 볼 수 있다. 또한 냄새나 오염의 우려도 없고 전력소모도 적어 활용도가 상당히 높다. 기기와 배관자재, 시공비를 포함해서 400~500만 원 정도가 들긴 하지만 환기설비와의 시너지 효과를 생각하면 충분히 검토해볼 만하다.

브라인 시스템의 개념 및 열교환기의 내부 모습

2세대 지열활용 방식으로, 열매체를 순환시켜 환기설비로 공급되는 외기의 온도를 높이거나 낮춰준다. 히트펌
프 없는 에어컨(열교환기=실내기, 땅속=실외기, 열매체=냉매)이라고 생각하면 이해가 쉽다.

🔷 제로에너지 하우스, 어떻게 접근해야 할까?

사실 지금껏 우리가 다뤄온 태양광과 태양열, 지열은 패시브하우스와는
직접적인 관련이 없는 액티브한 설비들이다. 물론 모두 갖추면 좋기야 하겠지
만 제로에너지 하우스를 만들겠다고 경제성까지 무시할 수는 없는 일이다. 그
런 점에서 태양광 발전은 지금의 패시브주택과는 너무도 잘 어울리는 옵션이
다. 일단 시스템의 신뢰도가 높고 유지보수가 거의 필요 없으며, 무엇보다 투
자에 대한 회수기간이 매우 짧다. 심지어는 정부의 지원 없이 자비로 설치해
도 충분한 경제성_3kW 설치 후 월 400kWh 사용시 회수기간 11.5년이 나올 정도다. 여름
철 냉방기 사용에 스트레스를 받지 않아도 된다는 점 또한 거부할 수 없는 매
력이다. 따라서 패시브하우스의 효율을 극대화할 요량이라면 태양광의 도입
여부에 대해서는 더 이상 고민할 필요가 없다.

문제는 태양열과 지열이다. 우선, 기존의 지열 시스템은 적어도 패시브
하우스에는 적합하지 않다. 이미 냉난방비 자체를 크게 낮춘 상황에서 설치
비와 운영비가 상당한 지열 시스템의 경제성을 따지는 것은 전혀 의미가 없다.

더구나 전기를 대량으로 소모하는 구조라 정부의 요금정책에 큰 영향을 받는 점도 마음에 걸린다. 굳이 지열을 고민한다면 열회수형 환기장치와 결합된 브라인 시스템 정도가 그나마 가장 현실적인 대안이다. 이마저도 부담이 된다면 지열 회수용 배관 정도만 땅속에 묻어두고 후일을 기약하는 것도 나쁘지 않다.

태양열 역시 신중한 접근이 필요하다. 난방과 온수를 동시에 공급하기 위해서는 시스템의 설치비용이 상당하기 때문이다. 유지관리와 관련해서 높은 수준의 신뢰성을 확보하는 것도 시급한 과제다. 물론 기술은 계속해서 발전하겠지만 내가 그 과도기의 실험대상을 자처하기에는 위험부담이 너무도 크다. 그래도 꼭 해보고 싶다면 경제성이 비교적 괜찮은 온수용 정도라면 큰 부담은 없어 보인다. 아니면 지열과 마찬가지로 배관과 장소 정도만 미리 준비해놓고 시간을 두고 천천히 검토해가는 것도 부담을 최소화할 수 있는 좋은 방법이다.

"집 지으면 정말 10년 늙나요?"

PASSIVE
HOUSE
CONCERT
PART **03**

성 공 적 인 패 시 브
집 짓 기 를 위 한 팁

패시브하우스도 결국 '패시브'이기 전에 '집'이다.
제대로 된 집을 짓기 위한 요건은 패시브하우스
라고 해서 크게 달라지지 않는다. 다만 신경 쓸
것들이 조금 더 늘어날 뿐이다.

이번 장에서는 패시브하우스라는 '좋은 집'을 짓
기 위해서 건축주라면 꼭 알고 있어야 할 것들에
는 무엇이 있는지 살펴본다. 이를 바탕으로 여러
팁을 접목하여 자신만의 집짓기 노하우를 찾아
갈 수 있기를 바란다.

예비 건축주에게 드리는 다섯 가지 조언 ■

필자는 책을 쓰는 과정에서 많은 건축주를 만나보았다. 모두들 한 편의 소설로 엮어도 될 만큼 구구절절한 이야기가 넘쳐났다. 더욱 놀라운 것은 대부분의 사람들이 집을 지으면서 너무도 큰 상처를 받는다는 점이다. 출발은 그림 같은 집이었지만 이내 눈덩이처럼 불어나는 비용의 압박과 불성실한 건축가, 정직하지 못한 시공자에 시달리다가 결국에는 마음에 들지 않는 집의 열쇠를 받아들고 만다. 패시브하우스고 아니고를 떠나서, 말 그대로 집 짓느라 10년은 늙은 사람이 부지기수였다. 과연 무엇이 문제일까? 집을 짓는다는 것이 그토록 힘든 일일까? 그 답을 찾는 것은 여전히 힘들다. 그래도 그 길을 먼저 가본 이들의 시행착오를 통해서 몇 가지 지혜는 추려볼 수 있다.

공부
하자

집짓기에 연습은 없다

'우리 집 두 번째 정수기'라는 광고문구가 있다. 정말이지 촌철살인과도 같은 기막힌 카피임에 틀림없다. '첫 번째 정수기를 고를 때는 몰랐던 것들을 꼼꼼하게 따졌을 때 당연히 선택할 수밖에 없는 최고의 제품'이라는 의미를 너무도 명쾌하게 전달하고 있어서다. 그만큼 모든 첫 번째 시도에는 크고 작은 시행착오가 따를 수밖에 없다. 무엇이 중요한지, 내가 어떻게 행동하는 것이 최선인지는 직접 겪어보지 않으면 잘 모른다. 그래서 모든 세상사가 첫 번째보다는 두 번째, 두 번째보다는 세 번째에서 더 나은 선택이 가능한 것이다.

그러나 적어도 '집짓기'만큼은 절대로 그런 시행착오를 반복해서는 안 된다. 억대의 비용이 들어가는 집짓기야말로 평생에 한 번 있을까말까 한 일이기 때문이다. 문제는 이 소중한 기회를 충분한 준비 없이 맞이하는 사람들이 의외로 많다는 것이다. 입지와 가격, 크기 정도만 고르면 되는 아파트와 달리, 하나부터 열까지 모든 것이 선택의 연속인 집짓기는 결코 간단한 일이 아니다. 후회할 때는 이미 늦었다. 설계자도 시공자도 모두 떠나간 집에 덩그러니 남겨진 것은 오로지 나 혼자뿐일 테니.

🏠 다독_多讀이 답이다

집짓기에 실패하지 않으려면 어떻게 해야 할까? 방법은 의외로 간단하다. 공부하면 된다. 아는 만큼 보이고 보이는 만큼 우리 집의 품격과 완성도는 올라간다. 하지만 어디서부터 시작해야 할지 막막하다. 인터넷을 뒤지거나 잘 지은 집을 수소문해보는 것도 좋겠지만, 뭐니 뭐니 해도 가장 효과적인 방법은 독서다. 책읽기를 통해 간접경험을 쌓다 보면 실제로 집을 짓는 과정에서의 시행착오도 최대한 줄일 수 있기 때문이다.

다행히도 서점에 나가보면 이와 관련한 좋은 책들을 많이 찾아볼 수 있다. 집짓기의 절차와 방법을 알려주는 가이드북에서부터 건축주의 실제 경험담을 엮어낸 서적까지 종류도 다양하다. 최근에는 '작은 집'이나 '저비용 주택'과 같이 특화된 주제를 중심으로 다양한 사례를 엮은 책들도 출간되고 있다. 전부 해서 한 이삼십 권쯤 될까? 개인적으로 추천하는 것은 웬만하면 이 책들을 모두 사서 읽어보는 것이지만, 부담이 된다면 대여섯 권 정도만 추려서 보아도 좋다. 이때 공감이 가는 부분을 표시해놓거나 자신만의 노트나 체크리스트를 만들어두면, 후에 본인의 계획을 세울 때에도 큰 도움이 된다.

이렇게 단행본을 어느 정도 떼고 나면 잡지로도 눈을 돌려보자. 일단 주택이나 인테리어를 다루는 잡지 중에서 자신의 취향에 맞는 것으로 최근 1년치 정도의 과월호를 구한다. 그리고 그것을 전체적으로 훑어가다보면 주택의 최신 경향과 주요 이슈를 한눈에 파악할 수 있을 것이다. 물론 눈에 들어오는 사례는 스크랩도 해두고 체크리스트 정리 작업도 계속한다. 운이 좋으면 잡지속의 작품을 통해 자신이 원하는 건축가나 시공사를 발견할 수도 있다.

🏠 인터넷은 주의해서

마지막으로 끝없는 정보의 바다, 인터넷이다. 각종 사이트나 카페, 블로그에는 단행본이나 잡지와는 비교할 수 없을 정도로 많은 정보가 넘쳐난다. 검색창에 키워드라도 한번 쳐보면 감당할 수 없을 정도의 정보가 끝없이 쏟아진다. 때로는 눈이 번쩍 뜨이는 내용을 만날 수도 있고, 짜임새 있게 정리된 정보를 넝쿨째 캐내는 행운을 잡을 수도 있다.

그렇다고 인터넷에 너무 많은 에너지를 쏟지는 않았으면 한다. 특히 정제되지 않은 정보나 상업적인 목적으로 사실관계를 왜곡한 글에는 각별한 주의가 필요하다. 게시판의 분위기에 휩쓸리다 보면 마치 그것만이 진리요 유일한 방법인 것처럼 보일 수도 있어서다. 실제로 인터넷 카페나 블로그의 글만 믿고 덜컥 일을 맡겼다가 낭패를 본 사례도 한둘이 아니다. 따라서 필요한 정보는 습득하되 어떠한 경우에도 자신의 주관만은 잃지 말아야 한다. 그러기 위해서는 먼저 독서로 기본적인 지식을 다진 후에 인터넷으로 부족한 부분을 채워가는 것이 좋다. 처음부터 인터넷이라는 망망대해에 빠져 기력을 소진할 필요는 없다.

이렇게 단행본, 잡지, 인터넷을 적절히 활용하면 마치 집을 몇 번은 지어본 것과 같은 간접경험을 충분히 해볼 수 있다. 물론 이 과정이 조금은 힘들 수도 있다. 하지만 내 평생 처음이자 마지막이 될지도 모르는 프로젝트를 실패하지 않으려면 이 정도의 수고는 당연하다. 이렇게 철저하게 준비해도 끝나고 나면 아쉬움이 남는 것이 바로 집짓기다. 후회 없는 집짓기를 위해 공부, 또 공부하자.

열정적인 건축가를
만나자

공부가 어느 정도 끝나고 나면 집짓기에 대해 전체적인 감을 잡을 수 있다. 다음으로 필요한 것은 집을 지을 땅과 돈을 마련하고 집을 지어줄 사람을 고르는 일이다. 패시브하우스의 택지와 비용에 대해서는 앞서 간단히 언급한 바도 있고, 일반적인 땅 고르기, 자금계획 세우기에 대해서는 시중에 나와 있는 집짓기 안내서를 참조하면 될 것이다. 오히려 가장 중요한 것은 집짓기라는 험난한 여정을 함께 해줄 파트너다.

🏠 건축가의 중요성

대부분의 건축주는 별도의 비용을 지불하고 건축가에게 설계를 맡긴다는 사실을 쉽게 받아들이지 못한다. 평당 몇 만 원이면 허가받기에 충분하고, 그마저도 당연히 시공사가 서비스로 해주기를 바란다. 심지어는 다 필요 없으니 본인이 설계해도 충분하다고 목소리를 높이기까지 한다. 문제는 이들이 그려내는 평면이 하나같이 모두 똑같다는 것이다. 방 세 개에 화장실 두 개, 부억, 거실, 그리고 다용도실… 모두들 똑같은 집에서 똑같은 방식으로 수십 년을 살아왔기 때문이다. 그 고정관념의 벽을 깨기는 생각보다 어렵다.

설계가 무엇인가. 끊임없이 고민하고 연구해서 만든 우리 집의 밑그림이다. 잘못된 밑그림으로는 결코 좋은 집을 만들 수 없다. 또한 설계도는 건축주의 바람을 담아 시공사가 이렇게 지어야만 한다는 약속을 도면화한 일종의 계약서다. 혹시나 있을지도 모를 시공사와의 분쟁에서는 해결사 역할을 톡톡히 해주기도 한다. 무엇보다 설계가 디테일하게 나와야 하자도 없고 공사비도 정확하게 산출된다. 그런데 이토록 중요한 설계를 그저 시공사의 서비스쯤으로 치부하다니, 참으로 안타까운 일이다.

일정한 비용을 부담하고서라도 건축가에게 설계를 맡기는 것은 너무도 당연하다. 그만큼 주택설계는 건축가의 창의성과 숙련된 경험을 필요로 하는 전문영역에 속한다. 물론 건축물리에 대한 이해가 바탕이 되어야 하는 패시브하우스라면 더 말할 것도 없다. 그런데 이 모든 일을 건축주가 직접 한다면? 시공과정에서의 수많은 오류로 고통스러운 시간을 보내게 될 것은 불을 보듯 뻔하다. 시시각각 불거지는 문제는 어떻게 대처해야 할지 감조차 잡을 수 없다. 이건 거의 무면허로 고속도로를 질주하는 것과 다를 바 없다. 그렇다고 설계를 시공사에 맡기는 것도 좋은 선택은 못 된다. 아무래도 공간에 대해 진지하게 고민하기보다는 예전의 관성대로 일을 진행할 확률이 높아서다.

게다가 건축가의 역할은 단지 좋은 설계도를 그려주는 데 그치지 않는다. 제삼자의 입장에서 시공비를 꼼꼼하게 검증해줄 수도 있고, 좋은 시공사를 선택하도록 도움을 줄 수도 있으며, 시공사와 건축주 사이에서 원만한 조정자 역할을 해줄 수도 있다. 건축가야말로 집을 짓는 힘겨운 과정을 함께 할 소중한 동반자이자 멘토와도 같은 존재인 것이다. 그렇다면 문제는 명확해진다. 어떤 건축가를 만나야 할 것인가?

🏠 어떤 건축가를 선택할 것인가?

집을 지어본 분들은 좋은 건축가를 만나는 것이 정말 어렵다는 이야기를 많이 한다. 심지어는 복불복 수준이라는 표현까지 한다. 그러나 좋은 상대를 만나는 것은 언제나 힘든 일이다. 생각해보라. 좋은 배우자를 만나거나 좋은 직원을 뽑거나 좋은 직장을 고르는 일들이 어느 것 하나 쉬워 보이는지. 하물며 내 생에 가장 큰 프로젝트의 파트너가 될 사람을 고르는 일이다. 물론 이때도 어느 정도 보편적인 기준은 있다. 그리고 그것을 '패시브'로 된 '좋은 집'에 한정해볼 때, 다음의 몇 가지로 정리해볼 수 있다.

▶ 패시브에 대해 열정을 가진 건축가

아직까지는 패시브에 경험이 많은 건축가를 찾기가 쉽지는 않다. 하지만 건축물리를 이해하고 관련지식을 충분히 습득한 건축가라면 패시브를 설계하는 것이 그리 어려운 일은 아니다. 그가 관련 협회나 패시브제로에너지건축연구소_www.koreanphi.org 등에서 운영하는 패시브 관련 실무과정을 이수했다면 더욱 좋다. 그래도 막막하다면 한국패시브건축협회_www.phiko.kr에 자기가 사는 지역의 패시브 설계가 가능한 건축사사무소를 문의해보는 것도 좋다. 혹시 본인이 선택한 건축가의 전문성이 부족하다면 협회나 전문가의 컨설팅을 받는 방법도 생각해볼 만하다. 그렇지만 어떤 경우에도, 제대로 된 패시브하우스를 만들어 보겠다는 건축가의 열정만큼은 절대로 양보할 수 없다.

▶ 주택에 대한 경험이 있는 건축가

패시브하우스도 결국은 '집'이다. 따라서 주택을 설계해본 경험이 있는 건축가, 적어도 나의 집에서는 시행착오를 반복하지 않을 건축가를 만나는 것이 무엇보다 중요하다. 가장 확실한 방법은 그 건축가가 과거에 설계한 집을 찾아보는 것이다. 책이나 잡지, 인터넷을 통해 도면과 사진을 찬찬히 살피다 보면 그가 가진 주택에 대한 생각의 깊이도 함께 엿볼 수 있다. 점찍어 둔 건축가가 있다면 직접 만나서 '집'에 대한 질문을 마음껏 던져보는 것도 좋다. 경험이 있는 건축가라면 풍성한 대화가 가능할 것이다.

▶ 나의 작업에 집중할 수 있는 건축가

언론을 통해 소위 '스타 덤'에 오른 건축가들이 가장 쉽게 빠지는 함정이 바로 자신의 능력을 넘어선 과도한 프로젝트 수주다. 사람은 한정되어 있는데 할 일은 넘치다 보니 프로젝트에 대한 집중도는 당연히 떨어진다. 건축가를 보고 설계를 맡겼건만 실제로 일을 하는 사람은 그 밑의 실장, 팀장, 대리로 점점 내려간다. 건축가가 리뷰는 제대로 해주는지조차 의문이다. 이는 자연스럽게 설계와 프로젝트 관리수준의 질적 저하로 이어진다. 물론 평생을 꿈꿔왔던 집짓기가 악몽으로 변하는 것은 순식간이다.

유명한 설렁탕집이 하루에 정해진 숫자의 설렁탕만 파는 것은 음식의 품질을 일정한 수준으로 유지하기 위해서다. 작가주의를 지향하는 아틀리에가 과도한 의뢰를 맡지 않는 이유도 이와 크게 다르지 않다. 그런 점에서 내가 택할 건축가가 나의 프로젝트에 얼마나 관심을 가져줄 수 있는지는 반드시 짚고 넘어가야 할 부분 중 하나다.

🏠 설계비는 어느 정도를 생각해야 할까?

대부분의 설계사무소는 주택을 잘 맡으려 하지 않는다. 들어가는 품에 비해 대가가 형편없는 수준이기 때문이다. 건축주는 도면 좀 그려주는 게 뭐 그리 힘드냐고 하지만 건축가는 제발 큰 손해만 보지 않기를 바랄 뿐이다. 도대체 설계원가가 어느 정도이기에 이러한 인식의 차이가 생기는 것일까? 집을 하나 설계하는 데는 보통 3개월에서 6개월, 길게는 1년까지의 기간이 소요된다. 일단 건축주와의 첫 만남에서부터 착공까지의 기간을 4개월로 보고 인건비를 어림잡아 보면 다음과 같다.

주택설계의 직접인건비

구 분	월급여(세전)	투입률	투입기간	인건비
건축가	400만원	30%	4개월	480만원
스태프1	300만원	50%	초반 3개월	450만원
스태프2	200만원	50%	후반 3개월	300만원
인건비 합계				1,230만원

여기에 사무실 운영비, 구조·설비·전기설계의 외주비 등을 감안해 2.5를 곱해주면 전체 설계비는 약 3천만 원이 된다. 물론 설계기간이 6개월로 늘어나면 총비용은 4천만 원도 가볍게 넘어선다. 그런데 설계라는 것이 모두가 맞춤형인지라 노하우가 축적된다고 해서 이 비용이 크게 줄지는 않는다. 또한 패시브 설계에 따라 늘어나는 작업을 고려하면 이 금액도 절대로 많은 편이 아니다. 일반적으로 투입원가를 고려한 합리적인 수준의 설계비는 소규모 주택의 경우에는 시공비의 15%, 큰 규모인 경우에는 10% 정도로 본다. 실제로는 설계사무소마다 고유의 산정 기준이 있으니 계약 전에는 이를 미리 확인해둘 필요도 있다.

설계비 외에 한 가지 더 고려해야 할 것은 감리비다. 보통 설계도대로 집을 짓기 위해서는 건축가의 시공과정 개입이 반드시 필요하다. 그렇지 않으면 십중팔구 시공자가 제2의 건축가가 된다고 보면 된다. 도면을 제대로 이해하지 못하거나 예상치 못한 문제가 생겼을 때 도움을 구할 곳이 없기 때문이다. 이때 도면을 만든 건축가가 시공과정 전반을 조율하고 공사의 품질을 감독할 필요가 있게 되는데, 이 과정을 '감리'라 한다. 감리비로 청구되는 금액은 주택규모와 공사기간에 따라 달라질 수 있으나 보통은 설계비의 1/3 안팎에서 결정된다.

🏠 설계를 통해 얻을 수 있는 것들

설계비만 수천만 원이라니 도저히 이해할 수 없다. 하지만 턱없이 적은 비용으로 설계를 했다면 분명 둘 중 하나다. 도면의 수준이 형편없거나, 설계사무소 직원들의 노동력을 엄청나게 착취했거나. 어느 것 하나 바람직하지 못한 것은 마찬가지다. 그렇다면 생각을 조금만 바꿔보자. 아무리 많은 설계비를 들였어도 그만큼의 이득만 있으면 그만 아닐까? 그렇다면 우리가 설계를 통해서 얻을 수 있는 것은 무엇일까?

① 완성도 높은 공간

설계는 끊임없는 시뮬레이션의 연속이다. 때로는 도면으로, 때로는 투박한 스케치와 모형으로 수많은 대안들을 만들어보면서 최적의 솔루션을 찾아가는 과정이 바로 설계인 것이다. 설계가 제대로 되었다면 공간의 완성도는 당연히 올라갈 수밖에 없다. 물론 그만큼 고칠 것도 없으니 큰 비용이 수반되는 설계변경의 부담도 한결 덜 수 있다.

② 패시브하우스로서의 기능

완성도 높은 공간 못지않게 중요한 것은 패시브하우스로서의 기능이다. 패시브가 추구하는 가장 중요한 기능적 목표는 '에너지효율'과 '쾌적함'인데, 실제로 이를 구현하는 과정에서 가장 크게 부딪히는 것은 디자인과 예산이다. 이때 설계자는 다양한 대안과 함께 그것을 뒷받침하는 정량적인 근거를 제시할 수 있어야 한다.

③ 설계단계에서의 원가 절감

시공단계에서 비용을 절감하는 방법은 기껏해야 자재의 등급을 낮추는 정도다. 하지만 설계단계에서는 공간을 과감하게 조정하거나 시공성이 높은 설계로 바꾸어줌으로써 공사비를 크게 줄일 수도 있다. 싸고 좋게 지어달라고 시공사만 닦달할 것이 아니라, 건축가와 함께 머리를 맞대고 집의 품격은 유지하면서도 비용은 낮출 수 있는 다양한 방법을 찾아보는 것이 훨씬 현명한 접근이다.

④ 현장에 적용할 수 있는 상세도면과 시방서

아무리 좋은 설계라도 도면대로 시공되지 않으면 전혀 의미가 없다. 그러나 실제 현장에서는 아직도 도면은 치수 정도만 참고할 뿐 세세한 사항은 시공자의 마음대로 해버리는 경우가 너무나 많다. 물론 시공자의 도면해석 능력이 떨어지는 것도 문제지만, 도면 자체가 부실한 것도 큰 이유다. 현장에 필요한 상세도면은 충분히 구체적이고 현실적이어야 한다. 자재의 스펙과 그것에 특화된 공법을 담은 시방서는 더 말할 것도 없다.

⑤ 거의 모든 자재에 대한 의사결정

보통의 설계도면에서 가장 자주 등장하는 용어 중 하나가 바로 '건축주 지정마감'이라는 표현이다. 이는 건축주의 선택을 가장한 건축가의 명백한 책임회피다. 건축주가 어떤 창호가 좋은지, 어떤 마감재가 집의 콘셉트와 기능에 부합하는지 어떻게 알겠는가? 건축주의 의사는 존중하되 최종적으로 하나의 안으로 정리하는 것은 당연히 건축가의 몫이다. 건축주는 건축가의 풍부한 경험과 높은 안목에 비용을 지불한 것이기 때문이다.

⑥ 물량내역서

설계가 모두 끝나면 물량내역서가 도출된다. 예를 들면 열관류율 $0.8W/m^2K$, 일사에너지투과율 50%인 시스템창호는 어느 제품이 어떤 크기로 몇 개가 소요되고, 외단열 미장마감은 어느 제품이 어떤 두께로 몇 m^2만큼 시공된다는 식이다. 이때 주의할 점은 반드시 구체적인 제품명과 세부규격을 함께 명시해서 견적이나 시공과정에서의 혼란을 줄여야 한다는 것이다. 참고로 이 물량내역서에 단가를 곱하면 투입금액이 산출되며, 다시 여기에 로스

율_자재를 못 쓰게 되는 비율과 일반관리비, 이윤과 부가세 등을 더하면 개략적인 시공비까지 가늠해볼 수 있다.

사실 이 정도 수준이면 몇 천만 원의 설계비용도 전혀 아깝지 않다. 주택의 완성도는 높이고 시행착오는 줄여서 투자한 비용 이상의 효과를 확실하게 거둘 수 있기 때문이다. 그렇지만 이 설계비를 둘러싼 건축주와 건축가의 생각은 아직도 서로 다른 곳에 머물러 있는 듯하다. 이때 먼저 다가서야 하는 쪽은 건축가다. 무엇보다 설계가 그만한 가치가 있는 것이라는 믿음을 주어야 하고, 또 그것을 충분히 증명해 보일 수 있어야 한다. 건축주도 마찬가지다. 설계의 중요성에 공감한다면 결코 그에 상응하는 비용을 아까워해서는 안 된다. 뿌린 만큼 거두는 것은 만고불변의 진리다.

🏠 그래도 도저히 설계비를 감당할 수 없다면?

책을 쓰는 내내 한 가지 마음에 걸렸던 것은 예비 건축주들의 자금사정이었다. 빠듯한 예산에 한 푼이라도 아껴야 하는 입장에서, 수천만 원에 이르는 설계비는 그저 먼 나라의 이야기로만 들릴 수도 있다. 그러나 적은 예산으로 집을 짓는 이에게도 '유지비가 적게 드는 쾌적한' 집은 여전히 중요하다. 아니, 여유롭지 않은 형편을 감안하면 더욱 절실한 주제인지도 모른다.

물론 개인적으로는 여전히 좋은 건축가를 찾아보기를 권하고 싶다. 집의 크기를 몇 평만 줄이거나 외관이나 인테리어를 간결하게 하면 약간의 설계비를 마련하는 것은 크게 어렵지 않다. 그렇지만 절대적으로 예산이 부족한 사람들에게까지 무조건 건축가의 도움을 받으라고 강요할 수는 없다. 정말이지 도저히 설계비를 감당할 수 없다면 어떻게 해야 할까?

우선 생각할 수 있는 방법은 시공사 중심의 건축과정을 밟는 것이다. 자기만의 개성이 넘치는 공간까지는 아니더라도 많은 이들이 선택하는 표준화된 평면을 바탕으로 일정 수준 이상의 결과물은 얻을 수 있다. 다만 시행착오를 줄이기 위해서는 될 수 있으면 패시브에 대한 실적이 있는 시공사를 선택하는 것이 좋다. 시공사를 고르는 방법은 뒤에서 다시 자세히 설명한다.

시공사에게 건축을 의뢰하는 경우에도 최소한의 안전장치가 필요하다면 한국패시브건축협회나 패시브하우스 전문가의 컨설팅을 받아보는 것도 가능하다. 적절한 비용으로 도면검증과 에너지시뮬레이션은 물론 각종 성능 테스트까지 지원받을 수 있어 큰 도움이 된다.

싸고 좋은 것은 없다

좋은 건축가를 만나서 집의 밑그림을 그렸다면, 이제는 그것을 어떻게 시공할 것인가의 문제로 넘어간다. 그런데 이때쯤이면 어김없이 우리의 유전자 속에 각인된 주술과도 같은 구호 하나가 등장한다.

'싸고 좋게 해주세요!'

🏠 정해진 패턴

어느 설계사무소의 이야기다. 예산은 부족했지만 꼭 패시브를 짓고 싶었던 건축주의 간곡한 요청에 원가에도 못 미치는 비용으로 설계를 시작했다. 그런데 처음에는 30평에서 출발한 집의 규모가 두 배 가까이 커지면서 문제가 불거졌다. 평당 600만 원의 공사비를 애초의 예산으로는 도저히 감당할 수 없었던 것이다. 그럼에도 불구하고 큰 집을 포기할 수 없었던 건축주는 평당 400만 원에 공사를 해주겠다는 업체의 말에 넘어가 결국 건축가가 추천한 시공사와는 결별을 하고 만다. 건축가 역시 패시브를 전혀 모르는 시공업체의 현장을 감리할 엄두가 도저히 안 나다 보니, 설계도만 넘기고 발을 빼는 방안을 심각하게 검토 중이다. 이 사례는 보통의 건축주가 집짓기 과정에서 겪게 되는 전형적인 패턴이다.

한정된 예산 → 그럼에도 불구하고 크게 설계
→ 공사비 부족 → 저가 시공사 수배
→ 부실시공 → 집 짓고 10년 늙기

돈이 정말 많다면 모를까 평범한 건축주들은 예외 없이 이 함정에서 자유롭지 못하다. 내가 가진 욕심의 크기는 언제나 예산의 한계를 가볍게 뛰어넘기 마련이다. 이때 건축주들이 생각하는 방법은 싸고 좋게 지어줄 시공사를 찾는 것, 오로지 한 가지뿐이다. 결과는? 안 봐도 뻔하다.

🏠 평당 공사비, 어떻게 볼 것인가?

좋으면 비싸고 나쁘면 싸진다. 이것은 자본주의를 움직이는 근본 원리다. 모든 재화의 가치가 화폐로 평가되는 시스템에서 건축도 예외일 수는 없다. 싸고 좋은 집을 지을 수 있다는 건축주의 믿음, 그리고 싸고 좋은 집을 지어주겠다는 시공사의 감언이설, 이 두 가지가 존재하는 한 건축주는 집 짓고 10년을 늙을 수밖에 없다. 그러면 무엇을 싸고 비싸고의 기준으로 삼아야 할까?

평당 공사비는 의미가 없다는 말이 있다. 한편으로는 맞는 이야기다. 집이란 것이 형태와 규모, 자재가 모두 다른데 일률적인 잣대만으로 비용을 산정하기에는 무리가 따른다. 하지만 이를 뒤집어보면 비슷한 형태, 비슷한 규모, 비슷한 자재의 과거 사례를 근거로 개략적인 공사비를 가늠해볼 수 있다는 뜻이기도 하다. 즉, 평당 건축비라는 것이 비슷한 조건에서 일종의 통계치 정도의 역할은 충분히 할 수 있는 것이다.

실제로 패시브하우스의 시공사례를 보면 대체로 평당 550만 원_큰 평수에서 650만 원_작은 평수의 범위에서 공사비가 형성된다. 물론 디자인이 복잡하거나 화려해지기 시작하면 평당 건축비는 당연히 올라간다. 문제는 인건비와 자재비가 뻔한 상황에서 그 이하로 비용을 낮추기는 정말 힘들다는 것이다. 어디라도 좋으니 하루만 시간을 내서 공사현장에 한번 나가보라. 무슨 첨단장비를 쓰는 것도 아니고 사람과 자재를 투입하는 매우 원시적인 공정의 연속일 뿐이다. 사실 아무리 난다 긴다 하는 업체도 실제로 정산을 해보면 5%의 이윤도 남기기 힘든 것이 현실이다. 물론 비용을 낮출 수는 있다. 시공사가 손해를 보거나, 시공을 부실하게 하거나. 그러나 영리를 목적으로 하는 기업이 자진해서 손해 볼 리는 만무하고, 부실시공을 순순히 받아들일 건축주는 더더욱 없다.

그렇다면 앞서 문제가 되었던 사례는 어떻게 해결할 수 있을까? 답은 크기에 대한 욕심을 줄이는 것이다. 예를 들어 시공비로 책정된 예산이 2억 원이라면 평당 공사비 600만 원을 기준으로 33평 정도의 규모가 적당하다고 볼 수 있다. 사실 실평수 33평이면 40평대 아파트와도 맞먹을 정도로 꽤 큰 공간이다. 그래도 아쉬움이 남는다면 오히려 집의 크기를 조금 더 줄이고, 남는 돈으로 지붕 밑에 다락을 넣거나 마당에 방갈로를 만들어서 추가공간을 확보할 수도 있다. 어쨌든 평당 건축비를 과도하게 낮춰서 문제를 해결하려는 시도는 결코 바람직하지 않다.

🏠 정말, 싸고 좋은 것은 없다

가장 확실한 방법은 정확한 물량내역서를 뽑아서 예상 공사비를 산출해보는 것이다. 그렇지만 이것은 상세설계까지 모두 끝난 후에야 가능한 일이다. 초기 설계단계에서는 일단 평당 공사비를 적용해서 개략적인 집의 크기를 정하고 시작하는 수밖에 없다. 그 과정에서 내 욕심의 크기도 함께 줄여야 함은 물론이다. 순간의 잘못된 선택은 평생을 안고 가야할 짐이 된다. 명심하자. 정말 싸고 좋은 것은 없다.

믿을 수 있는 시공사를
선택하자

도면과 자금이 준비되었다면 이젠 집을 짓는 일만 남았다. 집을 지어주는 사람으로 누구를 만나느냐에 따라 바야흐로 우리 집의 운명이 결정되는 것이다.

🏠 어떤 시공사가 좋은 시공사인가?

믿을만한 시공사를 만나는 것은 좋은 건축가를 만나는 것만큼이나 어려운 일이다. 더구나 보통의 집도 아닌 패시브하우스라니. 갈수록 첩첩산중이다. 그래도 옥석을 가를 수 있는 몇 가지 기준은 있다.

▶ 패시브를 지어본 시공사

패시브하우스의 시공도 외단열, 창호, 기밀 정도를 제외하면 일반주택의 시공과 크게 다르지 않다. 그러나 새로운 시도에는 언제나 시행착오가 따르기 마련이다. 물론 이 시행착오는 건물의 하자나 재시공으로 이어지는 경우가 대부분이다. 결국 가장 안전한 방법은 패시브를 지어본 경험이 있는 시공사를 선택하는 것이다. 경험은 없지만 패시브를 해보겠다는 열의가 넘치는 회사라면 적어도 외단열과 창호의 시공만큼은 실적이 있는 전문업체의 도움을 받아야 한다. 그만큼 패시브에 대한 시공경험은 어떤 형태로든 반드시 개입될 필요가 있다.

▶ 살아본 사람이 좋아하는 시공사

상당수의 건축주는 공사가 끝나면 시공사와 원수가 되곤 한다. 싸고 좋은 집을 원했던 건축주의 문제도 있겠지만, 일단 수주부터 해놓고 건축주의 속을 태우는 시공사의 탓이 크다. 하지만 칼자루는 시공사가 쥐고 있으니 건축주는 그저 끌려가는 것 외에는 방법이 없다. 문제는 집을 짓고 나서다. 미운 사람이 지은 집이니 오죽할까. 온갖 하자란 하자는 너무도 크게 눈에 띈다. 입에서 육두문자라도 나오지 않으면 다행이다. 이러한 악조건을 뚫고서도 건축주의 신뢰를 얻은 시공사라면 일단은 좋은 점수를 줄 만하다.

만약 건축주의 반응을 살피기 위해 집을 직접 방문해보고 싶다면 그 가족의 프라이버시도 충분히 존중해주어야 한다. 얼굴도 모르는 사람들이 시도 때도 없이 초인종을 눌러댄다면 그것만큼 큰 스트레스도 없기 때문이다. 가장 좋은 방법은 그 집을 지은 건축가나 시공사에 부탁해서 미리 약속을 잡는 것이다. 방문을 하는 경우에도 미안한 마음으로 최대한 예의를 갖출 필요가 있다. 마치 모델하우스를 둘러보는 듯한 태도로 일관한다면 귀한 시간을 내준 건축주의 마음도 불편하겠지만, 방문한 사람 역시 원하는 정보를 얻어가기는 힘들 것이다.

▶ 자금회전이 잘 되는 시공사

단독주택 시공사는 대부분 영세한 규모를 벗어나지 못한다. 그러다 보니 자금압박에 부도를 내고 대표가 잠적해버리는 일도 비일비재하다. 물론 그

피해는 고스란히 건축주의 몫이 된다. 예를 들어 어떤 시공사가 주택 A를 지으면서 매우 큰 손해를 봤다고 하자. 그러면 이 시공사는 B라는 주택을 '싸고 좋게' 지어달라는 건축주의 제안에 솔깃하지 않을 수 없다. 도저히 이윤을 남길 수 없다는 것을 뻔히 알면서도 당장의 자금압박이 너무도 심해서다. 이렇게 되면 B의 시공과정도 문제지만, A에서 본 손해를 B에게 받은 돈으로 메우는 것은 더 큰 문제다. 혹여 시공사가 부도라도 낸다면 B가 마지막 폭탄을 떠안는 셈이기 때문이다.

그래서 자금회전이 잘 되는 견실한 시공사인지를 확인해보는 것은 매우 중요하다. 보통은 자신의 건축가나 동종 업계의 지인을 통해서 수소문해보면 그 회사의 평판을 쉽게 알 수 있다. 아니면 그 시공사의 공사현장을 방문해서 협력업체나 현장소장과 직접 이야기를 나누어보는 것도 좋은 방법이다. 규모가 비교적 큰 회사라면 대한건설협회의 홈페이지_www.cak.or.kr를 통해서 재무구조와 시공능력을 살펴보는 것도 가능하다.

좀 더 확실한 방법은 시공사에게 계약 이행보증보험증권의 발급을 요청하는 것이다. 이것을 받아두면 시공사의 부도 등으로 문제가 생길 경우 보험회사에 약정된 보험금을 청구할 수 있어 피해를 최소화할 수 있다. 업체의 신용도에 문제가 없다면 보험료도 높지 않아, 시공사의 입장에서도 굳이 이를 마다할 이유가 없다. 뒤에서 다시 자세히 다루겠지만, 증권발급을 요청하기 위해서는 부가세 납부를 포함한 정상적인 시공계약이 선행되어야 한다.

🏠 시공사를 결정하는 방법

시공사를 선택하는 방법에는 크게 다음의 두 가지가 있다.

① 입찰을 통한 방식

일단 물량내역서로 예상 공사비를 가늠한 상태에서 괜찮은 시공사 두세 곳으로부터 견적을 받아본다. 이때 기본도면과 함께 가격정보를 지운 물량내역서를 사전에 제공해야 함은 물론이다. 시공사로부터 제출받은 견적서는 가능하면 이해가 갈 때까지 검토하되 어려운 부분은 전문가의 도움을 구한다. 견적서를 제대로 이해했다면 예상 공사비에 가장 가까운 업체부터 협상을 해나가되 너무 낮은 금액을 제시하는 곳은 오히려 경계할 필요도 있다.

하지만 이 방법이 말처럼 쉬운 것은 아니다. 견적능력이 떨어지는 영세업체는 시공비 총액을 먼저 정하고 그것을 항목별로 적당히 배분하고 마는 경우도 많기 때문이다. 견적능력이 있는 업체라 하더라도 수주 여부가 불확실한 공사의 견적에 많은 시간을 투자하기가 쉽지는 않다. 차라리 좀 더 현실적인 방법은 믿을만한 시공사를 한 곳 정해서 설계도면과 물량내역서, 예상 공사비를 놓고 허심탄회하게 조정에 들어가는 것이다. 시공사의 이윤을 어느 정도 인정하고 무조건 싸게 해달라는 태도만 버린다면 충분히 원만한 타협점을 찾을 수 있다.

② 건축가의 추천

사실 가장 속 편한 방법은 건축가가 추천하는 업체에 공사를 맡기는 것이다. 수차례 같이 일을 해본 입장에서 그 업체의 실력과 평판을 누구보다 잘 알고 있기 때문이다. 아예 시공사를 조기에 선정한다면 설계단계부터 현실적인 자재와 공법을 검토할 수 있어 예산 절감에도 큰 도움이 된다. 물론 건축가가 추천한 경우라도 계약을 맺기 전에는 해당 업체가 정말로 믿을 만한 곳인지 정도는 한 번쯤 확인해볼 필요도 있다.

혹자는 건축가와 시공사의 결탁 가능성을 우려할 수도 있겠지만, 실제로 그런 일이 일어날 확률은 매우 희박하다. 정확한 물량내역서가 존재하는 이상 공사비는 뻔하다. 오히려 손해나 안 보면 다행인 상황에서 커미션이 오갈 여지는 거의 없다. 만에 하나 건축가가 얼마를 받는다 해도 오히려 그 때문에 싫은 소리를 할 수 없어 감리업무에도 심각한 차질이 예상된다. 건축가도 돈 몇 푼에 전체 프로젝트를 망칠 하등의 이유가 없는 것이다.

🏠 부가세가 아까운가요?

부가세란 기업이 재화나 용역을 공급함으로써 창출되는 부가가치에 부과되는 세금을 뜻한다. 집을 짓는 시공사 역시 최종 소비자인 건축주에게 원래의 공급가액 외에 10%의 부가세를 별도로 청구해야 한다. 예를 들어 공사원가의 구성이 다음과 같다고 가정해보자.

공사원가 예시

구 분	공급가액(원)	매입부가세(원)
레미콘/철근 등	50	5
기타자재(무자료)	10	–
인건비/관리비	30	–
이 윤	10	–
합 계	100	5

이 경우 공급가액은 100원이므로 건축주에게는 부가세 10원을 더해서 모두 110원을 견적가로 청구해야 한다. 그러면 시공사는 110원의 수입과 95원=55원+10원+30원의 지출로 수중에는 15원의 돈이 남는다. 여기서 다시 매출부가세 10원과 매입부가세 5원의 차액인 5원을 세무서에 납부하면 시공사의 최종 이윤은 위의 표에서처럼 10원이 된다.

그런데 부가세에 부담을 느낀 건축주는 '건축주 직영공사'라는 편법의 유혹을 좀처럼 뿌리치기 힘들다. 실제로는 시공사가 모든 공사를 진행하지만 서류상으로는 건축주가 하도급 업체를 직접 고용하는 식으로 꾸며서 세금을 회피하는 것이다. 이렇게 하면 10%나 되는 아까운 돈을 세금으로 내지 않아도 되니 한 푼이 아쉬운 건축주의 입장에서는 오히려 쌍수를 들어 환영할 일이다.

그러나 이러한 방식에는 몇 가지 문제가 따른다. 일단 법적으로는 건축주가 공사의 책임자이므로 현장의 안전관리와 완공 후 하자보수의 책임 역시 모두 건축주 본인에게 있다. 무엇보다 건축주를 위한 가장 확실한 안전장치라 할 수 있는 계약 및 하자보수 이행보증보험증권을 발급받지 못하는 것이 가장 뼈아프다. 보험증권 발급의 근거가 되는 공식적인 공사계약서 자체가 존재하지 않기 때문이다. 게다가 흔적을 남기지 않기 위해서 현금으로만 거래하다 보니 분쟁이 생겼을 때 미리 지불한 돈을 고스란히 떼일 위험마저 있다. 세금 몇 푼 아끼려다 배보다 배꼽이 더 큰 상황을 맞을 수도 있는 것이다.

엄밀히 따져보면 건축주 직영이라고 해서 10%의 세금을 모두 아낄 수 있는 것도 아니다. 레미콘이나 철근과 같이 무자료거래가 원천적으로 차단된 자재를 사올 때는 매입부가세를 함께 지불해야만 하는데, 명목상의 매입자는 건축주 개인이므로 이를 환급받을 길이 없는 것이다. 따라서 시공사에서는 100원이 아닌 매입부가세 5원을 포함한 105원을 견적가로 제시할 수밖에 없다. 결국 '건축주 직영'이라는 편법을 동원해도 아낄 수 있는 세금은 10원이 아닌 5원에 불과한 셈이다. 이 정도면 차라리 제대로 부가세를 내고 수많은 위험부담을 떨쳐내는 편이 더 낫지 않을까?

본인이 실제로 모든 책임을 지고 직접 공사를 관리할 자신이 없다면 정당하게 납부해야 할 세금을 피하지 말자. 탈세가 적발되면 우선 조세포탈범으로 지목된 시공사부터 회복 불능의 타격을 입겠지만, 건축주 또한 조세포탈의 공범으로 처벌받을 수 있다. 당당하게 부가세를 지불하는 대신 완벽한 시공과 철저한 사후관리를 약속받자. 정말로 부가세가 부담이라면 국민주택 규모인 전용면적 $85 m^2$ 이하_수도권 제외 비도시 읍면지역은 100㎡ 이하로 지어서 합법적으로 면세를 받는 것도 방법이다. 어쨌든 부가세 문제에 대해서만큼은 건축주와 시공사 모두가 좀 더 당당하고 떳떳해질 필요가 있다. 그래야만 편법이 횡행하는 시공관행이 사라지고 어지러운 단독주택 시장도 바로 설 수 있다.

🏠 믿음은 시공자를 춤추게 한다

집짓기는 힘들다. 하물며 패시브는 더 어렵다. 이 어렵고 힘든 길을 헤쳐 나가는 데 가장 중요한 것은 서로에 대한 신뢰다. 물론 좋은 파트너를 만나기까지는 아무리 까다로워도 지나칠 것이 없다. 하지만 한번 선택했으면 완전히 믿고 맡길 수 있는 마음의 여유도 필요하다. 먼저 믿음으로 다가서면 하다못해 나사라도 한 번 더 조여 주는 것이 바로 시공자의 마음이다. 그저 돈을 받은 만큼만 기계적으로 일해주길 바라는가, 아니면 정말 내 집을 짓는 것처럼 온갖 정성을 다해주길 바라는가. 선택은 여전히 당신의 몫이다.

집짓기에 필요한 것은
여유

집을 짓기로 결심한 순간부터 건축주는 늘 시간에 쫓긴다. 기존 주택을 처분하는 것에서부터 땅을 고르고 설계를 맡기며 공사를 끝내고 입주를 하기까지, 매 순간이 거의 비상사태에 돌입하는 수준이다. 마음은 급한데 상황은 생각대로 돌아가지 않으니 하루하루 속만 타들어 간다.

🏠 집짓기는 전쟁이 아니다

집짓기는 절대로 서둘러서 될 일이 아니다. 아파트야 다 만들어놓은 것을 골라서 계약서에 사인만 하면 그만이지만 집짓기는 다르다. 머릿속의 구상에서부터 완공에 이르기까지 말 그대로 무에서 유를 창조하는 일이기 때문이다. 프로젝트로 치면 초고난도의 A급 프로젝트인 만큼 시간을 촉박하게 잡아서 좋을 것은 하나도 없다.

우선 설계를 충분히 하지 않으면 공사 도중 설계를 바꾸게 될 확률은 거의 100%에 가깝다. 사전에 충분히 생각해보지 않았다가 막상 공간이 모습을 드러내는 순간 아차 싶은 게 한둘이 아니기 때문이다. 물론 설계변경에 따르는 추가비용을 놓고 시작되는 시공사와의 갈등은 건축주를 가장 힘들게 하는 부분이기도 하다. 여기에 더해 인허가 과정에서의 예상치 못한 규정이나 갑작스러운 보완 지시도 종종 우리의 발목을 잡곤 한다.

시공도 마찬가지다. 대부분의 일들이 현장에서 이루어지다 보니 우리가 통제할 수 없는 변수들이 너무도 많다. 특히 비가 오거나 영하인 날에는 내장공사 정도 외에는 진행이 거의 불가능하다. 장마나 태풍이라도 올라치면 한동안 모든 일정은 올 스톱이다. 전체 공정이 톱니처럼 맞물려 돌아갔으면 좋겠지만 자재나 작업자를 수배하는 것이 생각보다 힘들 때도 많다. 특히 공사가 마무리 단계에 이르면 챙길 것이 한둘이 아니다 보니 시간은 늘 부족하다.

이를 감안했을 때 설계와 시공에 필요한 기간은 각각 4~5개월 이상씩은 잡는 것이 좋다. 빠르면 그 절반에도 가능은 하겠지만 결코 쉬운 목표는 아니다. 급하다고 서둘러봤자 주택의 품질만 떨어질 뿐이다. 사실, 건축가나 시공사의 입장에서는 일을 빨리 진행할수록 인건비와 부대경비를 줄일 수 있어 그만큼 이익이 된다. 집을 제대로 짓고 싶다면 오히려 천천히 가자고 그들을 채근할 일이다. 고작 한두 달 빨리 입주하자고 평생을 살아갈지도 모를 우리 집의 완성도를 희생할 수는 없다.

🏠 집짓기의 모든 순간을 즐기자

집을 급하게 짓지 말아야 할 이유는 하나 더 있다. 바로 집을 짓는 일은 평생 한 번 있을까 말까 한 너무도 소중한 기회라는 것. 내 인생 최고의 사치이자 내 평생 가장 값비싼 쇼핑의 순간이 바로 집짓기인 것이다. 그런 만큼 이 소중한 시간들은 절대로 허투루 보낼 수 없다.

특히 설계과정에 참여할 수 있는 것은 오직 건축주만이 누릴 수 있는 특권이다. 지그시 눈을 감고 나의 보금자리를 그리며 생각에 잠긴다. 우리는 어떻게 살아왔고 또 어떻게 살아갈 것인가. 아파트에서의 주말이 낮잠과 TV보기, 마트와 백화점 쇼핑이 전부였다면 주택에서의 주말은 어떤 모습이어야 할까? 우리 집 구석구석에서는 어떤 일들이 벌어지고 사랑스러운 아이들과는 어떤 추억을 만들어갈 수 있을까? 생각하면 끝이 없다. 집을 짓는다는 것이 나의, 그리고 우리 가족의 삶에 대해 진지하게 돌아볼 수 있는 더없이 좋은 기회가 될 수 있는 것이다.

머릿속에만 머물렀던 상상이 공간으로 구체화되는 과정을 지켜보는 것도 무척이나 흥미롭다. 도면과 모형을 바라보면서 온갖 상상의 나래를 펼쳐보는 즐거움, 경험해보지 않으면 모른다. 물론 그 과정을 풍성하게 해줄 좋은 건축가를 만나면 그 즐거움은 배가 된다. 적극적인 건축주라면 공사과정에 조금이나마 참여해보는 것도 좋다. 벽돌 한 장이라도 손수 옮기다 보면 집에 대한 애착은 더욱 남달라질 것이다. 연애가 결혼을 위한 통과의례가 아니듯, 집짓기의 과정은 그 자체로도 너무나 즐겁고 소중한 추억이다. 부디 내 삶에 한 번뿐인 집짓기의 모든 순간들을 마음껏 누릴 수 있기를 바란다.

▶▶ 작업의 기술

※ 이 이야기는 블로그 '콜루의 집에 대한 생각(blog.naver.com/kojjum)'에 게재된 콩트 형식의 글을 저자의 양해 하에 약간의 각색을 거쳐 옮긴 것이다. '싸고 좋은 것은 없다'는 단순한 진리를, 성실하게 현장을 지켜온 한 목조주택 빌더의 목소리를 통해 확인해보자.

등장인물

▶ 건축주 안당해

20년 동안 모은 돈으로 드디어 집짓기의 꿈을 실현하려는 사람. 하지만 지인들로부터 건축업자들은 절대로 믿지 말아야 하며 견적은 일단 10~20% 깎고서 시작하라는 조언을 귀에 못이 박히도록 들은 상태. 현재는 싸고 좋은 집을 만들겠다는 의욕에 불타고 있음.

▶ 업자1 잘꼬셔

주로 남의 자료를 긁어다가 인터넷에 블로그와 카페를 꾸리면서 왕성하게 활동하는 시공자. 현장의 생리와 건축주의 약점을 너무도 잘 알고 있음. 후덕한 인상과 지긋한 나이, 그리고 신뢰감 있는 목소리의 소유자.

▶ 업자2 집잘져

목조주택 시공 10년 차. 매번 우리 가족이 산다는 마음으로 집을 짓고 있음. 그래서 일이 끝나고 나서도 숙소에 들어가서 매일매일 공부하는 중. 그렇지만 아무리 최소 이윤으로 견적을 넣어도 가격경쟁에서 밀려 아는 사람 외에는 일이 잘 안 들어옴.

집을 지으려는 건축주와 업자 두 명이 만났다.

안당해 : (다짜고짜) 40평 정도로 해서 집을 짓고 싶은 데 평당 얼마요?

잘꼬셔 : (중저음의 연륜이 묻어나는 목소리로) 평당 400입니다. 멋지게 지어 드리겠습니다!

집잘져 : 네? 어떻게 지으실 건데요?

안당해 : (왠지 잘꼬셔가 믿음직스러워 보이는군) 400? 좀 깎아 주쇼.

잘꼬셔 : (고민하는 시늉을 하며) 네! 그럼 제 마진을 줄여 380까지는 맞춰 드리겠습니다.

집잘져 : 그러니까 어떻게 지으실 건지부터 말씀을 좀 해주시면...

안당해 : 이층집으로 할 거고 방 3개에 거실 큰 거 하나, 그리고 외관은 동네에서 제일 멋있게 할 생각이요. 그런데 당신들은 어떤 사람들이죠?

잘꼬셔 : 네, 저는 외국에서 집을 짓던 사람인데 한국에 와서 사업을 한 지는 얼마 안 됐습니다. 30년 정도 집 짓는 일을 했죠. 이번 집은 제 샘플하우스로 마진 없이 홍보개념으로 지어볼 생각입니다. 건축주 분께서는 정말 행운을 잡으셨네요! 하하!

집잘져 : 전 목조주택을 배우고 지은 지 10년 정도 되었습니다. 늘 제가 살 집처럼 정성껏 지으려고 노력하고 있습니다.

안당해 : 그렇군요. 어쨌든 40평에 2층으로 해서 도면부터 그려와 보슈. 암튼 동네에서 제일 멋지게~

잘꼬셔 : 아~ 네~ 물론이죠. 제가 아주 멋지게 설계를 해드리죠.

집잘져 : 네? 공짜로요? 집을 그리려면 사전에 조사하고 알아야 할 것들이 정말 많습니다. 그리고 건축가에게 맡기면 설계만 3개월도 더 걸릴 수 있어요. 그런 일을 공짜로 해드릴 수 있나요?

안당해 : 응? 설계가 뭐 그리 복잡해! 그냥 방 세 개, 거실 하나에 주방하고 욕실이면 끝이지. (집잘져 저거 사기꾼 같은데? 원래 서비스로 해주는 설계를 돈을 받으려고 하다

니. 가만히 보니 돈을 뜯어내려는 수작이군. 난 절대 안 당하지! 암!)

잘꼬셔 : (고민하는 듯한 표정으로) 그럼 제가 최근에 지어진 가장 멋진 스타일로 도면을 뽑아서 내일까지 준비하겠습니다.

집잘져 : 내일까지요? 그래도 하루로는 도저히 안 되겠고 3일 정도만 시간을 주세요. 그리고 땅 위치, 가족사항, 취향 등도 좀 적어주세요. 최대한 한번 만들어 보겠습니다.

안당해 : 음. 내친김에 내일 바로 좀 보려 했는데. 좋소! 그럼 3일 후에 봅시다!

- 3일 후 -

안당해 : 도면은 가지고 왔소?

잘꼬셔 : 물론이죠! 열 개도 더 가지고 왔습니다! 마음에 드는 걸로 골라보시죠~
(평당 1,000만 원 이상의 휘황찬란한 고급주택들의 사진과 도면을 보여준다.)

집잘져 : 네. 저도 나름 그려왔습니다.

안당해 : (음, 역시 잘꼬셔의 집은 프로의 느낌이 나는군. 집잘져 저 인간은 뭐야? 성의 없이. 조경도 하나 없고.)

잘꼬셔 : 어떤가요? 바로 계약하시죠!

집잘져 : 설계는 마음에 드시나요?

안당해 : 좋습니다. 도면은 잘꼬셔 씨 것으로 하고, 어떤 자재로 어떻게 지을지 평당 380에 맞춰서 견적서 좀 부탁해요. 이건 하루면 되겠죠?

– 다음 날 –

안당해 : 가져들 오셨어요?

잘꼬셔 : 물론이죠! 저는 하나같이 최고급 자재로만 넣었습니다!

집잘져 : 저는 최대한 가격에 맞춰서 좋은 걸 넣으려고 노력했습니다만 꽤 어려웠어요. 그 금액에 그 사진처럼 맞추는 건 거의 불가능하거든요.

안당해 : (오! 잘꼬셔는 정말 프로군. 집잘져 저 인간은 이 일만 10년을 했다더니 시원시원한 게 하나도 없네. 쯧쯧.)

그런데 안당해는 집잘져와 잘꼬셔의 견적서가 너무도 다른 것을 보고는 갑자기 화가 난다.

안당해 : 집잘져님! 왜 당신은 이런 저가 창호를 넣었죠? 그리고 인건비가 저쪽은 3천인데 이쪽은 왜 5천인가요?

집잘져 : 가격에 맞추어서 최대한 좋은 창호를 고른 건데요? 그리고 인건비도 모두 공정별로 꼭 필요한 것들만 뽑은 겁니다.

안당해 : 똑같은 돈으로 집을 짓는데 이렇게 차이가 날 리가 없잖소! 대체 어찌된 거요?

집잘져 : 글쎄요. 저는 최선을 다한 건데...

잘꼬셔 : (여유 있는 표정으로) 그게 제 노하우죠! 하하! 저만 믿으세요!

뭐지? 이건 아닌 것 같은데... 집잘져는 갑자기 얼굴이 붉어진다.

집잘져 : 저는 토대 작업할 때도 최대한 빈틈없이 하고, 파이어 스탑 블러킹도 한 개
　　　도 빼놓지 않고, 못박기 규정도 다 지키고, 어쩌구 저쩌구...

안당해 : 응? 뭔 소리지? 그러니까 꼼꼼하게 한다는 뜻이죠?

잘꼬셔 : (중저음의 신뢰감 가득한 목소리로) 저도 물론 꼼꼼하게 혼신을 다~ 합니다. 하하.

한껏 위축된 집잘져는 자신의 노하우가 정말로 부족할 수도 있겠다고 생각
한다. 한편으로는 잘꼬셔가 어딘가 모르게 대단해 보이기까지 한다.

안당해 : 결정했습니다. 저는 잘꼬셔님과 짓겠습니다.

집잘져는 왠지 억울하다. 어떻게 저렇게 말도 안 되는 견적을 낼 수 있는지
너무도 궁금하다. 야속하긴 하지만 아무래도 느낌이 좋지 않아 돌아가는 길
에 안당해에게 전화를 해준다.

집잘져 : 여보세요.

안당해 : 네.

집잘져 : 안녕하세요. 집잘져입니다.

안당해 : 웬일이세요?

집잘져 : 뭔가 이상합니다. 그 단가로는 절대로 그런 집을 지을 수 없습니다.

안당해 : (이 놈 아주 저질이구만. 자기가 일을 놓쳤다고 남을 헐뜯다니.) 네~ 잘 알았으니 끊읍시다. (뚝)

하지만 안당해도 내심 불안한 마음에 잘꼬셔에게 다시 묻는다.

안당해 : 그런데 확실히 약속대로 지어 주시는 거죠?

잘꼬셔 : 물론이죠! 걱정 마세요! 제 샘플하우스이기 때문에 원가로 지어드려서 가능하다니까요. 제 오랜 동료들과 합심해서 최고의 품질로 보답하겠습니다!

안당해는 다시 안심이 된다. 그리고 계약서에 도장을 꾹 찍는다. 믿음직한 잘꼬셔와 벌써 좋은 집을 다 지은 듯한 느낌이다.

잘꼬셔 : 공사비는 세 번으로 나눠서 주시죠. 시작할 때 30%, 집 모양 나타나면 50%, 다 지으면 20%, 어떻습니까?

안당해 : (공사비를 큰 덩어리로 주는 게 조금 걸리긴 하지만 잘꼬셔라면 큰 문제는 없을 것이라 생각한다.) 네. 좋습니다.

그렇게 공사는 시작된다. 사실 잘꼬셔는 함께 일하는 팀이 없다. 공사가 끝나면 대금정산 문제로 협력업체와는 늘 원수가 되어 헤어졌기 때문이다. 현재 걸려 있는 소송건만 해도 여럿이다. 이번에도 기초, 목수, 설비 등 온갖 하청업자들을 새로 끌어 모으느라 정신이 없다.

잘꼬셔 : (하청업자에게 전화를 걸어) 기초하고 골조공사 견적 좀 주세요.

하청업자 : 네. 평당 100입니다.

잘꼬셔 : 아하. 그렇군요. 그럼 평당 110 드릴 테니 성실시공 가능한가요?

하청업자 : (하마터면 왈칵 눈물을 쏟을 뻔했다.) 네! 물론이죠!! 정말 꼼꼼하게 해 드릴게요. 다들 깎으려고만 난리들인데, 이렇게 저희 사정을 생각해주시다니. 사장님! 너무너무 고맙습니다!

잘꼬셔 : 네. 일단 일부터 시작하세요. 먼저 계약금으로 100 보내드릴게요.

업자들은 항상 웃는 얼굴로 맡은 일에 열심이다. 안당해는 이런 모습이 너무도 흐뭇하다. 일하는 사람들은 어쩜 이리도 성실하고 꼼꼼한지. 현장 분위기도 너무나 좋다. 고마운 마음에 잘꼬셔에게는 수시로 식사를 대접하고 지인들에게도 좋은 시공자를 만났다고 자랑하고 다니기 바쁘다.

어느덧 골조공사가 마무리되고 마감공사가 시작될 무렵이다.

잘꼬셔 : 안당해님. 이제 외관도 얼추 나왔으니 중도금 좀 주시죠.

안당해 : 어디 좀 볼까요?

집의 뼈대가 정말 잘 나왔다. 물론 내장이나 외장마감은 시작도 안 했지만, 그동안의 현장분위기나 시공품질을 볼 때 중도금을 좀 당겨 주는 것도 괜찮겠다는 생각이 든다.

안당해 : 그럽시다! 대신 나머지 작업도 잘 부탁합니다!

잘꼬셔 : 감사합니다! 하하하!

며칠이 지나 하청업자가 잘꼬셔에게 전화를 건다.

하청업자 : 사장님. 이제 일도 거의 다 끝나 가는데 결제 한번 해주시죠. 계약금 받

은 후로 들어온 게 없어서요.

잘꼬셔 : 물론이죠! 그런데 다 끝나고 아예 잔금까지 한꺼번에 결제해드리면 안 될까요? 어차피 며칠 차이도 안 나는데 두 번 드리는 게 번거로워서요.

업자들은 잘꼬셔와 건축주의 돈독한 관계를 생각해본다. 건축주가 돈을 안 줄 사람 같아 보이지도 않고, 그동안 자신들을 잘 대해주던 잘꼬셔도 믿음직해 보였다.

하청업자 : 그러시죠 뭐.

한편, 안당해는 갑자기 몇 군데에 붙박이장을 넣고 싶어진다. 설계를 충분히 하지 못한 탓에 이것저것 바꾸고 싶은 게 한둘이 아니지만, 일단은 붙박이장 얘기부터 꺼내기로 한다.

안당해 : 사장님! 우리 집에 붙박이장 좀 만들어주세요.

잘꼬셔 : (갑자기 어이없는 얼굴로) 당신 정말 해도 해도 너무한 거 아냐?

안당해는 갑자기 돌변한 잘꼬셔의 태도가 황당하고 어이가 없다.

안당해 : 아니, 왜...

잘꼬셔 : 내가 이렇게 열심히 해주는데 요구사항도 너무 많고! 당신 정말 쓰레기 같은 거 알아?

안당해 : 뭐? 쓰레기? 말이 너무 심한데?

잘꼬셔 : 뭐? 심하다고? 이런 해삼 멍게 말미잘 같은 놈을 봤나!

안당해 : 뭐? 말이면 다야? 이 시베리안 허스키 같은 놈이!

이렇게 잘꼬셔는 의도적으로 건축주와 싸우고는 절대로 화해하지 않는다. 바로 이때 하청업자들에게서 다시 전화가 온다.

하청업자 : 사장님. 저희 내일이면 철수합니다. 중도금하고 잔금 좀 결제해주세요.

잘꼬셔 : 아~ 이거 건축주가 완전히 미쳐서 전 이제 그만 손을 떼야 할 것 같네요. 공사비는 건축주에게 청구하세요. (뚝)

잘꼬셔는 바로 그 길로 잠수를 탄다. 안당해는 잘꼬셔를 어떻게든 어르고 달래보려 하지만 그는 이미 프로다. 결국 소송을 걸긴 했지만 형사가 아닌 민사 사건으로 처리되는 바람에 시간만 계속 흘러가고, 마감재 없는 맨살의 구조체는 비와 이슬에 속절없이 상해만 간다. 더구나 부가세를 아끼려고 건축주 직영공사로 처리한 탓에 거래내역이나 책임소재를 증명하기도 쉽지 않다.

결국, 잘꼬셔는 이 한 건으로 집을 열 채 짓는 것 이상의 엄청난 수익을 올리고는 블로그와 카페를 삭제한 채 유유히 여행을 떠난다.

"정말 세상에 싸고 좋은 것은 없구나. 내 발등 내가 찍었지..."

영리하고 똑똑한 안당해는 깊이 좌절하고 만다.

패시브하우스, 이렇게 지어집니다

제대로 된 집은 좋은 땅과 충실한 설계, 완벽한 시공이라는 세 개의 다리로 서있는 향로와도 같다. 물론 이 중 어느 하나라도 문제가 있는 상황에서 좋은 패시브를 짓기란 불가능에 가까운 일이다. 특히 파트너로 누구를 만나느냐에 따라 결과가 크게 달라지는 설계와 시공의 중요성은 더 말할 것도 없다. 여기서는 지금까지 살펴본 내용을 바탕으로 땅고르기에서부터 설계와 시공으로 이어지는 패시브하우스의 건축과정을 전체적으로 조망해보고, 각 과정에서 주의깊게 체크해야 할 사항에는 무엇이 있는지도 다시 한 번 꼼꼼하게 짚어보도록 한다.

땅을
구하자

집짓기의 출발은 먼저 좋은 땅을 구하는 것에서부터 시작된다. 자신의 예산 범위에서 교통, 편의시설, 기반시설 등의 제반 여건을 빠짐없이 검토하고, 가능하면 발품을 팔아서 현장을 직접 확인하도록 한다. 이때 인터넷 포털 사이트의 지도서비스를 이용하면 상세한 위성사진까지 미리 검토해볼 수 있어 매우 편리하다.

법적인 부분도 꼼꼼하게 점검해야 한다. 정부에서 운영하는 온나라부동산포털_www.onnara.go.kr이나 토지이용규제정보시스템_luris.molit.go.kr, 도시계획정보시스템_upis.go.kr 등을 이용하면 해당 필지의 기본 정보와 함께 지역지구, 행위제한, 도시계획 정보 등을 쉽게 확인할 수 있다. 추가로 궁금한 사항은 지자체에 문의하면 친절한 답변을 얻을 수 있다. 법규와 관련해서 몇 가지 주의해야 할 사항을 택지의 유형별로 살펴보면 다음과 같다.

▶ 기성시가지
기존 주택을 헐고 새로 집을 지을 때는 현재의 법규를 따라야 하므로 과거에 비해 무엇이 되고 안 되는지를 꼼꼼하게 따져야 한다. 특히 관할 관청을 찾아서 해당 부지에는 어떤 제약이 있는지를 직접 확인해보는 것이 좋다. 예를 들어 내 땅의 일부를 도로나 공원으로 내놓는 기부채납을 요구받을 수도 있고, 강화된 주차장 기준을 적용하면 처음에 생각했던 집의 형태가 나오지 않을 수도 있다. 따라서 구체적인 규제사항을 확인하기 전까지는 낡은 집의 모양만으로 새 집의 형태를 짐작해서는 안 된다.

▶ 택지지구

택지지구의 규제는 좀 더 복잡하다. 중앙정부의 법규와 지자체의 조례 외에도 지구단위계획이라는 강력한 도시계획지침이 존재하기 때문이다. 여기서는 우리가 흔히 알고 있는 건폐율과 용적률뿐 아니라 건축선, 높이, 층수, 외장재료 등을 구체적으로 지정하는 경우가 많다. 이들만 조합해도 건물의 배치와 형태가 거의 결정될 정도다. 따라서 택지지구의 땅을 매입할 경우에는 지구단위계획을 적용했을 때 어떤 건축이 가능한지를 미리 따져볼 필요가 있다.

▶ 전원주택지

가장 주의해야 하는 유형이다. 집을 짓기 위해서는 토지의 형질이 '대지'여야 하므로 '임야'나 '전답'인 경우에는 반드시 '형질변경'이라는 복잡한 과정을 거쳐야 한다. 문제는 형질변경이 아예 안 되는 땅도 있고, 된다 하더라도 진입도로나 현황도로 등의 문제로 건축이 아예 불가능한 경우도 있다는 점이다. 따라서 땅 주인이나 중개인의 말만 믿지 말고 관할 관청을 통해서 집을 지을 수 있는 땅인지를 직접 확인해봐야 한다. 큰 낭패를 볼 수도 있는 것이 바로 전원주택지이니, 아무리 조심하고 또 조심해도 지나치지 않다.

아울러 택지를 구입할 때에는 패시브하우스에 적합한 향과 배치가 가능한지도 미리 살펴야 한다. 사실, '집터를 정하는 것이 설계의 절반'이라는 말이 있을 정도로 대지의 조건은 건물의 형태와 성능에 결정적인 영향을 미친다. 특히 주변의 건물이나 나무로 인해 그늘이 진다면 에너지효율도 크게 떨어질 수 있으니 주의를 요한다. 물론 패시브에 불리한 조건을 건축적으로 풀어내는 방법도 있으니, 상식적인 선에서 판단이 어렵다면 건축가의 도움을 구해보는 것도 좋다.

패시브하우스의 건축과정

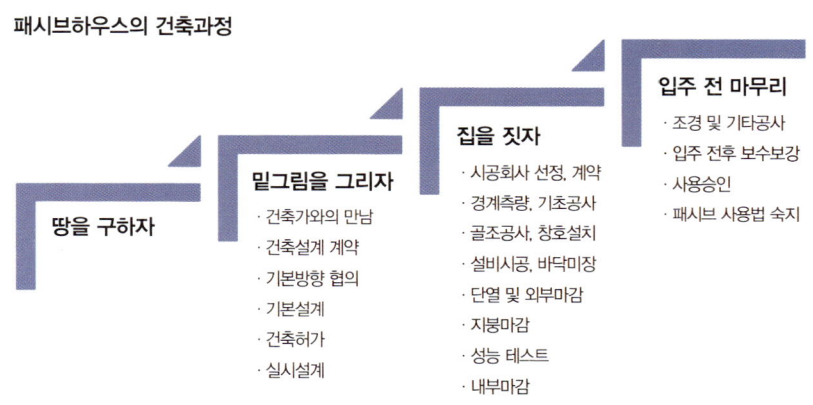

땅을 구하자

밑그림을 그리자
· 건축가와의 만남
· 건축설계 계약
· 기본방향 협의
· 기본설계
· 건축허가
· 실시설계

집을 짓자
· 시공회사 선정, 계약
· 경계측량, 기초공사
· 골조공사, 창호설치
· 설비시공, 바닥미장
· 단열 및 외부마감
· 지붕마감
· 성능 테스트
· 내부마감

입주 전 마무리
· 조경 및 기타공사
· 입주 전후 보수보강
· 사용승인
· 패시브 사용법 숙지

집의 밑그림을
그리자

🏠 **목조냐? 콘크리트냐?**

땅을 사고 나면 이제 '이 집을 어떤 재료로 지을 것인가?'라는 고민이 든다. 집을 지을 수 있는 재료에는 나무, 스틸, 스트로베일, 황토, 벽돌, 블록, 콘크리트 등의 다양한 종류가 있지만, 패시브로 범위를 좁혀보면 가장 보편적으로 사용되는 재료는 역시 나무와 콘크리트다. 이 시점에서 다시 해묵은 질문 하나가 등장한다. 콘크리트와 목조, 과연 둘 중에 어떤 것이 더 좋을까?

우선 목조는 건식공법으로 시공기간을 단축할 수 있고, 구조체 내부를 단열재로 채움으로써 벽체의 전체 두께를 줄일 수 있다는 이점이 있다. 특히 나무라는 재료가 가진 친환경성과 습기조절 능력은 건강을 중시하는 수요자들에게 큰 호응을 얻고 있다. 물론 기밀과 축열성능이 떨어지고 습기와 누수에 취약하다는 단점도 있지만, 이는 디테일한 설계와 정밀한 시공으로 충분히 극복할 수 있다.

오히려 논란이 되는 것은 콘크리트다. 원래 콘크리트는 기밀에 유리하고 축열성능도 뛰어나서 패시브하우스와 매우 잘 어울리는 재료다. 그러나 친환경성에 대한 부분만큼은 종종 공격을 받곤 하는데, 그중 하나가 바로 콘크리트의 '냉복사'다. 열전도율이 높은 콘크리트가 사람의 체열을 지속적으로 빼앗아가 신체의 면역력을 떨어뜨린다는 주장이다. 그렇지만 완벽한 외단열 속에서라면 콘크리트 역시 높은 온도를 유지할 수 있어 냉복사의 가능성도 그만큼 줄어든다. 또 다른 논란거리인 콘크리트 속의 유해물질 역시 골조를 충분히 건조시키거나 내부를 친환경 자재로 마감한다면 큰 문제가 되지는 않는다.

중요한 것은 무조건 한쪽은 좋고 다른 쪽은 나쁘다는 식의 흑백논리는 곤란하다는 점이다. 재료에 절대적인 우열은 없다. 장점이 있으면 단점도 있고, 또 그 단점은 기술적으로 충분히 극복 가능하다. 오히려 재료의 장단점보다는 나와 함께 할 건축가나 시공사가 누구인지가 더 중요할 수도 있다. 대부분 콘크리트나 목조 중 어느 한쪽으로 특화된 경우가 많기 때문이다. 물론 어떤 경우라 하더라도, 재료 자체가 따뜻하고 쾌적한 패시브하우스를 짓는 데 걸림돌이 되지 않는다는 것만은 분명하다.

🏠 건축가와의 만남

집을 지을 준비가 끝났으면 설계사무소의 문을 두드리기를 두려워하지 말자. 미래의 고객을 만나기 싫어할 건축가는 아무도 없다. 단 10분이라도 좋으니 일단 만나서 이야기를 나눠보자. 집에 대해 진솔한 이야기를 나누다 보면 내 소중한 프로젝트의 동반자가 될 수 있을지도 함께 판단할 수 있다. 물론 더 나은 선택을 위해서 복수의 건축가를 만나보는 것도 좋다. 단, 계약이 안 된 상태에서는 많은 품이 들어가는 소위 '가설계'를 요구해서는 안 된다. 그리

고 설계사무소에 따라 상담비용을 청구하는 경우도 있으니 사전에 이를 확인
해둘 필요도 있다.

상담과정에서는 자신의 예산과 일정, 부지정보 외에도 집에 대한 일반
적인 요구사항과 패시브하우스로서의 기능적인 요구사항을 충분히 이야기하
는 것이 좋다. 집에 대한 건축주의 요구가 명확할수록 건축가 또한 그 프로젝
트에 큰 매력을 느낄 확률이 높다. 정말 흥미로운 프로젝트라면 다소 손해를
보더라도 일 욕심부터 내는 것이 바로 건축가들이다. 어떻게 보면 건축가와의
첫 만남은 일종의 기싸움과도 같다. 고자세일 필요도 없지만 그렇다고 저자세
일 필요는 더더욱 없다. 대가의 풍모에 위축되지 말고 집에 대한 나의 생각을
마음껏 풀어놓자.

한편, '나는 단순하고 표준화된 집이면 된다. 복잡한 건 정말 싫다'고 생
각한다면 시공사 중심의 건축을 선택할 수도 있다. 맞춤복보다는 기성복을 선
호하는 개인의 취향을 나무랄 수는 없다. 물론 설계비를 감당하기에는 예산이
절대적으로 부족해서 어쩔 수 없는 경우도 있다. 다만 건축가 없이 패시브를
지어야 하는 만큼, 시공사는 반드시 패시브를 지어본 경험이 있는 곳을 선택
해야 시행착오를 최소화할 수 있다.

🏠 설계계약

집짓기의 파트너로서 건축가에 대한 확신이 서면 설계와 감리업무에 관
한 계약을 체결한다. 계약 전에 조율이 필요한 사항은 다음과 같다.

▶ 설계범위
설계업무는 보통 기본설계와 실시설계, 그리고 인허가까지의 과정을 포

함한다. 그 대상으로는 건축 부문 외에 기본적인 조경과 인테리어까지 함께 다루는 경우가 대부분이다. 설계비가 줄어들면 일의 범위와 산출물의 수준도 조정될 수 있으니 사전에 이를 명확히 해둘 필요가 있다.

▶ 설계기간

계약에서부터 기본설계, 건축허가, 실시설계까지 소요되는 기간은 통상 4~5개월이다. 아무리 빨리 진행해도 최소 3개월은 잡아야 하며 6개월 정도면 비교적 여유 있는 설계가 가능하다. 시간이 넉넉할수록 더 많은 부분을 세세하게 검토하고 협의할 수 있음은 물론이다.

▶ 설계비용

설계에는 인건비나 외주비와 같은 '최소투입원가'라는 것이 있으므로 어느 정도의 설계비 부담은 감수해야만 한다. 오히려 그 비용만큼 전문적인 서비스와 완벽한 결과물을 요구하는 편이 훨씬 더 이익이다. 설계비는 설계사무소의 자체 기준에 따라 산정되며, 계약, 건축허가, 준공 시점 등으로 적절히 나누어 지급하는 것이 보통이다.

▶ 감리

도면대로 제대로 시공되고 있는지를 감독하는 일 또한 같은 설계사무소에 맡기는 것이 일반적이다. 보통은 설계를 계약할 때 감리의 범위, 빈도, 비용, 지급시기 등도 함께 결정해서 계약한다.

🏠 기본방향 협의

계약이 체결되면 설계를 위한 본격적인 협의가 시작된다. 먼저 건축주가 자신이 원하는 바를 빠짐없이 얘기하면, 건축가는 그것을 바탕으로 택지와

법규의 제약을 고려해 설계의 큰 줄기를 잡아나간다. 요구사항에 대한 본인의 준비가 다소 부족하더라도 너무 걱정할 필요는 없다. 경험 있는 건축가라면 건축주와의 대화를 통해서 그가 원하는 바를 자연스럽게 끌어낼 수 있기 때문이다.

아울러 패시브하우스에 대한 명확한 방향 설정도 필요하다. 건물의 에너지효율은 어느 정도를 목표로 할지, 디자인과 기능은 어떻게 조화시켜 나갈지, 창호나 환기설비 같은 핵심자재는 무엇으로 할지, 재생에너지는 어떤 것을 적용할지 등이 그것이다. 물론 이와 같은 기본적인 의사결정은 초반에 설계의 실마리를 풀어가는 데에도 큰 도움이 된다.

본격적인 설계에 앞서 가용한 예산으로 지을 수 있는 집의 규모를 먼저 산정해보는 것도 중요하다. 일단 크게부터 설계해놓고 자금이 부족해서 하나씩 줄이는 것보다는, 처음부터 나의 상황에 맞는 공간을 그려나가는 것이 훨씬 마음 편하다. 그리고 전체 예산의 20~30%는 시공비 외에 설계비, 감리비, 부대공사비, 각종 인입비, 인허가수수료, 세금 등에 소요된다는 사실도 잊어서는 안 된다. 처음부터 전체 예산을 꼼꼼하게 검토해두지 않으면 수시로 발생하는 예상치 못한 비용에 크게 당황할 수도 있다.

🔷 설계에 앞서 _ 공간에 대해 다르게 생각해보기

나만의 집을 짓고 싶은가? 그렇다면 공간에 대한 고정관념에 얽매이지 말자. 많은 돈과 시간을 쏟아 부어 만든 평면이 도로 아파트라면 뭔가 억울하지 않은지. 이때 중요한 것은 '전과 다르게 생각해보기'이다.

▶ 고정된 공간 vs 변화하는 공간

우리의 삶은 끊임없이 변화한다. 코흘리개 아이들은 어느덧 고등학생, 대학생이 되고 언젠가는 우리 곁을 떠나간다. 우리도 시간이 흐르면 은퇴를 하고 제2의 인생을 살아간다. 어렵게 지은 집에서 짧지 않은 시간을 보내야 하는 만큼, 우리 인생 전체의 타임라인도 고려하지 않을 수 없다. 따라서 공간의 쓰임새에 대한 시나리오를 좀 더 다양하게 고민해볼 필요가 있다. 예를 들어 지금은 아이들을 위한 방이 나중에는 나의 작업실이 될 수도 있고 홈스테이를 위한 임대공간으로 변신할 수도 있다. 미래의 공간수요나 유지관리를 생각하면 공간 자체를 처음부터 단출하게 가져가는 것도 좋은 방법이다.

▶ 거실에서는 TV만 봐야 할까?

우리의 거실은 오로지 TV만을 위한 공간이 되어버린 지 오래다. TV를 중심으로 장식장과 아트월이 놓이고 소파와 탁자가 배치된다. 일단 거실에 들어서면 소파에 기대앉아 리모컨을 집어 드는 일이 너무도 자연스럽다. 이러한 분위기라면 가족 간의 대화도, 아기자기한 일상도 도무지 비집고 들어갈 틈이 없다. 그렇다면 한번 과감하게 TV를 치워보는 것은 어떨까? 비워진 공간을 채울 수 있는 것은 너무도 많다. 답답한 방에서 나와 거실을 공부방 삼을 수도 있고 높은 책장과 편한 의자로 근사한 도서관을 만들 수도 있다. 큰 테이블을 두면 때로는 온 가족이 모이는 식당으로, 때로는 분위기 있는 카페로 변신하는 것도 가능하다. 무한한 가능성의 공간, 거실의 환골탈태가 필요하다.

▶ 현관은 왜 그리 답답한지

우리의 현관은 늘 어둡고 컴컴하다. 환한 대낮인데도 우리를 반기는 것은 센서로 동작하는 전등 하나뿐이다. 우리 집의 인상을 결정하는 얼굴과도 같은 곳인데, 현관에 대한 우리의 관심은 너무도 인색하다. 하지만 현관도 충분히 다양한 표정을 가질 수 있다. 한쪽으로 창을 내서 밝은 빛을 들일 수도 있고, 작은 벤치를 두어 함께 외출하는 가족을 기다리며 잠깐의 여유를 즐길 수도 있다. 중문만 해도 그렇다. 추워서 중문을 두겠다면 현관문 자체를 고단열로 하면 될 일이다. 오히려 중문을 없애면 그만큼 비용도 아낄 수 있고, 현관과 거실이 연결되면서 공간 전체가 밝게 살아나는 효과까지 얻을 수 있다.

이런 식으로 따지면 공간에 대해 새롭게 생각해볼 것이 한둘이 아니다. 고정관념을 깨는 것이 힘들다면 시중에 나와 있는 다양한 사례집을 참고해도 좋고, 건축가와 많은 이야기를 나누어보는 것도 큰 도움이 된다.

🏠 기본설계

주택의 콘셉트와 규모가 결정되고 나면 건축가는 건물의 배치와 형태, 공간과 기능을 배치도, 평면도, 입면도 등으로 구체화해나간다. 이 과정은 집의 전체 골격을 잡아나가는 매우 중요한 단계이므로 건축주의 적극적인 참여가 무엇보다 중요하다. 이때 건축가와의 소통은 보통 도면을 통해 이루어지는데, 만약 이해가 안 되는 것이 있다면 될 때까지 물어서라도 빠짐없이 이해하고 넘어가야 한다. 혹시 도면 속의 치수들이 감이 오지 않는다면 줄자를 가지고 다니며 직접 확인해보는 것도 도움이 된다.

패시브와 관련해서도 기본설계의 과정은 매우 중요하다. 공간의 배치와 구성을 어떻게 하느냐에 따라 주택의 에너지효율도 크게 달라지기 때문이다. 따라서 건축가는 새로운 설계안이 나올 때마다 시뮬레이션을 통해서 목표 성능의 만족 여부를 끊임없이 검증해보아야 한다. 만약 디자인을 위해 성능을 희생해야 하는 경우가 생긴다면, 다양한 대안을 놓고 무엇이 건축주에게 궁극적으로 도움이 되는지를 깊이 토의해볼 필요가 있다.

🔵 건축허가

기본설계가 끝나면 건축, 구조, 설비 등의 기본도면이 완성된다. 설계사무소는 이를 토대로 관할 관청에 건축허가를 신청한다. 요즘은 세움터라는 인터넷 건축행정정보시스템_www.eais.go.kr을 통해 처리결과를 실시간으로 확인할 수 있어 매우 편리하다. 인허가에 소요되는 기간은 법으로 정해져 있으나, 제출도면에 대한 보완요청이 있을 시에는 그만큼의 기간이 연장된다.

🔵 실시설계

기본설계가 건축허가에 필요한 설계도서를 만드는 단계라면, 실시설계는 이를 바탕으로 실제 시공에 필요한 상세도면을 그리는 단계다. 현장에서 참고할 수 있도록 외단열, 열교, 기밀 등의 주요 공정에 대한 디테일과 시방서를 작성한다. 만약 시공사가 미리 결정되어 사전협의가 가능하다면 더욱 현장감 있는 도면을 만들 수도 있다.

물량내역서도 실시설계 단계의 중요한 결과물이다. 여기서는 하다못해 수도꼭지 하나까지 거의 모든 자재에 대한 구체적인 제품과 스펙이 결정되어 있어야 한다. 그래야만 사전에 정확한 공사비를 산정할 수 있고, 집 전체의 콘셉트도 일관되게 유지할 수 있다. 특히 창호나 환기설비, 단열재처럼 패시브의 성능과 직결되는 핵심자재에 대해서는 집중적인 검토가 필요하며, 수입자재를 사용할 경우에는 조달에 소요되는 시간도 미리 감안해야 한다.

그밖에 세세한 검토사항도 많다. 거주자의 시선과 행동반경을 상상해가며 창호나 문의 크기와 위치도 꼼꼼하게 살피고, 조명과 스위치, 콘센트와 상하수도의 배치도 수차례 점검해야 한다. 만약 오디오나 AV시스템, 보안시스템 등을 설치할 예정이라면 관련 배선의 매립계획도 필요하다. 한 가지 확실한 것은 도면 검토는 하면 할수록 이익이라는 점이다. 검토를 반복해서 오류를 줄일수록 시공과정의 시행착오 또한 그만큼 줄어들 것이기 때문이다.

집을
짓자

🏠 시공사의 선정과 계약

건축가의 추천으로 시공사를 정한 경우가 아니라면, 시공사를 고르는 과정에도 상당한 시간과 노력이 필요하다. 가장 일반적인 방법은 복수의 시공사에게 기본도면과 물량내역서를 제공하고 견적을 받아보는 경쟁입찰 방식이다. 견적결과를 검토해서 예상 공사비에 가장 가까운 금액을 제시한 업체부터 협상에 들어가면 된다. 만약 이 과정이 번거롭다면 평판과 실적을 종합해서 어느 한 곳을 선정한 후 곧바로 협상을 시작하는 방법도 있다.

여기서 중요한 것은 시공사의 이윤도 어느 정도 인정하겠다는 자세다. 누누이 얘기하지만 싸고 좋은 것은 없다. 설혹 건축주가 우겨서 낮은 금액으로 계약을 했더라도 시공사가 실제로 손해를 보면서까지 공사를 해줄 리는 만무하다. 시공사도 자선사업가가 아닌 이상 결국에는 시공품질을 떨어뜨리거나 추가비용을 요구하지 않을 수 없다. 이해관계가 충돌하는 상황에서는 정석대로 가는 것이 상책이다. 괜히 어려운 길로 돌아가지 말자.

시공사 대표가 어떤 사람인지 확인해보는 것도 중요하다. 작은 규모의 회사일수록 대표 한 사람이 차지하는 비중은 커질 수밖에 없어서다. 얼굴을 맞대고 진지하게 이야기를 나누다 보면 파트너로서의 신뢰도는 물론 패시브하우스에 대한 열정도 함께 확인할 수 있을 것이다. 아울러, 현장에 상주하게 될 소장이 누구인지도 알아둘 필요가 있다. 사전에 그를 직접 만나볼 수 있다면 더욱 좋다. 하루하루가 전쟁터나 다름없는 공사현장을 진두지휘할 야전사령관으로서, 현장소장이라는 위치는 너무도 중요하기 때문이다. 그가 도면은 제대로 볼 수 있는지, 의사소통에 문제는 없는지, 패시브에 대한 열의는 있는지는 프로젝트의 성패를 가르는 핵심요소 중 하나다.

시공사와 시공계약을 맺을 때 조율해야 할 세부사항은 다음과 같다.

▶ 공사기간

보통 목구조는 3~4개월, 콘크리트 구조는 4~5개월을 잡는데, 실제로는 여기서 한두 달이 더 소요되는 경우가 많다. 아울러 동절기나 장마철에는 공사가 어려운 점도 미리 감안해야 한다. 특히 겨울철 영하의 날씨에 무리하게 진행되는 공사는 각종 하자의 원인이 될 수 있으므로 각별한 주의가 필요하다.

▶ 공사비와 공사범위

부엌가구 등의 일부 공사를 건축주 직영으로 할 경우에는 당연히 시공사의 공사비와 공사범위에서 제외된다. 아울러 건축주가 직접 구입해서 공급하는 지급자재가 있다면 그만큼의 비용도 제한다. 정확한 공사비가 나왔으면 계약금, 중도금, 잔금은 어떻게 나누어 지불할지를 결정한다. 참고로 중도금은 주요공정이 마무리될 때마다 공사결과를 확인한 후 약정된 금액을 건네는 것이 안전하다. 만약의 경우를 대비해서 보험회사가 계약금액의 일부를 보증해주는 계약 이행보증보험증권을 발급 받아두는 것도 도움이 된다.

▶ 하자책임

계약서 상에는 하자보수의 기간과 범위도 분명히 해두어야 한다. 대부분의 소소한 하자는 입주 후 1년 이내에 집중되므로 하자보수 기간도 1~2년 정도로 하는 것이 보통이다. 물론 이와 관련해서도 시공사로부터 하자보수 이행보증보험증권을 받아두는 것이 좋다.

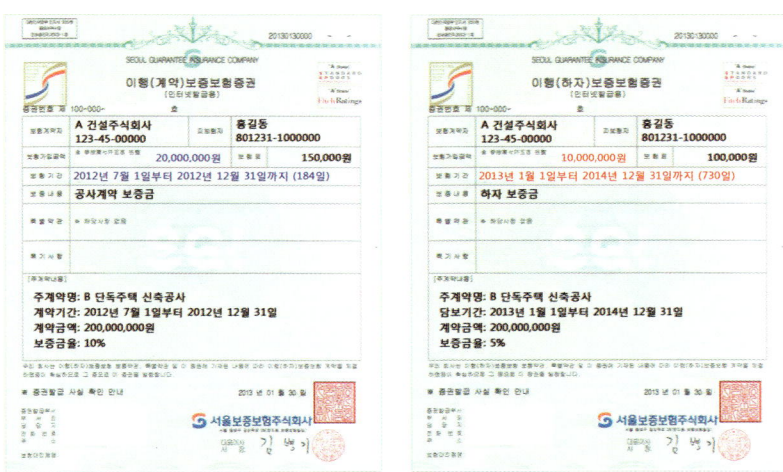

이행보증보험증권 예시
시공사가 보험기간 내에 공사계약 혹은 하자보수 의무를 이행하지 않았을 경우 건축주는 보증보험회사에 약정된 보험금을 청구할 수 있다. 보험금액과 기간은 보험료에 따라 다양하게 설정 가능하다.

🏠 **경계측량**

사후 분쟁을 방지하기 위해서는 반드시 해당 필지의 경계지점을 측량한 다음 공사를 진행해야 한다. 이 과정을 거치지 않으면 최악의 경우에는 담장이나 집의 일부를 허무는 사태가 발생할 수도 있다. 측량은 대한지적공사에 의뢰하면 된다. 비용은 대부분 100만 원을 넘지 않으며 전기나 수도 인입비와 마찬가지로 건축주가 직접 지불해야 한다. 기성시가지나 전원주택지의 경우에는 상하수도나 가스, 전기 등의 인입계통을 미리 파악하기 힘들 때가 많아 간단한 사전조사나 별도의 현황측량이 필요할 수도 있다.

경계측량

🏠 기초공사

기초공사는 터파기 후 버림콘크리트를 치는 것에서부터 시작된다. '버림'이라고 해서 하찮은 공정이라고 생각하면 곤란하다. 콘크리트를 부어 토질을 보강하는 동시에 수평을 유지하면서 기초를 받쳐주는 매우 중요한 역할을 하기 때문이다. 버림콘크리트가 굳으면 땅속의 습기가 올라오지 못하도록 방습층을 시공한 후 외단열을 위해 고밀도의 압출법 단열재_XPS를 이중으로 엇갈리게 설치한다. 이때 외부와 연결되는 설비배관도 함께 매립되어야 하며, 마지막으로 철근을 배근한 다음 콘크리트를 타설하면 기초가 완성된다.

기초공사 : 터파기 → 버림콘크리트 → 방습층 → XPS 외단열 → 기초콘크리트

만약 지하실을 둘 계획이 있다면 신경 쓸 것이 한둘이 아니다. 누수와 결로에 취약한 지하공간은 늘 하자의 위험에 노출되어 있어서다. 일단 지하실의 외벽에는 신뢰성 높은 방수시스템을 적용해야 하며, 그 위로는 물에 강한 XPS를 이중으로 빈틈없이 설치한 후 다시 배수판으로 감싸 준다. 아울러 지하실의 외벽 중 한 곳에 외기와 접하는 드라이 에어리어_Dry Area를 설치해주면 지하공간의 채광과 환기에도 큰 도움이 된다.

지하실의 방수와 외단열   배수판 설치   드라이 에어리어

🏠 골조공사

콘크리트 구조의 골조공사에서 가장 중요한 것은 평활도, 즉 고른 바탕면과 정확한 수직수평의 확보다. 골조가 울퉁불퉁하면 그 위에 단열재나 마감재를 일정하게 붙여가기가 매우 어려워진다. 이는 단열재가 그대로 마감의 바탕면이 되는 외단열미장마감 방식일 경우 특히 문제가 될 수 있다.

목구조의 경우에는 목재의 수분관리가 무엇보다 중요하다. 나무가 수분을 과도하게 흡수한 상태에서 바로 마감을 해버리면 구조체가 크게 상할 수도 있기 때문이다. 특히 목재가 직접 비를 맞는 상황만큼은 무슨 수를 써서라도 피해야 하며, 최소한 투습방수지라도 부착해놓기 전까지는 절대로 안심해서는 안 된다.

사실 외장마감이 완료되기 전까지 비를 피해야 하는 것은 콘크리트 구조도 마찬가지다. 단열재가 비에 젖는 것도 문제지만 단열재와 콘크리트 사이로 스며든 물이 빠져나오지 못하면 더 큰 문제로 이어질 수도 있어서다. 가장 좋은 방법은 비가 예상되는 날에는 집 전체를 가림막으로 덮어 주는 것이다. 하지만 상당히 번거로운 작업이어서 그런지 원칙을 제대로 지키는 현장은 좀처럼 찾아보기 힘들다.

거푸집 · 배근 · 배관   콘크리트 타설   외부 가림막 설치

🏠 창호시공

창호 주변부는 기밀과 단열에 상당히 취약한 만큼 매우 정교한 시공이 요구된다. 우선 창호 주변의 틈새는 팽창테이프와 연질의 우레탄폼으로 빈틈없이 메우되 안팎으로는 기밀테이프를 적용하여 완벽한 기밀성능을 확보한

창호시공 : 팽창테이프 부착 → 우레탄 폼 → 기밀테이프 처리 → 창틀 부위 단열재 보강

다. 아울러 창호는 구조체가 아닌 단열재 위에 설치하고 창틀 주위로는 단열재를 덧대줌으로써 열교의 가능성을 최소화한다. 창호의 시공은 이 외에도 많은 노하우를 필요로 하므로 가능하면 제조사나 공급사의 숙련된 전문팀에 맡기는 것이 좋다. 출입문 역시 창호와 유사한 방식으로 시공하면 된다.

창호 하단에 설치하는 빗물받이도 그냥 지나치기 쉬운 부분이다. 만약 물끊기가 없는 빗물받이를 설치했다면 그곳에 쌓인 먼지는 빗물과 함께 외벽을 타고 흘러내려 보기 싫은 얼룩으로 남게 된다. 이렇게 되면 아무리 외장에 공을 들였더라도 집 전체가 추레해지는 것은 시간 문제다. 작아 보이지만 반드시 챙겨야 할 디테일이다.

창호 주변의 외벽오염　　오염방지용 빗물받이　　빗물받이 상세

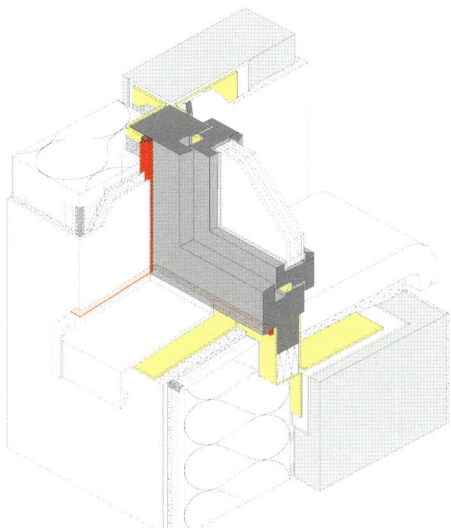

패시브하우스의 창호시공 개념도 ©Sto

🏠 설비시공

　　설비배관은 간섭을 피해서 최대한 간결하게 배치하되 유지보수의 편의를 위해서는 주요 배관을 하나의 공간으로 집중시키는 편이 좋다. 아울러 배관이 구조체를 통과하는 부분은 기밀테이프로 모든 틈새를 막아주어야 하며, 외부와 연결되어 결로가 예상되는 부위는 보온재로 빠짐없이 감싸주어야 한다. 특히 내부로 복잡하게 연결되는 환기배관의 경우에는 중간에 누기 부위가 발생하지 않도록 수차례 점검이 필요하다. 만약 나중에 태양광이나 태양열, 에어컨, 브라인 시스템 등을 설치할 계획이 있다면 필요한 배관을 미리 매립해 두는 것도 추후 비용을 절감할 수 있는 좋은 방법이다.

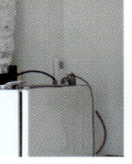

배관의 단열　　　　　　**배관의 기밀**　　　　　**미래를 위한 배관매립** ©BWP

🏠 바닥미장

　　마감공사의 본격적인 시작을 알리는 주요 공정으로, 현장에서는 '방통을 친다'는 표현을 주로 사용한다. 슬라브 위에 단열재와 분리층, 난방배관과 메쉬를 차례로 설치하고 모르타르를 부어 굳히는 순서로 작업이 진행된다. 나중에 마루나 타일이 들뜨지 않도록 모르타르 바탕면의 수평을 유지하는 것이 가장 중요하다. 목조주택의 경우에는 부족한 축열성능을 보강하기 위해서 모르타르 층의 두께를 조금 더 키우거나 난방배관 아래로 축열능력이 뛰어난 자갈을 깔아주기도 한다.

바닥미장 : 단열재 → 분리층 → 난방용 배관 → 메쉬_Mesh_ **→ 모르타르 → 양생**_Curing_

🏠 단열 및 외부마감

    콘크리트 구조체에 단열재를 부착하는 방법은 접착제와 패스너를 사용하는 습식공법이 가장 일반적이다. 이때는 단열재를 평탄하게 붙이기 위해 골조의 평활도를 확보하는 것이 무엇보다 중요하다. 만약 작업이 불가능할 정도로 평활도가 떨어진다면 레일을 활용한 건식공법도 대안으로 검토해볼 수 있다. 목구조의 경우에는 구조체의 각재기둥 사이에 글라스울이나 셀룰로오스 등을 채우되 부족한 단열성능은 외부에 단열재를 추가하는 방식으로 해결한다. 어떠한 경우에도 단열재와 단열재 사이에 틈새가 있어서는 안 되며, 매뉴얼에 따른 정확한 시공이 이루어질 수 있도록 만전을 기해야만 한다.

단열재의 습식부착 ©Sto

단열재의 건식부착 ©Sto

　　외단열을 마감하는 방식으로는 외단열미장마감 공법이 가장 일반적이다. 이때는 베이스 코트부터, 메쉬, 최종 코트까지 하나의 시스템으로 검증받은 제품을 사용하는 것이 좋다. 그리고 공법의 특성상 단열재의 휨에 의한 하자의 가능성이 매우 높으므로, 단열재는 반드시 7주 이상 숙성된 것을 사용하도록 한다. 여기에 더해 약간의 추가공사비를 감수하고 메쉬를 두 번 감아 주거나 코팅의 두께를 좀 더 늘려 준다면 보기 싫은 단열재 자국에 대한 걱정에서 완전히 벗어날 수도 있다. 건식마감의 경우에는 이와 같은 고민은 크게 줄

외단열미장마감 공법 : 단열재 부착 → 베이스코트 + 메쉬 → 마감 코팅

외단열의 건식마감

어드는 반면, 마감재를 잡아줄 브라켓이나 지지구조물의 열교를 줄이는 데에 더욱 많은 신경을 써야 한다.

🏠 지붕공사

지붕의 핵심은 하자와의 싸움에 있다. 특히 누수에 취약한 평지붕은 지속적인 유지관리가 필수적이다. 아무리 좋은 방수시스템이라도 혹독한 기후조건에 장시간 노출되다 보면 성능의 저하는 피할 수 없기 때문이다. 그래서 대안으로 많이 선택하는 것이 바로 경사지붕이다. 일단 물이 고일 일이 없으니 이중삼중의 복잡한 방수시스템도 필요 없고 누수로 인한 하자로부터도 자유로울 수 있다. 이런 이유로 물에 약한 목조주택은 예외 없이 경사지붕을 선택하고 있으며, 최근에는 옥상의 하자관리에 부담을 느낀 콘크리트주택까지 이를 택하는 경우가 늘고 있다.

한편, 경사지붕을 목조로 시공하는 경우에는 '목구조 → 단열재 충진 → 보강 외단열 → 투습방수지 → 각재 → 지붕재'의 구조로 된 웜루프_Warm Roof 방식을 선택하는 것이 좋다. 이는 단열재 아래로는 항상 따뜻하다고 해서 이름 붙여진 공법으로, 투습방수지로 단열재와 구조체를 보호함으로써 열손실을 종전에 비해 25% 가까이 줄일 수 있다.

콘크리트 평지붕(방수 후)　　　목조 경사지붕(골조)　　　웜루프의 구성

내부마감을 제외한 대부분의 공정이 마무리되었다면 이제는 집의 성능을 테스트해볼 차례다. 문제가 있다면 마감 전에 보완을 해야만 불필요한 비용지출을 줄일 수 있어서다. 이때 가장 중요한 테스트 항목은 기밀도다. 내외부의 기압차를 50Pa로 유지했을 때 시간당 환기량이 0.6회를 넘어선다면, 예상 가능한 의심 부위를 빠짐없이 점검해볼 필요가 있다. 아울러 시공오류로 생길 수 있는 열교는 주로 열화상사진을 통해서 확인하는데, 확실한 검증을 위해서는 실내외 온도차가 15℃ 이상은 되는 것이 좋다. 이 밖에도 유리의 일사에너지투과율이나 구조체의 열관류율도 현장에서 바로 확인해볼 수 있는 항목들이다.

테스트를 위해서는 고가의 측정 장비가 필요하므로 전문기관의 도움을 받는 경우도 많다. 물론 이렇게 하면 제삼자를 통해서 테스트 결과의 신뢰성을 보장받을 수 있다는 이점도 있다. 검증은 한국건축기밀협회_www.koreaairtightness.com나 한국패시브건축협회_www.phiko.kr 등에 의뢰할 수 있으며, 비용도 그리 부담되는 수준은 아니다. 아울러 테스트가 이루어지는 날에는 건축주와 건축가, 그리고 시공자가 모두 한자리에 모여 결과를 공유할 필요가 있다.

 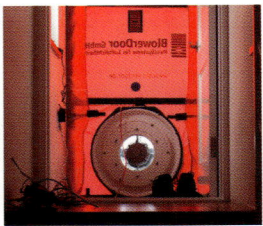 

유리 테스트　　　　**기밀도 테스트**　　　　**열화상사진 촬영**

🏠 내부마감

　　내부마감은 보통 '문틀 → 벽체 → 천장 → 바닥 → 가구'의 순서로 진행된다. 벽체와 천장의 마감방식으로는 깔끔한 외관을 이유로 건식이 주로 선호되지만, 습도조절과 축열성능을 생각하면 습식도 충분히 고려해볼 만하다. 물론 습식마감도 미장면을 평탄화하는 데 많은 품이 들어간다는 문제는 있다. 하지만 최종마감을 거칠게 해준다면 복잡한 면 고르기 공정을 생략할 수 있어 그만큼 시공비의 부담도 덜 수 있다. 아니면 콘크리트 구조체를 아예 노출시키는 방법도 생각해볼 수 있다. 이때 매끄러운 노출면이 부담스럽다면 거푸집에 송판을 대서 좀 더 자연스러운 느낌을 살리는 것도 가능하다.

건식마감(나무틀 설치)　　　　**습식마감**(미장면 건조)　　　　**노출마감**(고운↔거친)

　　벽체와 천장의 마감이 끝나면 바닥재를 까는데 보통은 나무 특유의 따뜻한 느낌 때문에 강화마루나 온돌마루, 원목마루를 많이 선호한다. 그런데 벽체나 천장이 습식마감이 아니라면 햇빛이 드는 거실의 바닥만이라도 습식으로 마감하는 것을 검토해보아야 한다. 타일, 황토, 석재 등을 마감재로 사용하면 축열성능은 물론 내구성과 유지관리 측면에서도 적지 않은 도움을 얻을 수 있다. 다만, 맨살이 닿았을 때의 느낌은 호불호가 갈릴 수 있으니 자재를 직접 확인해보고 결정할 필요는 있다.

　　내장마감 단계에서는 건축주가 수시로 현장에 들러 이모저모를 살피는 편이 좋다. 인테리어라는 것이 손에 잡히는 것들이 대부분인지라 수정할 사항이 있으면 바로바로 눈에 띄게 마련이다. 물론 잘못된 부분이 있다면 현장소장에게 이야기해서 즉시 고치도록 해야 한다. 작업자가 모두 철수한 뒤 다시 판을 벌이려면 이중의 비용이 들 뿐 아니라 수정 자체가 아예 불가능한 경우도 있기 때문이다.

입주 전
마무리

🏠 **조경 및 기타공사**

내장마감이 끝나고 전기와 조명, 각종 설비의 설치까지 완료되고 나면 비로소 하나의 집이 완성된다. 하지만 집 밖으로는 아직도 조경이나 데크와 같은 소소한 공사들이 남아 있다. 보통은 건축주 직영으로 처리하는 경우가 많은데, 계약 여부에 따라 시공사의 작업범위에 포함시켜 진행하는 것도 가능하다.

조경은 초반에 큰 비용을 들여 제대로 시공하는 방법과, 일단은 인허가를 위한 최소조경으로 하되 시간을 두고 천천히 가꾸어가는 방법이 있다. 물론 모든 것을 한 번에 끝내는 것이 편하긴 하겠지만, 가족과 함께 나무도 심고 텃밭도 가꾸면서 값진 추억을 만들어가는 것도 분명 의미 있는 일이다. 조경을 직접 하는 경우에도 조경설계 정도는 실력 있는 조경가에게 의뢰해도 좋다. 그리 부담되지 않는 비용으로 전문적인 설계는 물론 시공과 관리방법에 대한 조언까지 얻을 수 있어 큰 도움이 된다.

● 입주 전후의 하자보수

아무리 정성껏 지은 집도 사람의 손을 거친 이상 완벽할 수는 없다. 따라서 몇몇 하자가 눈에 띄더라도 낙담할 필요는 없다. 문제가 있다면 잘 정리해서 하나하나 해결하면 그만이다. 일단 입주를 전후해서는 다음과 같은 사항들을 꼼꼼히 점검해서 하자가 있다면 보수를 요청한다.

☑ 설비는 제대로 작동하는지?

☑ 전기나 통신은 문제가 없는지?

☑ 물은 제대로 나오고 내려가는지?

☑ 출입문, 창문, 가구 등은 부드럽게 열리고 닫히는지?

☑ 내외부 마감 상의 하자나 수정할 부분은 없는지?

☑ 결로나 누수 부위는 없는지?

● 콘크리트와 습기

입주 초기의 콘크리트주택은 실내습도가 비정상적으로 높아지는 경우가 의외로 많다. 심지어는 건조한 겨울철조차 70~80%를 넘어서기 일쑤다. 그런데 이 많은 습기는 도대체 어디서 나오는 걸까? 원인은 바로 콘크리트에 있었다. 구조체가 완전히 건조되지 않은 상태에서 마감을 하는 바람에 콘크리트 속에 남아있던 엄청난 양의 수분이 꾸준히 실내로 빠져나오고 있었던 것이다.

이 문제에 대한 근본적인 해결책은 마감작업을 하기 전에 콘크리트를 충분히 건조시키는 것이다. 골조가 완성된 후 몇 달간의 건조기간을 두면 습기도 습기지만 콘크리트의 독을 빼내는 데도 큰 도움이 된다. 하지만 실제로 공사를 상당 기간 중단하는 것은 공사일정이나 현장유지비 등을 감안할 때 결코 쉬운 선택은 아니다. 그래서 현실적으로는 단기간에 강한 난방과 환기를 병행하는 베이크 아웃_Bake Out이나, 실내를 밀폐시킨 채 집중적으로 제습을 하는 방법을 주로 사용한다. 참고로 실제 현장에서 대형 제습기를 가동했을 때 나오는 물의 양을 보면 상상을 초월하는 수준이다. 이것을 그대로 안고 가는 상황에서 실내습도가 치솟는 것은 어찌 보면 당연한 일이기도 하다.

만약 콘크리트를 충분히 건조시키지 못한 채 마감을 했다면 어떻게 해야 할까? 당연한 얘기지만, 살면서라도 계속해서 건조시키는 수밖에 없다. 대략 1~2년 정도면 콘크리트 내부의 습기를 어느 정도 빼낼 수 있으니, 이때까지는 가정용 제습기나 주기적인 자연환기로 실내습도를 꾸준하게 관리해줄 필요가 있다. 다만 원활한 습기배출을 위해서는 투습성이 확실한 페인트나 종이벽지로 내부를 마감하는 것이 좋다. 특히 습기의 통과가 어려운 PVC 계열의 실크벽지를 사용할 경우, 벽지 안쪽으로 물이 흐르고 곰팡이가 생길 가능성이 높으니 주의를 요한다.

🏠 사용승인

준공 후 관할 관청에서 사용승인이 떨어지면 드디어 건물의 주민등록이라 할 수 있는 건축물대장에 등재가 된다. 이 건축물대장을 첨부해서 법원에 등기를 하면 재산권을 행사하는 것도 가능하다. 즉, '사용승인'은 '이 프로젝트가 마침내 완료되었다'는 것을 공식적으로 확인해주는 절차라 할 수 있는 것이다. 따라서 사용승인이 나고 큰 문제만 없다면 공사비의 잔금도 군말 없이 지급하는 편이 좋다. 사전에 이행보증보험증권을 잘 챙겨두었다면 잔금 지불 후의 하자보수에 대해서도 크게 걱정할 필요가 없다.

🏠 패시브하우스의 사용법 숙지

낯설게 들리겠지만 패시브하우스에도 일종의 사용법이 있다. 일반주택
과는 단열, 기밀, 축열성능 등에서 확연히 차이가 날 뿐 아니라 환기장치나 외
부차양처럼 전에 없던 설비들이 새롭게 추가되었기 때문이다. 패시브를 지
어 입주한 어느 건축주에게 한 번은 이런 일이 있었다. 입주해서 처음으로 겨
울을 맞은 건축주는 보일러를 어떤 식으로 가동하는 것이 좋을지 고민이 되
었다. 생각 끝에 내린 결론은 아파트 시절부터 해오던 대로 방 하나의 온도만
20℃로 맞춘 채 나머지 공간의 난방은 모두 차단하는 것이었다. 물론 입김이
서릴 정도로 춥긴 했지만, 한편으로는 안 그래도 적게 나온다는 패시브하우스
의 난방비가 어디까지 떨어질지 궁금하기도 했다. 그런데 고지서를 받아보니
난방비가 줄기는커녕 오히려 예상치의 배 이상으로 늘어난 게 아닌가! 패시
브에 기대가 컸던 건축주의 실망은 이만저만이 아니었다.

하지만 패시브하우스는 단열재로 둘러싸인 하나의 거대한 계_System와
도 같다. 따라서 방 한 곳으로만 공급된 에너지도 결국에는 복사와 전도, 대류
를 통해서 다른 실내공간으로 빠져나갈 수밖에 없다. 그리고는 빠르게 떨어지
는 그 방의 온도를 회복하기 위해서 애꿎은 보일러만 계속해서 돌아가게 되
는 것이다. 그렇다면 모든 방의 온도를 20℃로 동일하게 맞춰놓으면 어떻게
될까? 처음에는 집 전체를 데우는 데 많은 에너지가 필요하겠지만, 패시브의
특성상 한번 데워진 집의 온도는 좀처럼 떨어지지 않아 보일러의 가동시간은
크게 줄어들 것이다. 실제로 이렇게 실내온도를 맞춰두었더니 이 집의 난방비
도 애초에 예상했던 수준으로 떨어졌음은 물론이다. 패시브에도 그에 맞는 사
용법이 있음을 여실히 보여주는 사례다.

실내온도만 해도 그렇다. 보통의 주택에서는 실내온도를 24~25℃ 정
도로는 맞춰 놓아야 훈훈하다는 느낌이 든다. 하지만 패시브하우스에서는

21~22℃로도 충분하고 20℃도 전혀 춥지 않다. 분명 다른 온도인데 어째서 같은 느낌인 것일까? 이유는 '온도의 질'에 있다. 예를 들어 동일한 실내온도 20℃에서 창호의 표면온도를 측정해보면, 패시브는 17℃ 이상으로 전혀 문제가 없지만 일반주택은 13℃ 이하로 웃풍과 냉복사로 인한 불쾌감을 주기에 충분하다. 패시브에서라면 같은 실내온도라도 그 쾌적감의 차원이 달라지는 것이다.

이 밖에도 환기장치, 에어컨, 외부차양, 태양광 등 패시브와 관련해서 사용법을 익혀야 할 대상은 의외로 많다. 물론 이 책을 읽으면 대부분 파악할 수 있는 것들이지만, 혹시 우리 집만의 특이한 사항은 없는지도 반드시 확인해두어야 한다. 건축가 역시 에너지사용량과 온습도정보 등을 꾸준히 모니터링해서 문제 여부를 계속해서 주시할 필요가 있다. 적어도 '잘못된 사용법'으로 억울한 패시브를 탓하는 일 만큼은 없어야 하기 때문이다.

🏠 이제 이 집에서 살아갈 준비가 되셨나요?

패시브하우스도 결국은 '집'이다. 패시브를 지어 입주했다는 것은 단독주택에서의 전혀 다른 삶이 우리를 기다리고 있다는 것을 뜻한다. 오랜 기간 동고동락했던 이들이 떠난 자리에 이제 남은 것은 나와 가족뿐. 새로운 터에 새로운 집이 제대로 자리를 잡기까지, 신경을 써야 할 것들은 너무도 많다. 물론 그 과정이 쉽지는 않다. 하지만 집짓기를 결심한 순간부터 열쇠를 받아든 지금까지가 마치 한 편의 드라마와도 같았던 것처럼, 패시브라는 든든한 울타리 안에서라면 우리의 단독주택 살이도 소박한 행복과 풍성한 이야기로 가득 채워질 수 있을 것이다.

"패시브하우스, 살아보니 어떤가요?"

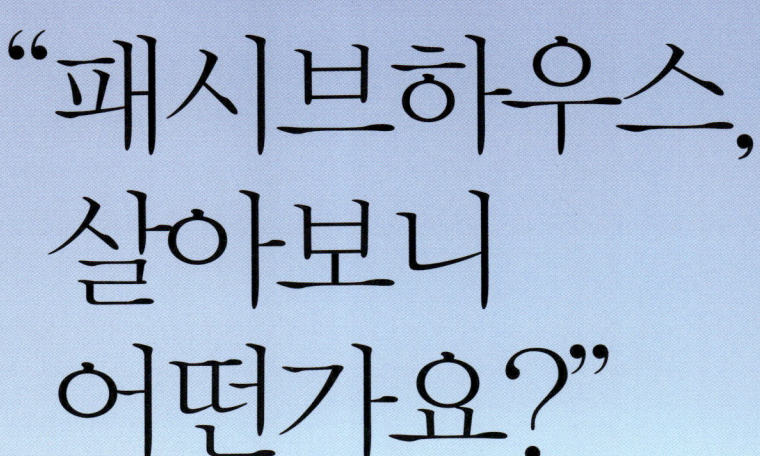

04

패 시 브 하 우 스   순 례

지금까지는 왜 패시브하우스가 필요한지, 패시
브하우스는 어떤 원리로 어떤 과정을 거쳐서 만
들어지는지를 살펴보았다. 이제는 마지막으로
패시브하우스에서의 실제 삶은 어떤지를 알아볼
차례다.

이를 위해 추려낸 사례는 모두 네 개다. 물론 이
들 모두가 독일의 패시브하우스연구소가 제시하
는 조건에 완벽하게 부합하는 것은 아니다. 하지
만 단열과 기밀, 그리고 열교 제로를 위해 노력
한 주택은 한두 가지가 부족하더라도 크게 보아
패시브하우스의 범주에 포함시켰다. 우리의 현
실에서 독일의 기준만을 절대시할 수는 없기 때
문이다.

모든 집의 상황과 목적이 다르니 하나하나의 사
례가 모두 의미 있고 소중하다. 더 나은 자신의
패시브하우스를 계획하는 데 좋은 참고가 될 수
있기를 바란다.

무엇이
패시브하우스인가?

아직까지 국내의 패시브하우스에 대한 시공경험은 일천하다. 패시브에 대한 이해가 부족한 상황에서 평당 100만 원 안팎의 추가 공사비를 흔쾌히 받아들일 건축주는 드물기 때문이다. 물론 설계자나 시공자, 그리고 관련 자재시장의 준비 부족도 빼놓을 수 없는 이유다. 이런 상황에서 어렵게 찾아낸 패시브하우스의 사례를 보면 그야말로 다양한 사연들이 넘쳐난다. 때로는 독일 패시브하우스연구소_PHI, Passive House Institute의 인증을 받은 주택에서부터, 실제 성능은 턱없이 부족한 유사 패시브하우스에 이르기까지 종류도 다양했다. 문제는 그 중간쯤에 존재하는, 패시브하우스를 지향하는 저에너지 주택이었다. 패시브적인 개념은 추종하면서도 독일의 기준을 완벽하게는 만족하지 못하는 주택들, 과연 이들을 어떻게 볼 것인가?

☗ 독일의 패시브와 한국의 패시브

1991년 독일 다름슈타트에 최초의 건물이 세워진 이래, 패시브하우스는 그 경제성과 효율성을 꾸준히 인정받으면서 북유럽을 중심으로 지속적인 성장세를 이어왔다. 특히 최근에는 이상기후가 심화되고 에너지가격이 치솟으면서 지속가능한 건축의 대안으로 폭넓은 호응을 얻고 있다. 그렇지만 이러한 패시브하우스도 독일을 떠나 새로운 곳에 정착하는 과정에서는 크고 작은 도전을 피할 수 없다. 패시브의 기본원리는 동일할지라도 그것을 구성하는 조건과 변수는 각자가 처한 환경에 따라 달라질 수밖에 없어서다.

우선 가장 큰 차이는 기후조건이다. 단순하게 생각해보면, 북위 50도에 위치한 독일의 프랑크푸르트는 북위 37도의 서울보다 훨씬 더 추워야 한다. 하지만 해양성 기후의 영향으로 기온의 변화폭은 오히려 우리보다 작다. 즉, 우리는 독일보다 혹독한 추위와 무더운 여름을 견뎌야만 한다는 이야기다. 계절별로 역전된 습도와 남향의 일사량도 독일과 우리가 크게 다른 부분이다. 여름철의 높은 습도는 제습에 필요한 에너지를 추가로 요구하는 반면, 독일의 세 배가 넘는 겨울철 일사량은 난방에너지 요구량을 크게 줄여줄 수도 있다.

독일과 한국의 기후조건 (출처 : PHPP)
독일에 비해 한국의 연중 기온편차가 크고, 계절별 습도와 남향 일사량도 역전되어 있음을 알 수 있다.

주거문화의 차이도 작지 않다. 아파트에서처럼 겨울에도 반팔 차림으로 지내기 위해서는 20℃의 실내온도로는 아무래도 부족한 감이 있다. 바닥난방을 통해서 쾌적감을 느끼는 우리의 생활습관도 생각보다 많은 에너지를 필요로 한다. 게다가 굽고 튀기고 끓이는 조리법이 많아 독일처럼 레인지 후드로 흡입한 공기를 다시 내부로 순환시키는 것도 쉽지 않다. 물론 외부와 직결된 레인지 후드를 사용할 경우 추가적인 에너지손실은 피할 수 없다.

이러한 이유로 우리의 여건에 맞는 모델을 정립하는 것은 너무도 중요하고 시급한 과제다. 어차피 패시브가 지향하는 궁극의 목표라는 것도 '거주자의 쾌적함'에 있고, 그것은 그 지역의 기후나 문화에 따라 달라질 수밖에 없기 때문이다. 물론 독일의 경험은 존중하면서 우리 고유의 모델을 찾아가는 일은 상당한 시간과 노력을 필요로 한다. 중요한 것은 그러한 문제의식을 가지고 끊임없이 노력해가는 과정이다. 그런 점에서 한국형 패시브하우스에 대한 논의가 활발해지고 있는 최근의 추세는 참으로 반가운 일이다.

🏠 패시브하우스의 정의

이렇듯 우리의 기후와 문화가 독일과 다르다면 패시브란 무엇인지에 대해서도 다시 한 번 따져볼 필요가 있다. PHI가 밝힌 패시브하우스에 대한 정의는 다음과 같다.

"환기를 위해 들여오는 외부공기를 적절히 데우거나 식히는 정도로도 충분히 열적인 쾌적감을 느낄 수 있는 건물로, 효율성과 쾌적성, 그리고 경제성을 모두 갖춘 건물을 패시브하우스라 한다."

갑자기 환기 얘기부터 나오니 조금은 뜬금없다. 하지만 서구의 난방은 일반적으로 공기를 데우는 방식을 기본으로 한다. 즉, 패시브하우스의 에너지효율이 워낙 뛰어나니 환기과정에서 공기의 온도를 약간만 높여주는 것으로도 충분하다는 뜻이다. 반면 우리의 주거문화는 공기난방이 아닌 바닥난방을 기본으로 한다는 점에서 독일과는 큰 차이가 있다. 더구나 독일보다 풍부한 겨울철 일사량도 난방에너지 획득에는 더없이 유리한 조건이다. 이를 바탕으로 한국패시브건축협회의 논의결과를 참고해 패시브하우스에 대한 정의를 다시 한 번 정리하면 다음과 같다.

"패시브하우스란 햇빛이나 내부발열을 난방에너지의 주된 공급원으로 하되 바닥난방을 보조적인 수단으로 사용함으로써 적절한 실내온도를 유지하고, 최소한의 에너지로 신선한 공기를 공급하여 거주자가 충분한 쾌적감을 느낄 수 있도록 만든 효율적이고 경제적인 건물을 의미한다."

이를 좀 더 쉽게 풀어쓰면, 단열과 기밀로 새는 열을 막고 햇빛을 최대한 활용해서 에너지효율을 극대화한 후, 부족한 실내온도는 바닥난방으로 보충한다는 뜻이다. 아울러 열회수형 환기장치의 역할은 난방보다는 에너지손실을 최소화하면서 실내에 신선한 공기를 공급하는 것으로 한정했다. 이는 당연히 지금껏 우리가 다루어온 내용과도 정확하게 일치한다.

🏠 패시브하우스의 요건

다음은 이러한 정의를 만족시키기 위해서 PHI가 제시한 요건에 한국패시브건축협회의 논의결과를 추가한 것이다. 물론 연구가 좀 더 필요한 부분도 있다. 특히 우리의 기후조건이나 난방방식을 고려했을 때 'm^2당 연간 난방에너지 요구량 1.5리터'가 여전히 유효한 것인지에 대해서는 추가적인 논의가 필요하다. 그리고 누진제 때문에 에어컨을 간헐적으로만 사용하는 우리의 습관을 감안하면 냉방에너지 요구량과 실제 사용량에도 다소 차이가 있을 수 있다. 따라서 이번 장에서 다룰 사례도 아직 국내의 기준이 명확히 정립되지는 않았음을 감안하여 엄격한 잣대를 들이대지는 않았다. 대신 패시브의 기본개념을 존중하고 그것을 구현하기 위해 노력했다면 가급적 패시브하우스라는 범주 안에 포함시키고자 했다.

패시브하우스의 요건

구 분		세부조건	정량적 기준	비 고
정량적 요건	고 단 열	벽체의 열관류율	~0.15W/㎡K	
		지붕의 열관류율	~0.12W/㎡K	독일은 ~0.15
	고 기 밀*	50Pa 기준 환기량	~시간당 0.6회	패시브 인증요건
	고성능 창호	유리의 열관류율	~0.8W/㎡K	
		창틀의 열관류율	~0.8W/㎡K	
		설치 후 열관류율	~0.85W/㎡K	선형열교 등 고려
		일사에너지투과율	40%~	독일은 50%~
	열교 최소화	선형 열교	~0.01W/mK	엄격하게 적용하지는 않음
		점형 열교	~0.01W/㎡K	
	열교환 환기	난방기준 전열효율	75%~	독일은 온도교환효율 기준
		소비 전력	~0.45Wh/㎥	x CMH(㎥/h) = W
정성적 요건	배치와 형태	최대한 남향으로 배치, 가급적 간결한 형태로 A/V값 최소화		
	기 타	축열 및 외부차양 적용, 고효율 조명 및 가전기기 적용 태양광, 태양열 등 재생에너지 검토(선택사항)		
최종 에너지 성능 (인증요건)	난 방*	연간 난방에너지 요구량 1.5리터(15kWh)/㎡ 이하 또는 난방부하 10W/㎡ 이하 중 하나를 만족		
	냉 방*	연간 냉방에너지 요구량 15kWh/㎡+0.3W/㎡·DDH 이하 또는 냉방부하 10W/㎡ 이하 중 하나를 만족 (DDH : Dry Degree Hours, 제습에너지 계산 시 사용)		
	1차 에너지*	주택에 사용된 모든 종류의 에너지를 다시 1차 에너지로 환산한 양이 연간 120kWh/㎡ 이하를 만족		

*PHI로부터 '패시브하우스'라는 인증을 받기 위해 필요한 네 가지 요건으로,
이 책에서는 이 중 특히 중요한 기밀도와 난방에너지효율 만을 다루기로 함

패시브
하우스
콘서트

🏠 패시브적인 접근이 중요하다

이렇게 보면 패시브란 것도 크게 대단한 것은 아니다.

☑ 일단 남향 배치에, 될 수 있으면 간결한 형태의 공간을 만든다.

☑ 이왕 적용하는 단열재의 두께를 키우고 이것을 건물 바깥으로 열교 없이 붙이되 적절한 마감을 적용한다.

☑ 취약한 창호의 성능을 높여주고 집 전체의 기밀 처리를 확실히 한다.

☑ 효율이 좋은 열회수형 환기장치를 설치한다.

☑ 여기에 축열과 외부차양을 고려하면 더욱 쾌적한 주택을 만들 수 있다.

만약 공간에 욕심을 내서 형태가 복잡해질 수밖에 없다면 에너지성능을 조금 더 양보하면 된다. 겨울철 실내온도로 20℃가 부족하다면 1~2℃를 높이는 대신 약간의 추가 난방비도 감수할 수 있다. 그럼에도 패시브의 기본개념에 충실했다면, 그리고 거주자의 쾌적함을 위해 모든 노력을 다했다면, 이 모두를 패시브하우스라 불러도 좋지 않을까?

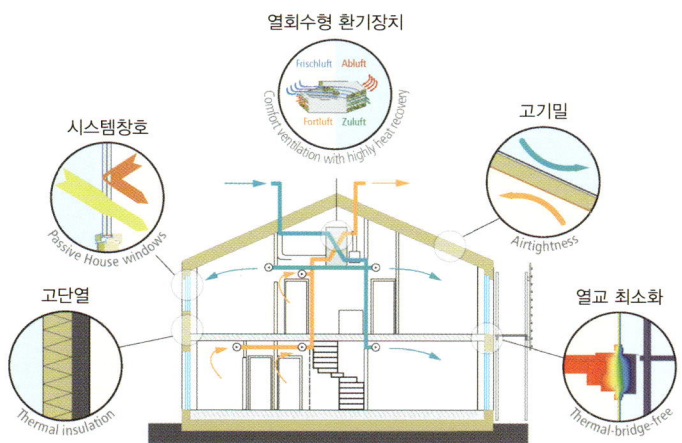

패시브하우스의 주요 기술요소 (출처 : PHI)

사례 1.
보통 사람의 패시브, 살둔 주택

House Spec

위　　치 : 강원도 홍천군 내면 율전리
건축면적 : 157.9㎡(단층)
구　　조 : 목재 프레임 + 구조용 단열패널(SIP)
SIP 구성 : OSB(합판) 11.5mm + 네오폴 235mm + OSB 11.5mm
내부마감 : 열반사단열재 + 20mm 공기층 + 석고보드 2장 + 페인트
외벽마감 : 스티로폴 50mm + 드라이비트
지붕마감 : 열반사단열재 + OSB + 방수시트 + 싱글
바닥구조 : 콘크리트 + 열반사단열재 + 150mm 스티로폴 + 난방배관 + 방통 + 20mm 현무암
내부벽체 : 진흙벽돌
창　　호 : 시스템창호(LG)
환기설비 : 로터리형 열회수형 환기장치(SSK)
보조열원 : 벽돌난로(나무장작)　　　**재생에너지** : 태양열 온수/난방
준　　공 : 2009년
시공비용 : 평당 400~450만원 안팎

🏠 살둔 주택이 가지는 의미

사실 살둔 주택은 전문가들 사이에서 적지 않은 논란이 있는 주택이다. 패시브하우스의 정량적인 요건이나 일반적인 방법론을 엄격히 따르지 않았을 뿐 아니라, 단열재와 합판을 접착시켜 구조체로 사용하는 SIP_Structural Insulated Panel이라는 다소 생소한 공법을 사용하고 있기 때문이다. 물론 비전공자인 건축주가 스스로의 방법론을 만들어가며 저에너지 주택에 대한 대중의 관심을 독점하는 모습이 못내 불편했을 수도 있겠다.

그럼에도 불구하고 살둔 주택이 가지는 의미는 결코 작지 않다. 초창기의 어려운 여건 속에서도 손에 잡히는 결과물을 만들어냈을 뿐 아니라, 보다 많은 이들에게 저에너지 주택의 필요성을 알려왔기 때문이다. 더구나 자신의

집을 완전히 공개하면서까지 패시브를 전파하고 나서기란 결코 쉬운 일이 아니다. 다소간의 미비한 점에도 살둔 주택을 우리의 첫 번째 순례 대상으로 꼽은 것도 바로 이런 이유에서다.

🏠 살둔 주택의 건축과정

건축주 이대철 씨는 용인의 전원주택에 살면서 창문이 크고 단열이 안된 집의 한계를 절감하고 새로운 주택을 계획하게 된다. 결국 현실적인 저에너지 주택을 짓고 싶다는 그의 열망은 오랜 독학 끝에 살둔 주택이라는 결과물로 이어졌다. 독학으로 지었다고 해도 그 내용만큼은 패시브의 기본개념에 상당히 충실하다. 그의 저서 '살둔 제로에너지하우스_2012, 시골생활'에서 밝힌 살둔 주택의 기본원칙은 다음과 같다.

- ☑ 면적은 작고 단순한 형태로
- ☑ 집의 긴 쪽은 동서를 향하되 반드시 남향일 것
- ☑ 외피 전체는 R-50(열관류율 0.114) 이상의 단열성능 확보
- ☑ 높은 기밀성 확보 및 열교 최소화
- ☑ 적절한 크기의 고성능 시스템창호 설치
- ☑ 열회수형 환기장치 설치
- ☑ 적절한 보조열원 적용

다음은 살둔 주택의 주요 건축과정이다.

▶ 기초 및 골조공사
콘크리트 기초 위에 글루렘이라는 집성목재로 기본 뼈대를 세운 후 SIP이라는 구조용 단열패널을 부착하여 골조를 완성했다. SIP공법은 북미지역에

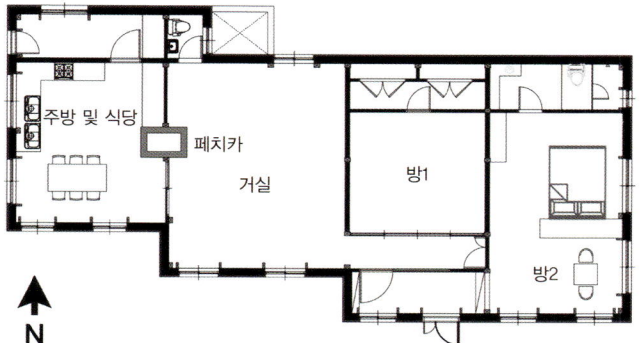

살둔 주택의 평면도 ©살둔 제로에너지하우스

동서로 긴 단순한 형태의 직사각형 평면으로, 모든 공간에 골고루 햇빛이 들 수 있도록 했다.

서 많이 사용되는 방식으로, 단열재가 구조체의 역할까지 겸하면서 열교에 유리하고 구조적으로도 매우 안정적이라는 특징이 있다. 또한 패널이 가볍고 가공이 쉬워 공사에 소요되는 시간과 비용도 절감할 수 있다. 다만 자재를 이어붙이는 건식공법인만큼 틈새의 기밀처리에는 각별한 주의가 필요하다.

1_ 기초 공사   2_ 글루렘 골조 공사   3_ SIP 조립·부착   4_ SIP 단면 상세

©살둔 제로에너지하우스+월간 전원속의 내집 (이하 동일)

▶ 창호공사

'전체' 바닥면적 대비 창호면적은 남향은 12%, 동·서·북향은 각각
2~3%로 일사에너지 획득과 열손실을 고려한 적정 수준을 찾고자 노력했다.
다만, 시스템창호를 선택했음에도 남쪽만큼은 3중 유리 대신 페어 글라스를
사용했다. 당시 구할 수 있는 국산 3중 유리의 일사에너지투과율이 너무도 형
편없던 것이 이유였다. 그리고 창호의 단열성능을 보완하고자 설치한 단열덧
문도 기대했던 만큼의 효과는 보지 못했다. 물론 지금이야 기술적으로 크게
문제될 것이 없지만, 적어도 당시에는 유리의 '열관류율'과 '투과율' 사이의
딜레마가 건축주를 상당히 괴롭혔던 듯하다.

1. 창호 설치

2·4. 창호 마감

3. 단열덧문 설치

▶ 내장 및 설비공사

내부는 '열반사단열재 → 각재 → 석고보드 → 페인트' 순으로 마감했다. 여기서 열반사단열재는 추가적인 단열성능 확보와 함께 방습층 형성을 목적으로 한 것으로 보인다. 아울러, 환기장치의 열교환효율을 높이기 위해 외부 공기를 땅속에서 한 차례 예열시켜 들여오는 쿨 튜브 방식을 적용한 것도 눈에 띈다. 다만 환기장치의 위치는 외기에 노출된 지하실보다는 단열이 완벽한 실내로 옮기는 편이 더 나을 것으로 보인다.

드라이비트
비드법 단열재 (EPS 50mm)
SIP (OSB + 네오폴 235mm + OSB)
열반사 단열재
공기층 (각종 배관 매립)
석고보드

실외   실내

1_ 내부 열반사단열재
2_ 벽체의 구성
3_ 내장·전기 마감
4_ 열회수형 환기장치

▶ 보조열원 및 축열

패시브에 필요한 보조열원으로는 일반 보일러 대신 내화벽돌로 직접 제작한 난로를 설치했다. 내부를 미로와 같은 굴뚝으로 만들어 장작이 타면서 육중한 난로 전체를 데우는 방식이다. 축열성능이 워낙 높아서 일단 한 번 데워지면 하루가 지나도 식지 않아 실내온도를 일정하게 유지하는 데 큰 도움이 된다. 이 밖에도 타일과 점토벽돌로 바닥과 내부벽체를 마감하는 등 집안 곳곳에 축열을 고민한 흔적이 역력하다.

1. 벽돌난로 설치

2. 바닥 및 벽체 축열

3. 바닥 축열

4. 완공 후 모습

🏠 살둔에 살아보니

　　살둔 주택이 패시브의 성능을 수치로 따지는 정량적인 접근법에서 다소 벗어나 있는 것은 사실이다. 그렇다고 이 집의 에너지효율까지 의심할 필요는 없을 것 같다. 단지 이삼일에 한 번씩 장작을 때주는 것만으로도 쾌적한 실내 온도를 유지하는 데 부족함이 없다. 이 주택의 뛰어난 단열 및 기밀성능을 생각해보면 당연한 결과다. 실제로 2012년 12월부터 이듬해 2월까지의 데이터를 분석해보면, 오전 7시를 기준으로 외부기온은 평균 -11℃였지만 실내온도는 평균 21.3℃를 기록했다. 심한 날은 -30℃까지도 내려가는 강원도 산골의 추운 겨울을 생각해보면 결코 나쁘지 않은 수치다.

살둔 주택의 겨울철 온도추이 (오전 7시 기준)

　　이렇게 적은 유지비로 따뜻한 겨울을 보낼 수 있다는 사실 외에도, 이 집을 통해 노부부가 누리는 삶의 질은 이미 상당한 수준이다. 수년째 문제없이 가동되는 열회수형 환기장치 덕에 실내공기는 언제나 쾌적하고, 겨울철이면 집 안 곳곳으로 스며드는 따스한 햇살은 심신을 늘 평안케 한다. 특히 내부공간의 높은 축열성능은 실내온도의 변화폭을 최소화해 열적으로도 큰 쾌적감을 선사한다.

　　물론 아쉬운 점도 있다. 건축주에 따르면 유리의 면적을 계산할 때 창틀의 크기를 감안하지 않은 실수가 있었다. 또한 많은 돈을 들여 설치한 태양열 설비도 과도한 열손실로 인해 제 역할을 못하고 있다. 처음에는 적당한 것 같 았던 47평의 실내면적도 막상 살아보니 생각보다 크다는 느낌이다. 모든 집 짓기가 그렇듯, 지나고 나면 아쉬움이 남는 것은 패시브하우스도 예외는 아닌 듯싶다.

복도 공간
겨울철이면 깊은 햇살이 집 안 구석구석까지 들어온다. 그리고 곳곳에 배려해놓은 축열체 는 이 따스한 온기를 가능하면 오래도록 붙잡 아둔다.

🔵 보급형 패시브하우스로의 진화

이대철 씨의 꿈은 보급형 저에너지 주택을 좀 더 많은 이들에게 전파하 는 것이다. 그래서 자신의 집을 언론에 공개하고 수십 차례에 이르는 워크숍도 직접 개최하는 등 개인의 한계를 뛰어넘는 많은 노력을 기울여왔다. 그 결과

'나도 한번 이렇게 지어보고 싶다'는 건축주들의 요구가 잇따르게 되었고, 결국 시공과정을 컨설팅하는 형태로 자연스럽게 그들의 공사에 참여하게 된다.

그런데 문제는 바로 여기에서 불거졌다. 몇몇 주택의 시공과정에 개입하는 사이, '패시브하우스'가 아닌 '하우스'를 짓는 데 따르는 전형적인 문제점들 또한 여지없이 노출된 것이다. 말 그대로 집 짓느라 10년은 늙을 수밖에 없는 험난한 과정에 그 또한 어쩔 수 없이 엮이게 된 것이다. 실제로 건축주와의 지속되는 트러블은 물론 몇몇 시공사의 부도까지 겹치게 되면서 중간에 낀 이대철 씨의 입장은 굉장히 난처해지기도 했다.

상황이 이쯤 되자 일체의 활동을 중단할까도 생각해보았지만, 그렇다고 패시브에 대한 확신까지 접을 수는 없었다. 결국 어중간한 역할이 문제라고 보고, 아예 '살둔 제로에너지하우스_살둔'라는 회사를 만들어 설계부터 시공까지 원스톱 서비스를 제공하기에 이른다. 이를 위해 젊은 건축가그룹과 파트너십을 맺고 SIP에 특화된 목수팀도 구성하는 등 보급형 패시브하우스를 위한 자신만의 시스템을 구축해나갔다.

물론 아직도 살둔에 대한 비판적인 시각은 존재한다. 그렇지만 살둔이 그만큼 호응을 얻는 이유에 대해서도 한 번쯤은 생각해볼 필요가 있다. 오히려 '집장사 집'에 그칠 운명이었던 평범한 주택들을 하나하나 바꾸어내는 모습은, '보통의 집'에는 좀처럼 관심을 두지 않던 우리 건축계에도 시사하는 바가 크다. 사실 살둔의 워크숍에 참석하는 사람들을 보면, 경제적으로는 그리 넉넉하지 않지만 고효율 주택에 대한 열망만큼은 누구보다도 큰 분들이다. 그만큼 살둔이 의미가 있고, 또 살둔을 필요로 하는 영역은 분명히 존재한다. 이 땅의 모든 집들이 기본에 충실할 수 있을 때까지, 살둔과 같은 시도들이 더욱 풍성해질 수 있기를 기대해본다.

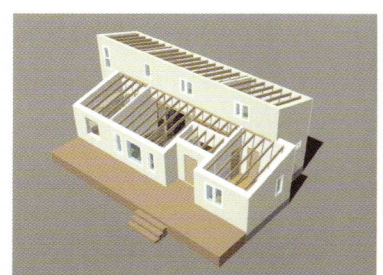

상주 주택 시공사례 ©살둔

살둔은 여러 차례의 시행착오 끝에 전담 설계팀과 시공팀을 구축하고 본격적인 패시브주택 보급에 나서게
된다. 이 사례는 평당 500만 원 이하의 비용으로 상주에 시공된 저에너지 주택.

사례 2.
이제 숫자로 얘기해보자, 강릉 주택

House Spec

위　　치 : 강원도 강릉시

설 계 사 : 자림건축사사무소　　**설계기간** : 2013.5~2013.9

시 공 사 : 윈윈하우징　　　　　**시공기간** : 2013.9~2013.12

대지면적 : 313.4㎡　　　　　　**건축면적** : 87.60㎡

건 폐 율 : 27.95%

실내난방면적 : 74.3㎡

구　　조 : 지상 1층 철근콘크리트

내부마감 : 모르타르 위 종이벽지 및 타일

외벽구성 : 콘크리트 150mm + 비드법1종3호 250mm + 외단열미장마감(스타코)

　　　　　→ 외벽열관류율 : 0.15W/㎡K

지붕구성 : 콘크리트 150mm + 모르타르 30mm + 압출법1호 250mm + 누름콘크리트 150mm

　　　　　+ 글라스울 32k + 목조 경사지붕 + 방수시트 + 싱글 → 지붕열관류율 0.08W/㎡K

바닥구성 : 버림 콘크리트 100mm + 압출법1호 300mm + 매트기초 400mm + 비드법1종3호 50mm

　　　　　+ 방통 70mm + 강마루　→ 바닥열관류율 0.08W/㎡K

창　　호 : 국산 시스템창호(융기) + 국산 3중 유리(투과율 45%)

　　　　　→ 창틀 열관류율 0.77, 유리 열관류율 0.78W/㎡K

환기설비 : 국산 로터리형(셀파, 난방 전열효율 73%)

보조열원 : 가스보일러(프로판가스) → 추후 도시가스로 교체 예정

시공비용 : 평당 약 600만원

기밀성능 : 50Pa 조건에서 시간당 0.9회

➡ **PHPP에 의한 난방에너지 요구량 : 연간 3.9리터/㎡**

🏠 정량적인 언어와 패시브하우스

패시브를 원하는 당신 앞에 다음과 같이 이야기하는 두 건축가가 있다.

[**건축가 A**] "이 집은 아주 좋은 단열재와 대기업의 고성능 시스템창호를 써서 난방
비가 아주 적게 들 겁니다. 정말 따뜻하고 살기 좋은 집이에요!"

[**건축가 B**] "면적이 100㎡인 이 집의 에너지효율은 1.5리터로, 연간 난방비는 도시가스를 기준으로 약 16만 원이 소요될 것으로 예상됩니다. 이는 열관류율 0.15W/㎡K의 외피, 열관류율 0.8, 투과율 50%의 창호, 열교환효율 85%의 환기장치, 그리고 50Pa 기준 시간당 0.6회의 기밀도가 뒷받침되었기에 가능한 수치입니다."

만약 당신이 설계비로 수천만 원을 지불해야 한다면 과연 누구를 선택할 것인가? 당연히 후자일 것이다. 구체적인 근거가 뒷받침되지 못하는 주장은 그만큼 설득력이 떨어질 수밖에 없다. 아무리 미사여구를 동원해도 숫자가 없으면 믿을 수 없다. 자동차를 고를 때도 단순히 '기름 덜 먹는' 차가 아닌 '리터당 15㎞'와 같은 구체적인 연비를 따지는 것과 같은 이치다.

패시브도 결국은 숫자와의 싸움이다. 숫자가 아니면 이 집이 얼마나 따뜻한지, 얼마만큼의 에너지가 소요되는지를 도무지 설명할 길이 없다. 하다못해 단열재 하나를 고르더라도 '적당히'는 없다. 모든 자재는 그것을 평가하는 지표와 자재 고유의 스펙이 있으며, 그것들이 적절한 방식으로 조합되었을 때 하나의 온전한 기능으로 작동할 수 있다. 패시브가 발전해온 역사도 따지고 보면 정량적인 기준을 만들고 다시 그것을 검증하며 모델의 완성도를 높여가는 과정이었다.

지금부터 살펴보는 세 채의 주택은 모두 PHPP_Passive House Planning Package라는 에너지해석 프로그램을 중심으로 Therm, HEAT, Window, WUFI와 같은 시뮬레이션 툴을 이용한 정량적인 접근방법을 채택한 사례들이다. 다양한 디자인 옵션에 따르는 에너지효율의 변화를 끊임없이 추적하면서 이를 다시 설계에 반영해 최적의 대안을 찾아가는 식이다. 결과만 놓고 보면 앞의 사례와 유사할 수도 있겠지만, 설계단계부터 '숫자'라는 객관적인 언어를 사용한다는 점에서는 큰 차이가 있다.

Passive House Planning

S P E C I F I C   A N N U A L   H E A T I N G   D E M A N D

English ▾

Climate: 성남	Interior temperature: 20.0 ℃
Building: 분당 판교동 단독주택	Building type/use: 단독주택
Location: 중부지방	Treated floor area ATFA: 208.1 m²

Building element		Temperature zone	Area m²		U-value W/(m²K)		Temp. factor ft		Gt kWh/a		per m² treated floor area kWh/a
1	Exterior Wall - Ambient	A	299.9	*	0.128	*	1.00	*	72.9	=	2798
2	Exterior Wall - Ground	B	96.4	*	0.136	*	0.47	*	72.9	=	452
3	Roof/Ceiling - Ambient	A	113.5	*	0.095	*	1.00	*	72.9	=	786
4	Foor slab/ basement ceiling	B	101.9	*	0.117	*	0.47	*	72.9	=	413
5		A		*		*	1.00	*		=	
6		A		*		*	1.00	*		=	
7		X		*		*	0.75	*		=	
8	Windows	A	42.4	*	0.887	*	1.00	*	72.9	=	2741
9	Exterior Door	A	3.9	*	1.400	*	1.00	*	72.9	=	398
10	Exterior TB (length/m)	A		*		*	1.00	*		=	
11	Perimeter TB (length/m)	A		*		*	0.47	*		=	
12	Ground TB (length/m)	B		*		*	0.47	*		=	

Total of all building envelope areas: 657.9   Total: 7588   kWh/(m²a): 36.5

Transmission Heat Losses QT

		ATFA m²		Clear room height m		m²		
Ventilation System:	Effective air volume, VV	208.1	*	2.50	=	520.3		
Effective heat recovery efficiency of heat recovery	ηHR 70%							
Efficiency of subsoil heat exchanger	ηEHE 0%	nV.system	ΦHP	nV.Res				
Energetically effective air exchange nV		0.370 (1 0.70) + 0.038 = 0.150 1/h						

	VV m²	nV 1/h	cAir Wh/(m³K)	Gt kWh/a		kWh/a	kWh/(m²a)
Ventilation Heat Losses QV	520	0.150	0.33	72.9	=	1872	9.0

	QT kWh/a		QV kWh/a		Reduction factor night/weekend setback		kWh/a	kWh/(m²a)
Total Heat Losses QL	(7588	+	1872	)	*	1.0	=	9460	45.5

Orientation of the area	Reduction factor see windows sheet		g-value (perp. radiation)		Area m²		Radiation during heating period		kWh/a
1 North	0.37	*	0.34	*	18.10	*	164	=	376
2 East	0.30	*	0.34	*	2.70	*	300	=	81
3 South	0.21	*	0.34	*	20.22	*	563	=	829
4 West	0.25	*	0.34	*	1.35	*	344	=	40
5 Horizontal	0.00	*	0.00	*	0.00	*	534	=	0

Total: 1326   kWh/(m²a): 6.4

Available Solar Heat Gains QS

	kh/d		Length Heat. Period d/a		Spec. Power qI W/m²		ATFA m²		kWh/a	kWh/(m²a)
Internal Heat Gains QI	0.024	*	205	*	2.10	*	208.1	=	2145	10.3

				kWh/a	kWh/(m²a)
Free Heat QF		QS + QI	=	3471	16.7
Ratio of Free Heat to Losses		QF / QL	=	0.37	
Utilisation Factor Heat Gains hG	(1 - (QF/QL)5) / (1 - (QF/QL)6)	=	100%		
Heat Gains QG	ηΓ * ΘΦ	=	3456	kWh/a	16.6 kWh/(m²a)
Annual Heating Demand QH	QL - QG	=	6004	kWh/a	29 kWh/(m²a)

	kWh/(m²a)		(Yes/No)
Limiting Value	15	Requirement met?	No

PHPP(Passive House Planning Package)

독일 패시브하우스연구소에서 개발한 에너지해석 프로그램으로 엑셀 기반의 30여 개에 이르는 워크시트로 구성되어 있다. 기후데이터와 함께 외피, 창호, 환기 등의 요소를 입력하면 해당 주택의 에너지성능이 실시간으로 계산된다.

🏠 강릉 주택의 건축과정

"나이 드신 부모님께서 건강하고 쾌적하게 사시면서 에너지비용은 적게 드는 그런 집을 짓고 싶었습니다."

건축주가 밝힌 강릉 주택의 시작은 이처럼 간단하고도 명료했다. '쾌적함'과 '적은 유지비', 이 두 가지야말로 누구도 부인할 수 없는 '좋은 집'의 가장 중요한 가치가 아닌가. 문제는 그것을 실현하는 방법이다. 이 집의 건축주 역시 많은 고민 끝에 내린 결론은 패시브하우스였다. 하지만 늘 그렇듯 문제는 예산이었다. 2층 정도로 해서 그럴듯하게 집을 올리고 싶은 마음은 굴뚝같았지만, 당시 가진 돈으로는 어림도 없었다. 그래서 처음에는 낮은 단가로 공사비를 맞춰주겠다는 업체의 유혹에 잠시 흔들리기도 했지만, 이내 마음을 다잡고 집의 크기를 줄이는 데서 방법을 찾기로 했다.

많은 검토를 거친 결과, 주어진 예산으로 건축 가능한 집의 크기는 25평 정도였다. 95평에 달하는 대지를 생각하면 상당히 작은 규모지만, 여유가 될 때 2층을 증축할 수 있는 여지를 남겨 아쉬움을 달래기로 했다. 사실 따지고 보면 25평도 그렇게 작은 면적은 아니다. 아파트로 치면 33평과 비슷한 크기로 4인 가족이 살아가기에도 전혀 부족함이 없다. 더구나 마당을 넓게 쓰는 여유로움까지 생각해보면 그리 아쉬울 것도 없는 선택이다. 외관 역시 매우 단순하다. 에너지효율은 물론 공사비까지 최대한 고려해야 했기에 복잡한 형태나 입면의 굴곡은 가급적 피했다.

그렇다면 기능과 효율을 앞세운 이 주택의 에너지성능은 어느 정도일까? 패시브에 최적화된 형태이니 1.5리터 정도는 무난하지 않을까? 하지만 PHPP로 계산해본 이 주택의 에너지성능은 아쉽게도 3.9리터에 그쳤다. 가장 큰 이유는 남서향의 건물 배치와 바로 앞의 2층 건물로 인한 그림자였다. 햇빛을 온전하게 활용할 수 없으니 에너지성능에도 큰 손실을 입는 것은 당연했다. 게다가 단층주택의 A/V비가 상대적으로 높은 것도 문제였다. 만약 이 집을 계획대로 2층으로 증축한다면 A/V비는 0.78에서 0.61로 대폭 낮아져 주택 전체의 에너지성능 또한 크게 끌어올릴 수 있을 것이다.

물론 일반주택과 비교하면 3.9리터도 충분히 훌륭한 수치다. 아니, 이런 열악한 조건에서 이만큼의 에너지효율을 뽑아낸 것 자체가 오히려 더 대단해 보인다. 이 3.9리터라는 수치가 실제로 어떤 의미가 있는지는 잠시 후에 알아보도록 하자. 다음은 강릉주택의 시공과정이다.

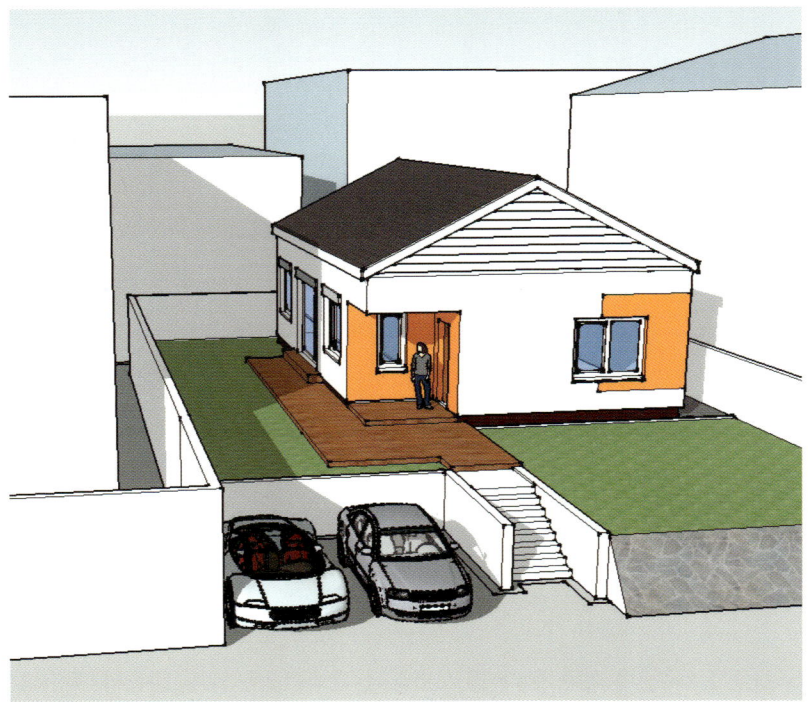

강릉 주택의 3D 모델 ©자림건축사사무소

앞쪽 건물의 그림자로 인해 주택의 에너지성능에 적지 않은 손실을 입었다. 건축적으로 다른 대안을 검토해 볼 여지도 있어 보이지만 기본적인 대지의 제약조건이 너무도 크다.

▶ 기초공사

'각종 배관 → 쇄석 → 버림콘크리트 → $300mm$ 압출법 단열재 → 매트 기초'의 순서로 시공했다. 일반적인 기초공사와는 달리 매트기초 전체를 두 겹의 단열재로 감싸 열교의 가능성을 원천봉쇄했다. 아울러 기초의 열손실을 최소화하기 위해 기초 둘레에 단열재를 추가하고, 그 위로 작은 구멍이 뚫린 유공관을 설치하여 원활한 배수를 유도했다. 참고로 이 현장의 경우 숙성 단열재를 급하게 구하는 과정에서 많은 어려움이 있었다고 하니, 공사 시점에 단열재의 수배가 가능한지 여부도 미리 확인해 둘 필요가 있겠다.

1_ 배관 및 쇄석 깔기

2_ 단열 및 기초배근

3_ 추가단열재 및 유공관

4_ 기초공사 완료

©원윈하우징+건축주 (이하 동일)

▶ 외단열 시공

　　단열재는 평활한 골조 면을 확보한 후 접착제와 패스너로 부착하는 것이 정석이다. 이 집의 경우에는 골조를 100mm 두께의 단열재와 일체형으로 타설하고 다시 그 위에 150mm 두께의 단열재를 엇갈리게 부착하는 방식을 사용했다. 이렇게 하면 단열재와 골조를 완벽하게 부착시킬 수 있을 뿐 아니라 단열재의 틈새로 인한 선형열교도 최소화할 수 있다는 이점이 있다. 하지만 이 경우에도 골조 면의 평활도는 최대한 유지해야 하며, 단열재 사이로 콘크리트가 새어나오지 않도록 각별히 주의할 필요가 있다. 지붕은 증축에 대비해 일단은 평지붕으로 시공하되, 누수로 인한 하자를 방지하기 위해 다시 목구조의 경사지붕으로 마무리했다.

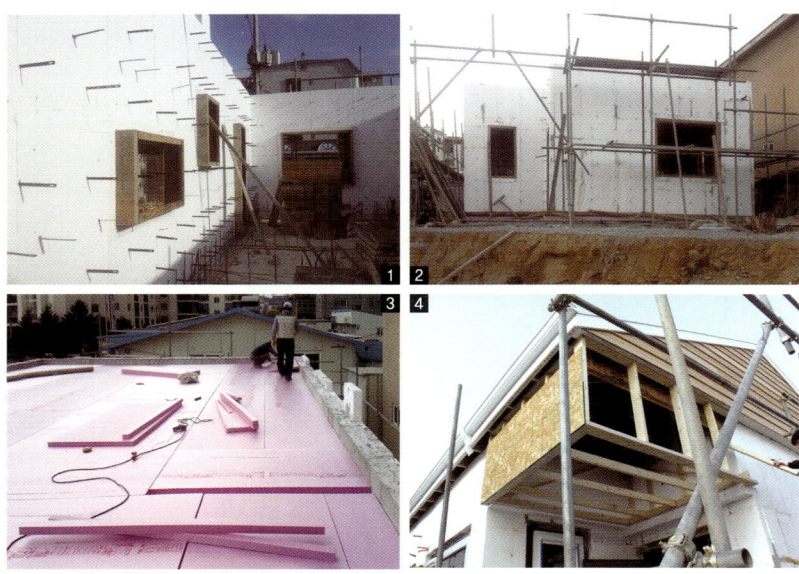

1_ 거푸집 내 단열재 부착　2_ 거푸집 제거 후　3_ 평지붕 단열재 부착　4_ 경사지붕 시공

▶ 창호 및 외부차양

시스템창호는 유리와 창틀 모두 국산 제품을 사용했다. 열관류율이 각각 0.78, 0.77W/㎡K에 이를 정도로 단열성능이 뛰어났다. 창호는 열교방지를 위해 구조체의 바깥쪽으로 단열재와 연속되게 설치했으며, 기밀처리는 물론 빗물받이와 같은 세세한 디테일에도 많은 신경을 썼다. 그리고 주요 창호의 바깥쪽으로는 전동블라인드를 설치해 여름철의 뜨거운 직사광선이 실내로 유입되는 것을 차단토록 했다.

1_ 단열재 면 위 창호설치

2_ 빗물받이 설치

3·4_ 외부 전동블라인드를 모두 내렸을 때

▶ 성능테스트 및 설비, 축열

기밀테스트는 모두 두 차례로 나누어 실시했다. 시공 중에는 50Pa 기준으로 시간당 0.7회, 완공 후에는 0.9회로 기준치인 0.6회를 약간 상회하는 수준이었다. 환기장치는 동절기 결로에 강한 로터리형을 설치했지만, 강원도의 겨울철 추위를 생각하면 어떤 방식으로든 외부공기를 한 차례 예열해서 들여올 필요는 있어 보인다. 한편, 벽체는 석고보드를 사용하지 않고 바로 타일과 종이벽지로 마감함으로써 콘크리트의 축열성능을 최대한 활용할 수 있도록 했다.

1_ 기밀도 테스트   2_ 열회수형 환기장치   3_ 유리성능 테스트   4_ 타일·벽지 내부마감

🏠 이제 숫자로 얘기해봅시다

PHPP에 의해 산출된 강릉 주택의 에너지성능은 3.9리터다. 이를 이 집의 실내난방면적 74.3m^2에 대입해서 한 달 난방비를 계산해보면, 프로판가스를 기준으로 약 12만 원 정도가 나온다. 그렇다면 이 주택의 실제 난방비는 어느 정도일까? 실제로 고지서에 찍힌 겨울철 가스요금이 20만 원이니, 여기서 온수와 취사를 제외한 난방비는 13~14만 원 정도로 우리의 예상에서 크게 벗어나지 않는다. 이 오차도 실내온도가 기준치인 20℃보다 1~2℃ 높았음을 감안하면 충분히 설명될 수 있는 수준이다. 더구나 이 금액마저도 저렴한 도시가스를 사용하면 다시 월 7만 원 선으로 떨어질 것이다. 이는 100m^2, 1.5리터 하우스의 예상 난방비가 월 4만 원 정도라는 종전의 예측과도 잘 맞아 떨어진다. 결국, 우리가 줄곧 주장해온 '정량적인 접근'이라는 것이 적어도 허황된 것은 아님이 증명되는 순간이다.

물론 앞서 살펴본 살둔 주택의 경우처럼, 복잡한 숫자나 분석은 뒤로 하고 패시브의 기본개념에만 충실하더라도 충분히 좋은 결과를 얻을 수 있다. 세상의 모든 집에 전문가가 개입하거나 복잡한 시뮬레이션을 강요할 수는 없는 일이다. 패시브의 본고장인 독일만 하더라도 대부분의 주택은 단열과 기밀에 충실한 저에너지 하우스로 지어지고 있는 데 반해, 엄밀한 의미에서의 패시브하우스는 아직까지도 소수에 속한다. 그럼에도 불구하고 숫자를 바탕으로 한 정량적인 접근은, 설계자에게는 효과적인 의사결정의 수단을, 건축주에게는 결과에 대한 깊은 신뢰를 제공해준다는 점에서 여전히 매력적이다.

▶▶ 아이들의 차가운 손부터 녹여주자

추운 겨울날, 아이들이 공부하고 있는 학교에 가본 적이 있는가? 아마도 옷을 몇 개
씩 껴입고 추위와 힘겹게 싸우고 있는 아이들의 모습을 쉽게 볼 수 있을 것이다. 입
김이 서릴 정도의 추위에 손이 곱아서 글씨를 제대로 쓰는 것조차 힘들 정도다. 물
론 이를 바라보는 부모의 마음도 편할 리는 없다. 그래서 학교나 교육청에 항의라도
할라치면 돌아오는 것은 오히려 한숨 섞인 하소연뿐이다. 시스템상으로는 실내온도
를 18~20°C로 맞춰서 난방을 하고 있는데다가 이미 한 달 난방비로만 수천만 원을
쓰고 있는 상황에서 별다른 뾰족한 수가 없다는 것이다.

그도 그럴 것이, 건물 자체가 에너지를 쏟아 붓는 즉시 새어나가는 '밑 빠진 독'과도
같은 구조이기 때문이다. 실제로 단열은 온통 부실하고 창문은 알루미늄 프레임에
유리 한 장으로 버티는 경우가 대부분이다. 게다가 황소바람은 곳곳에서 불어오고,
헤아릴 수 없는 열교 부위는 아예 언급하기조차 힘들 정도다. 상황이 이렇다 보니
아무리 난방을 해도 실내온도를 높이기가 너무도 힘이 든다. 결국 돈은 돈대로 쓰면
서 고생은 고생대로 하는 답답한 상황만 반복될 뿐이다.

그런데 이와는 전혀 다른 모습의 학교가 하나 있다. 독일 프랑크푸르트에 패시브로
지어진 초등학교가 그것인데, 단열이나 기밀과 같은 패시브하우스의 기본개념을 학
교 건물로도 그대로 가져왔다. 그 결과 쾌적한 실내공기와 일정한 실내온도를 유지

하면서도, 난방에너지는 기존의 10분의 1 수준으로 크게 줄일 수 있었다. 게다가 이를 위해 소요된 추가비용은 전체 공사비의 5.3% 수준에 불과했다. 단지 약간의 초기비용을 투자하는 것만으로도 쾌적한 환경과 유지비 절감이라는 두 마리 토끼를 동시에 잡을 수 있다니. 이보다 더 현명한 선택이 있을 수 있을까?

Riedberg 패시브 학교 ©Architekten 4a
2004년 독일 프랑크푸르트에 1.5리터 패시브로 지어진 초등학교로, 에너지사용량은 1/10로 줄었지만 학습환경에 대한 만족도는 훨씬 더 높아졌다.

사실 패시브하우스의 개념은 주택에만 국한되지는 않는다. 특정한 '시공법'이 아닌, 건물의 에너지효율을 높이는 '기준'을 제시하는 것이 바로 패시브하우스이기 때문이다. 따라서 관공서와 학교, 공장과 호텔, 오피스와 상업건물 모두가 조금만 신경을 쓰면 따뜻하고 쾌적한 패시브하우스가 되는 데 전혀 문제가 없다.

이 중에서도 패시브의 도입이 가장 시급한 곳은 공공건물이다. 많은 사람들에게 쾌적한 실내환경을 제공함은 물론, 국민의 세금으로 충당되는 유지비를 최대한 아끼는 데에도 패시브 만한 것이 없기 때문이다. 특히 대중의 인식 부족으로 패시브건축의 보급이 더딘 상황에서, 공공부문의 선도적 역할이 그 어느 때보다 절실히 요구된다. 관심 있는 지자체가 있다면 관내의 공공건물과 모든 신축건물에 패시브를 의무화한 독일 프랑크푸르트시의 사례를 참고해볼 수 있겠다.

우리 주거환경의 절대다수를 차지하는 아파트도 빼놓을 수 없다. 사실, 이웃집과 온기를 나누어 쓰는 아파트야말로 패시브가 되기에 가장 이상적인 조건을 갖추고 있다. 조금만 신경을 쓰면 30평의 월 난방비가 고작 4만 원에 불과한 1.5리터 하우스를 만드는 것도 전혀 어렵지 않다. 특히 국가가 공급하는 임대주택부터 패시브를 도입한다면 임차인의 관리비 부담도 크게 줄여줄 수 있을 것이다. 실제로 독일이나 오스트리아에서는 저소득층을 위한 대규모의 패시브 공공주택이 속속 그 모습을 드러내고 있기도 하다.

인스부르크 패시브 공공주택 ©Neuen Heimat Tirol, Architectsn team k2

2009년 오스트리아 인스부르크에 세워진 6개 동, 354가구 규모의 저소득층을 위한 공공주택으로, 1.5리터의 패시브 아파트를 만드는 데 소요된 추가공사비는 약 10% 수준이다.

물론 아직은 패시브가 보편화된 단계는 아니어서 정착 과정에서의 크고 작은 시행착오는 피할 수 없다. 하지만 언젠가는 반드시 가야만 하는 길이다. 그렇다면 시간을 끌 것이 아니라 하루라도 빨리 패시브를 우리 건축의 자연스러운 일부로 받아들일 필요가 있다. 약간의 초기비용에 대한 부담에 주저하는 사이, 사랑스러운 우리 아이들의 손은 오늘도, 그리고 내일도 언제나 춥고 시리다.

사례 3.
목조주택의 새로운 도전, 지족동 주택

House Spec

위　　치 : 대전시 유성구 지족동

설　　계 : 홍도영　　　**설계기간** : 2011.7~2011.10

시 공 사 : 풍산우드홈　　**시공기간** : 2012.1~2012.6

대지면적 : 297.0㎡　　　**건축면적** : 130.4㎡

건 폐 율 : 43.9%

연 면 적 : 235.6㎡(지하/지상2층)

용 적 률 : 66.3%

구　　조 : 유럽식 목구조

내장마감 : 친환경 페인트, 히노끼, 홍송

외장마감 : 스타코플렉스, 점토기와

외벽단열 : 셀룰로오스 단열재 282mm + 경질목섬유보드 35mm → 외벽열관류율 0.13W/㎡K

지붕단열 : 글라스울 120mm + 연질목섬유 200mm + 경질목섬유 22mm → 지붕열관류율 0.12W/㎡K

바닥단열 : 비드법1종1호 200mm → 바닥열관류율 0.15W/㎡K

창　　호 : 독일산 패시브용 목창호 + 수입산 3중 유리

　　　　　　　→ 전체 열관류율 0.75W/㎡K, 유리 열관류율 0.5W/㎡K

환기설비 : 독일산 판형(젠다, 난방전열효율 90%) + 브라인시스템

보조열원 : 가스보일러　　　**외부차양** : 목재덧문

시공비용 : 평당 650만원 내외

기밀성능 : 50Pa 조건에서 시간당 0.4회

➡ **PHPP에 의한 난방에너지 요구량 : 연간 1.3리터/㎡**

🔷 한국형 경량목조 패시브하우스의 실험

　　　목조주택에서 가장 중요하면서도 골치 아픈 것을 하나만 꼽으라면 그것은 단연코 '습기'의 관리다. 건식공법을 기본으로 하는 목조는 미세한 틈새가 많아 애초부터 습기의 출입이 빈번할 수밖에 없는 구조다. 따라서 습기를 완벽하게 차단하려고 노력하기보다는, 오히려 외부로 갈수록 자재의 투습성능을 높여서 습기의 배출 흐름을 원활하게 만들어 주는 편이 훨씬 낫다. 그렇게

하지 않으면 빠져나갈 곳을 찾지 못한 내부의 습기가 결국에는 결로수가 되어 나무와 단열재를 상하게 할 수도 있기 때문이다.

이렇게 볼 때, 현재의 경량목조 방식은 몇 가지 개선의 여지가 있다. 경량목조 패시브의 가장 일반적인 벽체구성은 '내장마감 → 석고보드 → 방습층 → 구조체 + 글라스울 → OSB합판 → 투습방수지 → 추가 외단열 → 외장마감'이다. 여기서 OSB합판과 외단열에 사용되는 비드법 단열재의 투습성능이 매우 낮아 습기의 배출에 문제가 생길 수도 있는 것이다. 이에 대한 보완책은 여러 가지가 있겠지만, '습기의 이동'이라는 측면에서 건축가가 제시한 해법은 다음과 같다.

☑ 투습성능이 낮은 OSB합판을 실내 측으로 이동시켜 방습층과 기밀층의 역할을 겸하게 한다.

☑ 추가 외단열을 최소화하도록 구조체의 두께를 285㎜로 대폭 키우고 글라스울은 투습성이 좋은 셀룰로오스로 대체한다.

☑ OSB합판이 있던 자리에는 35㎜ 경질 목섬유보드를 적용하여 추가 외단열과 투습방수층의 역할을 겸하게 한다.

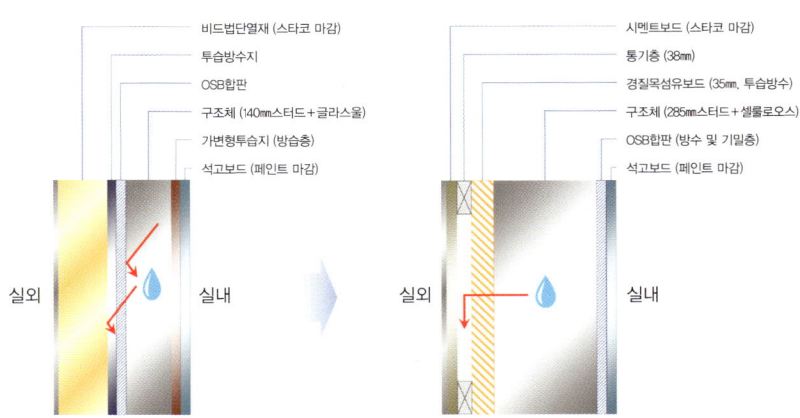

비드법단열재 (스타코 마감)
투습방수지
OSB합판
구조체 (140㎜스터드+글라스울)
가변형투습지 (방습층)
석고보드 (페인트 마감)

실외   실내

시멘트보드 (스타코 마감)
통기층 (38㎜)
경질목섬유보드 (35㎜, 투습방수)
구조체 (285㎜스터드+셀룰로오스)
OSB합판 (방수 및 기밀층)
석고보드 (페인트 마감)

실외   실내

지족동 주택의 벽체 구성
자재의 투습성을 고려한 벽체 구성으로 내부의 습기가 통기층으로 원활하게 배출될 수 있도록 배려했다.

이렇게 하면 습기의 자연스러운 배출 흐름이 형성돼 습기로 인한 피해를 최소화할 수 있다. 사실 이 방식은 독일어권을 비롯한 유럽의 경량목조에서 오랜 기간 검증된 공법으로, 공정과 자재를 간소화해 비용을 줄일 수 있다는 이점까지 있다. 물론 한국에서는 아직까지 목섬유단열재가 보편화되지 못했고, 기존의 북미식 공법에 익숙한 현장의 거부감이 생각보다 크다는 문제도 있다. 하지만 습기와 결로가 중요한 이슈인 우리의 기후조건에서 하나의 의미 있는 대안인 것만은 분명하다.

🏠 지족동 주택의 건축과정

지족동 주택은 패시브하우스에 매력을 느끼던 건축주와 실험적인 프로젝트를 기획 중이던 건축가가 의기투합해서 만들어낸 공동의 결과물이다. 그런 만큼 많은 고민과 노하우가 녹아 있는 주택으로, 목조로 패시브를 계획하려는 분들에게 좋은 참고가 될 만하다. 다음은 지족동 주택의 전체 시공과정이다.

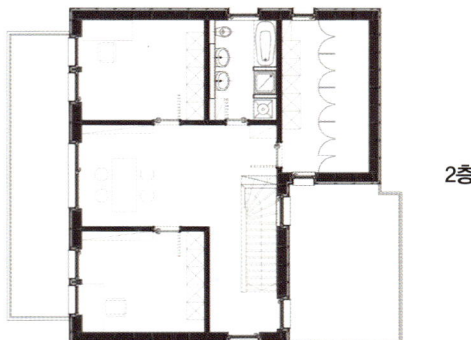

2층

N →

1층

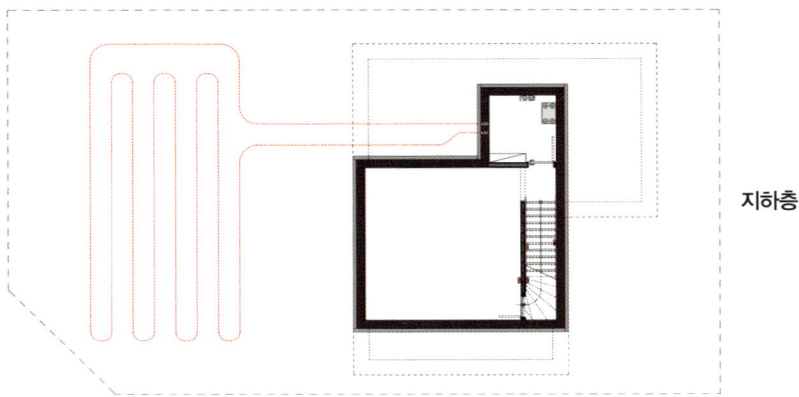

지하층

지족동 주택의 평면도 ©홍도영

정방형에 가까운 ㄱ자형 평면으로 체적 대비 외피면적의 비는 비교적 준수한 편이다. 지하층 평면의 붉은색
선은 브라인 시스템의 지열 회수용 배관을 의미한다.

▶ 기초 및 골조공사

이 주택은 기존에 많이 사용하던 2×6나 2×8 규격이 아닌 285㎜ 두께의 스터드를 직접 제작해서 골조로 사용했다. 두께가 워낙 크다 보니 골조 자체로 대부분의 단열성능을 감당할 수 있어 벽체의 구성에도 한결 여유가 생겼다. 스터드 바깥쪽에 부착하던 OSB 합판을 실내 측으로 이동시켜 기밀층과 방습층의 역할을 의도한 것도 기존의 북미식 공법과는 다른 부분이다. 또한, 비가 올 것이 예상되면 골조 전체를 가림막으로 덮어줌으로써 목재의 수분관리에도 만전을 기했다. 사실 목재에 비를 맞히면 안 되는 것은 상식 중 상식에 속하지만 실제로 이를 지키는 현장은 그리 많지 않다.

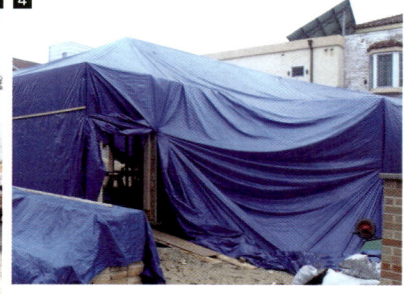

1. 지하실의 방수 및 외단열
2. 골조 시공
3. 직접 제작한 골조용 스터드
4. 강우대비 가림막

©풍산우드홈＋건축주＋월간 전원속의 내집 (이하 동일)

▶ 단열공사

골조 바깥으로는 경질 목섬유보드를 설치하고 그 안쪽으로는 글라스울 대신 투습성이 좋은 셀룰로오스를 고밀도로 충진했다. 지붕 역시 바깥쪽에는 경질 목섬유보드를 설치하고 그 아래쪽에는 서까래 사이로 연질 목섬유단열재와 글라스울을 차례로 끼워 넣은 후 가변형 방습지로 마무리했다. 여기서 경질 목섬유보드는 내부의 습기배출을 돕고 부족한 단열성능도 보완해주는 역할을 수행한다.

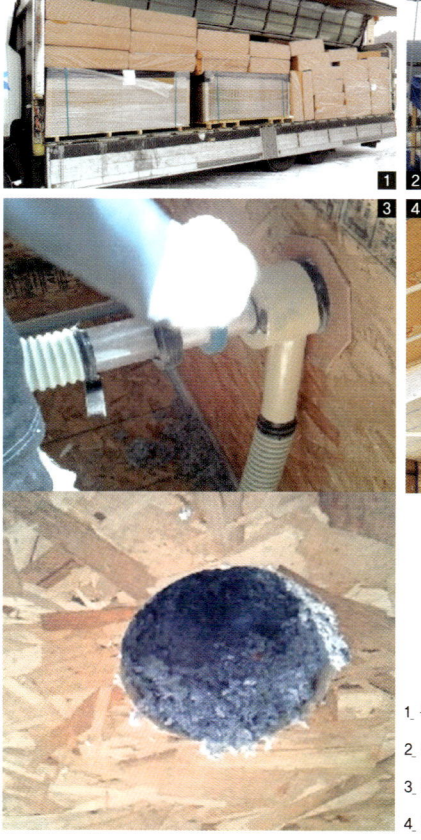

1_ 목섬유단열재

2_ 경질 목섬유보드 설치

3_ 벽체 셀룰로오스 충진

4_ 연질 목섬유단열재 설치

▶ 창호시공

이 집 창호의 소재는 특이하게도 나무다. 독일의 마이스터가 직접 제작한 이 목재 시스템창호는 패시브창호의 기본적인 성능에 나무 특유의 따뜻한 느낌을 더했다. 함께 수입된 3중 유리의 성능 역시 열관류율 0.5, 투과율 55%로 매우 우수한 편이다. 외부차양으로는 목재 덧문을 직접 제작해서 설치했는데, 닫아 두어도 답답한 느낌이 들지 않도록 적절한 각도의 슬릿을 적용했다. 창호의 프레임 주변부에는 단열재를 덧대 열교를 줄였으며, 상부에는 배습을 위한 통기구를, 하부에는 오염 방지용 빗물받이를 설치하는 등 세세한 디테일에도 많은 신경을 썼다.

1_ 창호 기밀테이프 부착

2_ 목재 시스템창호 설치

3_ 일사차단용 목재 덧문

4_ 덧문을 닫은 후의 모습

▶ 기밀시공 및 테스트

건식공법을 사용하는 목구조는 콘크리트와 같은 중량구조에 비해 아무래도 기밀에 취약할 수밖에 없다. 따라서 전용 기밀자재를 사용해서 벽체와 천장, 창호와 배관통과 부위에 존재하는 모든 틈새를 철저하게 막아주어야만 한다. 편집증적일 정도의 기밀시공을 마치고 테스트해본 이 집의 기밀도는 50Pa 기준으로 시간당 0.25회였다. 패시브하우스의 기준치가 시간당 0.6회임을 고려하면 거의 완벽에 가까운 수준이다. 물론 완공 후 다시 측정했을 때는 시간당 0.4회로 약간 떨어지긴 했지만 이 또한 흠잡을 데 없는 훌륭한 수치다.

1. 천장 기밀층 공사
2. 배관 기밀처리
3. 공사 중 기밀테스트
4. 누기 테스트

▶ 설비 및 외부마감

열회수형 환기장치는 겨울철의 건조한 실내환경을 고려해 습기까지 회수
할 수 있는 엔탈피 방식의 제품을 선택했다. 이와 함께 설치된 브라인 시스템은
지열을 이용해 겨울에는 외부공기를 데워 환기설비의 효율을 높여주고 여름에
는 뜨거운 공기를 식혀 냉방부하를 낮춰준다. 지열 회수를 위한 100m 길이의
수평 배관은 지하실 공사를 할 때 함께 매설토록 했다. 한편, 외벽은 경질 목섬
유보드 위로 습기배출을 위한 통기층을 설치한 후 시멘트보드와 스타코로 마
감했다. 아울러 지붕은 목조와 잘 어울리는 점토기와를 사용해서 마무리했다.

1_ 환기 및 브라인 시스템 설치

2_ 지붕 점토기와 시공

3_ 통기층 및 시멘트보드 설치

4_ 외벽 스타코 마감

🏠 1.3리터 패시브하우스, 살아보니 어떤가요?

각고의 노력 끝에 탄생한 이 주택의 에너지효율은 1.3리터다. 이는 패시브하우스의 기준을 여유 있게 만족하는 수치인만큼 과연 이 집의 실제 난방비는 얼마인지도 궁금해진다. 2012년 10월부터 1년 동안 이 집에 부과된 도시가스 요금은 모두 59만 원으로, 이 중 취사와 온수를 제외한 순수한 난방비는 약 33만 원 정도로 추정된다. 이 정도면 시뮬레이션에서 제시된 1.3리터하우스의 연간 예상 난방비 29만 원과도 크게 차이가 없는 수준이다. 연면적이 70평에 이르는 단독주택의 겨울철 한 달 난방비가 겨우 8만 원이라니! 패시브하우스의 효율이 새삼 놀라울 뿐이다.

그러면 무더운 여름철의 사정은 어떨까? 기본적으로는 두꺼운 단열재와 외부차양이 실내온도가 지나치게 올라가는 것을 막아주었다. 여기에 브라인 시스템의 간이냉방 기능이 더해지면서 6, 7월은 비교적 쾌적한 여름을 보낼 수 있었다. 문제는 8월이었다. 폭염과 열대야가 계속되면서 지열을 과도하게 뽑아 쓰다 보니 브라인 시스템에도 한계가 찾아온 것이다. 게다가 80%를 넘나드는 높은 습도 앞에서는 제아무리 패시브하우스라도 속수무책이었다. 이 집의 건축주 역시 패시브 냉방만을 믿고 애초에 에어컨을 설치하지 않은 것을 크게 후회하기도 했다.

이와 같은 경험을 바탕으로 건축주가 밝힌 '여름철의 패시브하우스 이용법'은 다음과 같다.

☑ **직사광선은 가급적 피하라** : 아무리 작은 창호라도 실내로 유입되는 직사광선으로 인한 열기는 상당하다. 이때 외부차양을 활용하면 직사광선은 물론 확산광까지 차단할 수 있어 큰 도움이 된다.

☑ **한낮의 열기는 밤중에 식혀라** : 야간에는 자연환기나 환기장치의 바이패스 기능으로 바깥의 시원한 공기를 들여와 낮 동안 데워진 집 안 곳곳을 식혀준다.

☑ **브라인 시스템은 적절하게 사용하라** : 지열의 사용량에도 한계가 있으니 시스템에 과부하를 주지 않도록 한다.

여기에 다음의 몇 가지 팁을 더 추가할 수 있다.

☑ **에어컨을 적절히 활용하라** : 장마철이나 열대야에 대비하려면 에어컨의 설치는 필수적이다. 다만 에어컨의 설비용량은 기존 주택의 절반 이하로도 충분하며, 전기요금이 부담이라면 제습모드로만 사용해도 큰 효과를 볼 수 있다. 에어컨 필터의 주기적인 관리도 설비의 효율을 높이는 데 크게 도움이 된다.

☑ **환기장치의 선택과 운영도 주의해서** : 에어컨으로 실내습도를 조절할 계획이라면 반드시 습도교환 기능이 있는 환기장치를 선택한다. 실내습도가 낮게 유지되고 있는 상황에서는 외부 습기의 유입을 줄이기 위해 환기량을 실제 거주자의 수에 맞게 수시로 조정해줄 필요도 있다.

☑ **실내에 화초를 키우거나 벽체나 천장을 습식으로 마감하라** : 여름뿐 아니라 겨울철의 습도조절에도 효과를 볼 수 있으며, 실내공기질 개선에도 도움이 된다.

☑ **샤워 후의 습기는 즉시 배출하라** : 요리나 샤워를 통해서 배출되는 다량의 수증기는 여름철 실내습도 상승의 주범이다. 특히 샤워 후에는 욕실의 창문을 열어 습기를 강제로 배출시킬 필요가 있다.

이 외에도, 황토페인트나 원목과 같은 친환경자재로 내부를 마감하고 환기장치도 쉬지 않고 가동한 덕에 실내공기의 질은 늘 만족스러운 수준이었다. 여기에 무엇이든 스스로 만들고 고치기를 좋아하는 건축주의 취미와 텃밭 가꾸기 같은 소소한 일상들이 더해지면서, 이 가족의 단독주택 살이는 더없이 행복해 보인다. 더 궁금한 분들은 집짓기의 계획에서부터 설계와 시공, 그리

지족동 주택 실내외 전경

고 입주 후의 삶에 이르기까지, 모든 과정을 정성스레 기록해 둔 건축주의 블로그_blog.naver.com/lkh2133를 방문해보기를 권한다. 어디에서도 찾아볼 수 없는 진솔한 건축후기를 만나볼 수 있을 것이다.

패시브하우스 체험관 '힐링 리버'
풍산우드홈에서 강원도 화천에 지은 게스트하우스로 예비건축주들이 하룻밤을 묵으면서 직접 패시브하우스를 체험해볼 수 있다. 자세한 정보는 cafe.naver.com/healingriver에서 확인 가능하다.

사례 4.
악조건을 뚫고 독일 PHI 인증을 받기까지,
방배동 주택

House Spec

위　　치 : 서울시 서초구 방배동

설　　계 : 박현수, 우진건축

에너지컨설팅 : 파시브하우스 디자인연구소

시 공 사 : 선이인터내셔날(선이건설)

시공기간 : 2011.7~2012.1　　대지면적 : 312㎡

건축면적 : 150.8㎡　　건 폐 율 : 48.3%

연 면 적 : 329.4㎡(지하/지상2층)　　실내난방면적 : 211㎡

구　　조 : 철근콘크리트　　내장마감 : 비닐페인트

외장마감 : 외단열미장마감(모노쿠쉬) + 목재마감(이뻬)

외벽단열 : 폴리우레탄 단열재(PIR) 225mm → 외벽 열관류율 0.08W/㎡K

지붕단열 : 폴리우레탄 단열재 300, 400mm → 지붕 열관류율 0.061, 0.046W/㎡K

바닥구성 : [지면] EPS 300mm + 매트기초 + 단열콘크리트 60mm

　　　　　 [지하] PIR 250mm + 슬라브 + 단열콘크리트 60mm

　　　　　 → 바닥 열관류율 0.095, 0.070W/㎡K

창　　호 : 폴란드산(MS) 시스템창호 + 수입 3중 유리(투과율50%)

　　　　　 → 창틀 열관류율 1W/㎡K, 유리 열관류율 0.5W/㎡K

환기설비 : 외산 판형(PAUL, 난방전열효율 88%) + 프리히터(전기)

보조열원 : 가스보일러　　외부차양 : 전동블라인드(선폴)

재생에너지 : 태양광 3kW　　시공비용 : 평당 550~600만원

기밀성능 : 50Pa에서 시간당 0.34회

➡ PHPP에 의한 난방에너지 요구량 : 연간 1.3리터/㎡

⌂ PHI 인증과 패시브하우스

　　방배동 주택은 국내에서 몇 안 되는, 독일 패시브하우스연구소_PHI의 인증을 받은 건물이다. 사실 이 집은 처음부터 패시브를 염두에 두고 진행된 프로젝트는 아니었다. 그럼에도 건축주의 마음이 움직인 것은, 집에 대해 공부를 해가는 과정에서 패시브하우스만의 매력에 흠뻑 빠져들게 되면서다. 모든

성능을 수치화할 수 있는 정량적인 집을 짓는다는 것도 좋았지만, 쾌적하면서도 유지비가 거의 안 든다는 점이 무엇보다 마음에 들었다. 결국 설계 도중 방향을 바꾸고 전문가의 도움을 받게 되면서 'PHI 인증주택'이라는 타이틀까지 얻기에 이른다.

물론 패시브가 되고자 하는 모든 집이 이와 같은 '인증'을 받을 필요는 없다. 군이 인증 받은 수입산 자재를 사용하거나 복잡한 인증절차를 거치지 않더라도 좋은 패시브를 만드는 것은 얼마든지 가능하다. 더구나 인증의 주체인 PHI도 실제로는 국가기관이 아닌 공신력 있는 사설 연구소에 불과하다. PHI가 패시브하우스의 기본개념을 주창하고 다양한 기준과 사례를 만들어온 것은 존중받아 마땅하지만, 그렇다고 절대시할 필요까지는 없는 것이다. 그럼에도 불구하고 추가적인 비용을 들여서까지 까다로운 인증을 받고자 했던 데는, 우리의 열악한 단독주택 시장에 대한 불신도 큰 몫을 했다. 한편으로 매우 뼈아픈 부분이기도 하다.

🏠 방배동 주택의 건축과정

이 프로젝트에서 가장 눈여겨 볼 부분은 'PHI 인증'이라는 결과보다는 높은 에너지효율을 달성하게 된 '과정'이다. 먼저 이 집의 평면을 보면 앞서 살펴본 주택들에 비해 상당히 복잡한 형태임을 알 수 있다. 이는 자연스럽게 외피면적의 증가로 이어지면서 주택의 에너지효율도 크게 떨어뜨린다. 게다가 1층 아래로는 비난방 공간인 지하실과 외기에 노출된 차고가 자리하고 있어 추가적인 에너지손실도 예상된다. 설상가상으로 배치까지 남향에서 벗어나 있다. 하지만, 이러한 악조건에도 불구하고 방배동 주택의 에너지성능은 무려 1.3리터에 달한다. 도대체 마른 수건을 얼마나 짜냈기에 이만큼의 효율을 뽑아낼 수 있었을까?

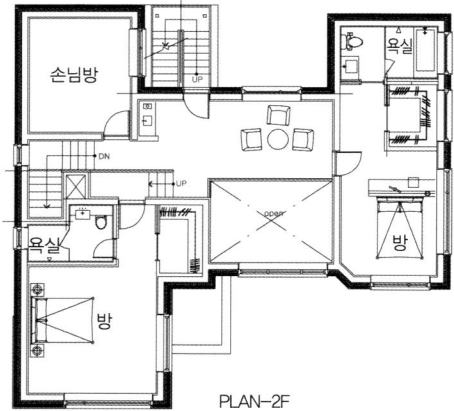

PLAN-1F

PLAN-2F

방배동 주택의 평면도 ⓒ박현수, 우진건축

주택의 배치도 남서향(Sww)이고 평면의 형태도 다소 복잡한 편으로, 에너지효율 면에서 상당히 불리한 조건을
안고 있다

▶ 단열성능 및 일사획득 강화

외피면적 증가로 인한 열손실을 만회하기 위해 단열성능이 EPS의 두 배에 이르는 폴리우레탄 단열재를 사용하여 외피의 열관류율을 기준치의 절반 수준까지 떨어뜨렸다. 아울러 앞집으로 인해 그림자가 지는 문제를 극복하기 위해 서향에 가까운 남서향 배치를 선택하되, 창문을 최대한 크게 냄으로써 부족한 일사량을 보충했다. 이는 물론 열관류율 0.5, 투과율 50%의 고성능 유리가 있었기에 가능한 일이었다. 한편, 주요 창호에는 외부차양을 설치하여 과다한 창호면적으로 인한 여름철의 실내과열 현상을 방지하도록 했다.

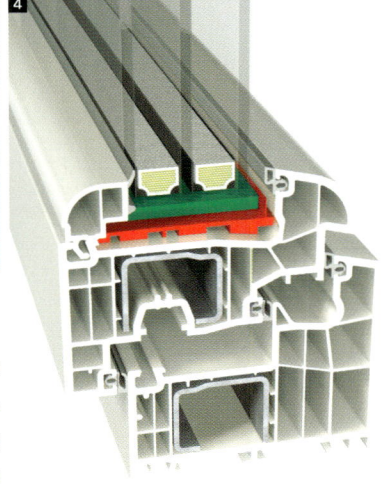

1·2_ 폴리우레탄 단열재 설치

3_ 남서향의 거실 창호

4_ 시스템창호(MS)

©선이건설+월간 전원속의 내집 (이하 동일)

▶ 다양한 열교차단 디테일

형태가 복잡한 만큼 열교를 차단하는 데에도 많은 신경을 썼다. 우선 생활공간의 온기가 비난방 공간인 지하실로 빠져나가는 것을 막기 위해 구조체의 주요 부위에 단열재를 삽입하여 두 공간을 열적으로 분리했다. 옥상의 파라펫도 경량기포콘크리트로 만든 ALC 블록으로 시공함으로써 열교의 가능성을 최소화했다. 그리고 목재패널을 지지하는 브라켓의 열교를 줄이기 위해서는 스테인리스 소재의 연결철물에 고무패드를 덧대주는 방식을 사용했다.

1_ 구조체 열적 분리   2_ ALC 조적조 파라펫   3_ 목재패널 건식마감   4_ 열교차단 브라켓 제작

▶ 기밀 및 설비시공

　　콘크리트 구조는 기본적으로 재료 자체가 매우 밀실하므로 창호와 출입문, 그리고 외부로 통하는 배관의 기밀 정도만 신경 써주면 크게 문제될 것이 없다. 기밀시공의 기본사항을 준수한 이 주택의 기밀도 역시 50Pa 기준에 시간당 0.34회로 매우 뛰어난 편이었다. 한편, 이 집의 열회수형 환기장치는 효율이 뛰어난 독일산 판형 제품으로, 결빙 방지를 위한 프리히터와 소음 차단을 위한 사일런서, 그리고 공기를 멀리 보내주는 제트 디퓨저를 함께 설치했다.

1_ 창호의 기밀시공

2_ 배관 관통부 기밀처리

3_ 열회수형 환기장치

4_ 소음감쇠기와 프리히터

🏠 패시브하우스로 건강을 얻었습니다

한 해를 직접 살아본 건축주가 밝히는 패시브의 가장 좋은 점은 단연 '쾌적함'이다. 겨울에는 아주 따뜻하지는 않아도 결코 춥지 않고, 여름에는 아주 시원하지는 않아도 결코 덥지 않다. 건물 자체의 물리적인 작용만으로도 더위와 추위 사이의 절묘한 균형을 찾아갈 수 있다는 사실이 그저 고맙고 신기할 뿐이다. 물론 그 대가로 청구된 난방비는 한 달에 겨우 8만 원에 불과하다. 이 역시 우리의 예상치에서 크게 벗어나지 않는 결과다.

깨끗하고 상쾌한 실내공기도 빼놓을 수 없다. 사계절 쉬지 않고 가동되는 환기장치 덕에 실내의 이산화탄소 농도는 어떠한 경우에도 500ppm을 넘지 않는다. 기준치가 1,000ppm이고 실외가 400ppm 정도임을 감안하면 상당히 쾌적한 수준이다. 게다가 환기장치의 전력효율도 상당히 높은 편이어서 설비를 상시 가동하는 데 따르는 부담도 거의 없다. 신선한 실내공기를 즐기기 위해서는 그저 가끔씩 필터류 정도만 관리해주는 것으로도 충분하다.

이렇듯 패시브가 선사하는 쾌적한 실내환경은 오랫동안 알레르기로 고생하던 아내분의 건강까지 되찾게 하기에 이른다. 이쯤 되면 패시브를 단순한 고효율 주택을 넘어 우리의 지친 몸과 마음을 치유해주는 '힐링 하우스'라 불러도 좋지 않을까? 살아보니 패시브의 매력에 더욱 매료된 건축주의 다음 이야기를 끝으로, 이제 그만 패시브하우스에 대한 순례를 마칠까 한다.

"패시브하우스를 너무 비용적인 면에서만 접근하면 쉽게 결심하기 힘들어요. 하지만 '삶의 질'이라는 측면에서 본다면 오히려 다른 쪽의 비용을 줄여서라도 충분히 시도해볼 만한 가치가 있다고 생각합니다. 더구나 우리 가족이 누리게 될 건강과 행복을 과연 돈으로 환산할 수 있을까요? 아무쪼록 이런 소중한 가치들을 저희뿐 아니라 좀 더 많은 분들이 누릴 수 있으면 좋겠습니다."

방배동 주택 실내외 전경

에필
로그

몇 년 전의 일이다. 아는 분이 단독주택을 짓겠다고 조언을 구하시기에 필자는 자신 있게 패시브하우스를 권해 드렸다. 따뜻하고 쾌적한데다가 유지비까지 적게 드니 이보다 더 좋은 집이 어디 있겠느냐고. 평소 필자를 깊이 신뢰하셨던 건축주는 흔쾌히 동의해주셨고 내로라하는 전문가를 수소문해서 바로 설계를 시작했다. 모든 게 순조로워 보였지만 문제는 바로 시공과정에서 불거졌다. 영세한 시공사가 공사 도중에 그만 부도를 내고 잠적해버린 것이다. 시공사를 소개해준 건축가는 물론 중간에서 도움을 드리던 필자의 입장도 상당히 난처해질 수밖에 없었다. 결국 건축가의 책임 하에 공사가 마무리되긴 했지만 아쉽게도 처음에 기대했던 만큼의 퀄리티는 아니었다. 물론 사태를 수습하는 과정에서 건축주와 건축가, 그리고 필자의 마음고생도 이루 말할 수 없었다.

죄송스러운 마음 한 편으로 이런 생각도 들었다. 도대체 패시브가 무엇이기에, 아니 도대체 집짓기가 무엇이기에 모두가 이토록 힘들고 고통스러워하는 것일까? 그저 좋은 설계와 좋은 자재로 매뉴얼대로만 지으면 될 텐데, 이것이 그리도 힘든 일일까? 건축전공자로서 일종의 오기가 생긴 필자는 그때부터 자료를 찾고 사람들을 인터뷰하면서 무엇이 문제인지를 하나씩 정리하기 시작했다. 그리고 그것들이 모이고 다듬어져 결국 하나의 책이 되었다.

개인적인 바람은 이 책을 읽는 독자들의 패시브에 대한 올바른 이해를 돕고, 집을 짓는 과정에서의 시행착오도 최대한 줄여 드리는 것이다. 어쩌면 이것은, 누구보다도 마음고생이 크셨을 그 건축주분께 필자 나름의 방식으로 미안함과 죄송함을 전하는 길인지도 모르겠다.

책을 쓰면서 개인적으로 얻은 소득이 하나 있다면, 그것은 필자가 몸담고 있는 정부의 역할에 대한 명확한 인식이었다. 국내에 패시브가 활성화되지 못한 가장 큰 이유는 자재, 설계, 시공 분야에서 일종의 '공급'이 부족하기 때문이다. 이것을 해결하는 방법은 간단하다. '수요'를 창출하면 된다. 일정한 수요만 있다면 공급은 자연스럽게 따라올 수밖에 없다. 물론 시장 확대에 따른 '공급의 질적 수준'을 관리하는 것 역시 무척 중요하다. 따라서 정부는 다음과 같은 정책을 적극 검토해볼 필요가 있다.

▶ **수요확대 방안**
　☑ **선도사업 : 공공청사 · 공공주택 · 학교 등에 패시브 건축 도입**
　☑ **인센티브 : 세제혜택 및 초과공사비에 대한 장기저리융자 지원**

▶ 공급관리 방안

    ☑ **제도개선** : 열관류율 · 열교 · 기밀 등 성능 위주의 건축기준 마련

    ☑ **인증체계** : 자체 에너지성능 평가도구 및 인증제도 마련

    ☑ **각종지침** : 설계 · 시공을 위한 표준 디테일과 시방서 마련

    ☑ **교육훈련** : 설계자 · 시공자에 대한 교육 및 공종별 기능인력 양성

    ☑ **자재품질** : 패시브 자재 기술개발 지원 및 자재별 인증제도 개선

이 중에서도 가장 파급력이 큰 것은 공공건축에 선도적으로 패시브를 도입하는 것이다. 공급물량이 상당한 공공청사나 공공주택부터 패시브를 의무화한다면 이와 관련한 자재, 설계, 시공 분야의 전반적인 수준도 단기간에 비약적으로 향상시킬 수 있다. 장기적인 유지비 절감액이 초기의 공사비 부담을 훨씬 넘어선다면 정부로서도 이를 마다할 이유가 없다. 패시브라는 하나의 생태계가 제 모습을 갖추기까지, 마중물을 부어줄 정부의 역할이 절실하다.

이제는 우리도 건물의 겉모습에만 관심을 가질 때는 지났다. 번듯한 건물을 지어놓고도 결로와 곰팡이로 고통 받는 현실은 선진국 진입을 눈앞에 둔 나라의 품격과는 어딘가 잘 어울려 보이지 않는다. 유리 옷을 입은 건물에 열광하면서 에너지 절약을 외치는 것도 전혀 앞뒤가 맞지 않는 일이다. 결론

은 그동안 우리가 간과해왔던 단열, 열교, 기밀과 같은 건축의 기본으로 돌아가야 한다는 것이다. 그리고 그 중심에는 사람과 환경을 생각하는 착한 건축, 패시브하우스가 있다.

누군가에게 도움이 될 만한 책을 쓴다는 것이 이렇게 힘든 일인지 미처 몰랐다. 도중에 포기하고 싶었던 적도 많았지만 많은 분들의 도움이 있었기에 결국 여기까지 올 수 있었다. 가장 먼저 감사를 드리고 싶은 분은 한국패시브건축협회 최정만 회장님과 재독건축가 홍도영 님이다. 두 분의 주옥같은 글과 많은 조언은 이 책에 더없이 소중한 자양분이 되어주었다. 그리고 건축물리와 재생에너지 이론을 기초부터 다시 다질 수 있도록 도와주신 스탠포드의 Gilbert M. Masters 교수님께도 깊은 감사를 드린다. 수없는 질문에도 매번 친절하게 답을 주시던 자림건축사사무소 오대석 실장님과 한국건축기밀협회 이진오 회장님, 한국패시브건축협회 조민구 이사님과 패시브웍스 이성근 대표님도 정말 고마운 분들이다. 그리고 우리나라 패시브의 흑역사를 가감 없이 전해주시던 세린레하우 정천호 이사님과 한주패시브 홍지행 대표님, 풍산우드홈 김창근 대표님께도 진정으로 감사의 말씀을 드린다.

아울러 이 책에 사례를 싣는 것을 흔쾌히 허락해주신 건축주와 건축가, 그리고 시공사에 대한 고마움도 빼놓을 수 없다. 자료협조에 많은 도움을 주신 한국패시브건축협회, 한국건축기밀협회, 이훈 님, 이기호 님, 이경하 님, 최재혁 부장님, 이명래 님, 이오봉 님, Isabelle Caron 님, 살둔 제로에너지하우스, 윈윈하우징, 이에코건설, 풍산우드홈, 선이인터내셔날, 레하우, 프로클리마, 듀폰, 블라인드 팩토리, 패시브웍스, 해강인터내셔널, 위더스측정시스템, BWP, Roeben, SSK, Schoeck, Swiss spacer, Sto, 그리고 그동안 정말 많은 도움을 주셨던 Claudia 님께도 이 자리를 빌려 깊은 감사의 말씀을 드리고 싶다.

또한 원고를 다듬는 과정에서 여러 차례 큰 도움을 준 국토교통부의 양종호와 정승수, 독자의 시각에서 많은 조언을 해준 스탠포드의 신주영과 이강주, 그리고 바쁘신 와중에도 부가세 부분을 꼼꼼하게 검토해주신 기획재정부 조문균 사무관님께도 정말 고마운 마음을 전한다. 승연 누님을 필두로 공직 생활의 가장 힘든 순간을 함께 했던 장비회도 늘 고맙다. 마음 속 고향과도 같은 6분임도 항상 의지가 되는 친구들이며, 동생 수정이의 응원도 언제나 큰 위로가 된다. 특히 필자의 원고를 인내심 있게 기다려주시고 좋은 책으로 엮어주신 주택문화사 임병기 대표님을 비롯해 이세정 편집장님, 편집부 정사은 님, 조고은 님, 디자이너 최치영 님께도 깊은 감사의 말씀을 드린다.

마지막으로, 일 년 동안 온통 책에만 정신이 팔려 있던 못난 아빠를 잘
참아준 사랑하는 우리 한준이와 아내에게, 진심으로 미안함과 고마움을 이 책
에 담아 전하고 싶다.